U0928731

刷屏

VIDEOCRACY

视频时代的
疯传法则

How YouTube Is

Changing the World

…

with Double Rainbows,

Singing Foxes,

and Other Trends

We Can't

Stop Watching

[美] 凯文·阿洛卡——著　侯奕茜 何语涵——译

中信出版集团 · 北京

图书在版编目（CIP）数据

刷屏：视频时代的疯传法则 /（美）凯文 · 阿洛卡著；侯奕茜，何语涵译 .-- 北京：中信出版社，2018.10

书名原文：Videocracy

ISBN 978-7-5086-9272-2

I. ①刷… II. ①凯… ②侯… ③何… III. ①视频－营销 IV. ①F713.3

中国版本图书馆 CIP 数据核字（2018）第 158440 号

Videocracy: How YouTube Is Changing the World . . .with Double Rainbows, Singing Foxes, and Other Trends We Can't Stop Watching by Kevin Allocca

Published by arrangement with Folio Literary Management, LLC and The Grayhawk Agency

刷屏：视频时代的疯传法则

著　　者：[美] 凯文 · 阿洛卡

译　　者：侯奕茜　何语涵

出版发行：中信出版集团股份有限公司

（北京市朝阳区惠新东街甲 4 号富盛大厦 2 座　邮编　100029）

承 印 者：北京楠萍印刷有限公司

开　　本：880mm × 1230mm　1/32　　印　　张：13.5　　字　　数：320 千字

版　　次：2018 年 10 月第 1 版　　印　　次：2018 年 10 月第 1 次印刷

京权图字：01–2018–4348　　广告经营许可证：京朝工商广字第 8087 号

书　　号：ISBN 978–7–5086–9272–2

定　　价：68.00 元

献给

我的祖父乔·阿洛卡（Joe Allocca）

目　录

前　言

47岁的保罗·瓦斯克斯（外号瓦斯克斯熊）家住加州约塞米蒂国家公园附近。一天，一道阳光直射入家中，保罗像是感觉到了什么，拎起他那几乎从不离身的摄像机便跑到屋外。在那里，保罗见证了神圣的一刻：他的面前是巨大的峡谷，两道壮观的彩虹横跨其间。保罗兴奋地捕捉到了这个壮美的画面。此前，保罗上传过数百个视频到他的YouTube频道，但是这一次似乎有所不同，他感到这次拍到的东西尤为特别。保罗对了一半。这个视频红了，然而，使得该视频一跃成为文化现象的，并非同时出现的两道彩虹，而是保罗面对这一奇景时的反应。在这个长3分30秒的视频里，我们可以通过画外音听到保罗戏剧化的反应：

哇！好一道完整的彩虹。哦！我的上帝，这是双彩虹。天！这竟然是一道双彩虹。哇！真是太棒了……太神奇了，天……多么灿烂、多么鲜艳的彩虹啊！哦！哇！哇！这真是太美了！（兴奋到啜泣的声音）……天啊！哦！上天啊！你有何深意？告诉我吧（啜泣声变大）！我受不了了。谁能告诉我这其中有何深意？哦！我的上帝！大自然是如此震撼人心！哦！哦！哦！我的上帝！

我第一次偶然发现这个《双彩虹》（*Double Rainbow*）视频时（官方名为《约塞米蒂双色彩虹1–8–10》），还没开始在YouTube的职业生涯。那时我是一名新闻记者，正于休假期间在一个高中暑期戏剧营地执教。瓦斯克斯熊首次发布该视频的时间是2010年1月，那时它还不怎么火。直到6个月后，《吉米·坎摩尔直播秀》（*Jimmy Kimmel Live!*）的主持人吉米·坎摩尔在推特（Twitter）上分享了这个视频，它才变成了一个病毒视频。吉米在推特上称："我的朋友托德说，这是世界上最有趣的视频。他很可能是对的。"

我和吉米的朋友托德一样热爱这个视频。保罗看到双彩虹后的反应实在有些歇斯底里，让人怎么看也看不够。我敢肯定，在一周的时间内，我起码看了这个视频20遍。一次上课前，我为夏令营的孩子们在大屏幕上播放了这个视频。同学们也很喜欢它，保罗的那句"如此震撼人心"成为营员最喜欢的口号。这个视频记录了一个男人的充沛情感，展现了一个纯粹的欢乐瞬间。试问，有谁不愿意和他人分享呢？

自那以后，我和保罗一块儿出去玩了几次。我们还一起参加了麻省理工学院的一次网络文化研讨会[①]。坦白地说，那个《双彩虹》视频简直就是保罗本人的写照，内容傻里傻气，技术十分原始，而情感则强烈到让人感觉有些过分。这正是保罗的样子，他就是这么一个人。"你

---

① 这是真事儿，不是我编的。我还在那次研讨会上见到了网络红人"电子男"（Tron Guy）本尊。这真是书呆子的福利！

在视频中看不到我，但你能通过视频看到我。”保罗特别喜欢这么说，“通过视频你经历了我所经历的一切。”有人曾经问我，保罗真的明白人们认为这个视频好笑的原因吗？潜台词是，保罗也许不懂得人们其实是在嘲笑他，而不是和他感同身受。恰恰相反，保罗的心里清楚得很。但即便知道人们在嘲笑他，保罗也坚决地认为人们也和自己感同身受。保罗告诉我，他的使命是在全世界传播快乐、灵性和积极的信息，他相信这段视频能帮助他实现这一目标。这就是他所谓的“给人类的礼物”。每次我们看到这个视频，分享它、模仿它，或者把它编成小调，我们都在帮助保罗完成传播快乐的使命。

多年以后，《双彩虹》仍然是我心中YouTube最佳视频之一。在保罗发自内心的赞叹、不时发出的啜泣声，以及我们看这个视频时的欢声笑语背后，隐藏着一些重要的事实：我们来到了一个全新的创意时代，我们是它的重要组成部分。这个时代是由像保罗这样的人推动的，他们经历了不平凡，乐意与他人分享。这个时代也是由像夏令营的孩子们那样的人推动的，他们充满好奇心，乐意参与、分享这种不平凡，并且创作自己的作品。他们的行为一起推动着、塑造着我们这个时代的文化。

作为21世纪90年代成长起来的一代，我每个星期六早上起床都要看《忍者神龟》。无聊的时候便换台到MTV（全球音乐电视台）制作的音乐电视排行榜TRL[①]，看看哪个乐队惹人生厌，或者从百视达连锁店租借录像带来看。吃晚饭的时候，我和家人一起看电视里播出的发生在南佛罗里达州的社会大事，直到我母亲抱怨个不停，我们才把它关掉。

① TRL，Total Request Live，译为互动全方位，是MTV制作的音乐电视排行榜，受关注度很高，一直以来都是美国年轻人最喜爱的电视节目之一。——译者注

我是说，比起我父母那一代，我这一代人已经有了更多的娱乐方式可以选择。

在20世纪50年代，当我的父母还是孩子的时候，由于广播和电视的普及，媒体机构的影响力可以说空前巨大。但是，那个时候要制作娱乐产品需要大量的资金，普通人玩不起。广播影视和纸媒体等机构生产出的产品（如报纸或者唱片等），也不是人人都消费得起的便宜货。1959年，第一台RCA TK–41彩色电视摄像机的售价约为5万美元（放到现在，至少是41万美元），这还只是摄影器材。想想娱乐产品所需的巨额制作费，你就能够明白，为什么那个时代的大众媒体娱乐产品几乎全都产自仅有的几家电视台、电影制片厂和唱片公司。因为这种商业运作方式需要巨额的资金投入，然后再通过大量的广告收入、票房等盈利来抵销制作成本。为了保持这种商业运作的可持续性，那个时代的影视作品都尽可能大众化，以吸引尽可能多的观众。

这种商业运作模式不一定是坏事，它向观众呈现了20世纪最重要的一些时刻：尼克松与肯尼迪的电视辩论，甲壳虫乐队亮相《埃德·沙利文秀》，电影《教父》《乱世佳人》上映，等等。在这种模式下，电视节目的分类简单明了（观众可以直接通过类型推断内容），它们有一套标准的推广模式，制作水准也颇为精良。但这种模式会导致一个负面结果，它使得电视节目越来越趋于雷同、平淡无奇。1957年，知名社会学家欧内斯特·范·登·哈格便一针见血地写道："本质上，所有的流行文化产品都是同一群人生产出来的——不是在好莱坞，就是在纽约。它们必须满足大众的胃口，在试图讨好每一个人的同时牺牲了自己的个性。"[2]

如今新兴的网络媒体，从某个角度看，更像是历史的重演，而非什么新鲜事物。想想看，在我们所有人诞生之前，工业革命和大众媒体都还未曾出现的时候，人们不正是通过民间艺术来创造艺术，反映生活中的激情和恐惧吗？那是真正的大众文化：它来自群众，而不是来自一小撮金字塔尖的精英。今天的技术，再次赋予普通人创造属于自己的流行和娱乐的权利。而且这一次，通过无限宽广的互联网，我们可以将这一创意方式发挥至无限大。

2010年，当我刚开始在YouTube研究流行趋势的时候，看完某个热点视频后的第一印象通常都是“无法用常理解释”。比如，当时最受欢迎的频道竟然是一个16岁的男孩在唱歌。这位男孩的嗓音很尖、音调很高，他的名字叫作贾斯汀·比伯（Justin Bieber）。后来的事我们都知道了，比伯成为世界上最流行的歌手之一。没想到有人竟然可以凭借自己在卧室里录制的一些歌曲就走红！与此同时，巴拉克·奥巴马（Barack Obama）被人们调侃为“YouTube总统”。不知从何时起，在线视频平台在我们的生活中变得越来越重要。这件事情意义重大，但很难看清楚、说明白。背后的原理究竟是什么？作为YouTube平台的第一个“流行趋势经理”，我的工作就是寻找这个问题的答案。

通过本书，我想表达的是：我在2010年遇到的那个“无法用常理解释”的混乱局面，其实是这个强调自我表达以及自由创意的新时代的合理产物。本书将深入探讨一个视频如何流行起来，为什么一些视频创作者有那么多粉丝，为什么诸如“哈林摇”①一类的玩意儿会变成流行文化。但是归根结底，本书是在分析和研究我们自己，以及我们所拥有的改变时代的力量。

---

① 哈林摇，即哈莱姆摇摆舞，起源于20世纪80年代的哈林，是一种快速晃动肩膀的舞蹈。——编者注

在YouTube的工作使我能够从一个局内人的特有视角，去观察我们和视频之间不断发展的关系是如何悄然影响我们的日常生活的。通过研究，我观察到了YouTube的新技术是如何放大作为受众的个体对于文化的影响力的，受众又是如何通过评价和回应等互动方式来运用新技术、发挥其影响力的。YouTube还使我们摆脱了地理位置或经济地位等的限制，去自由表达自己，传播自己的思想。在视频时代，我们渴望真实的沟通，这种渴望催生了新的创意策略，这些策略又催生了新的艺术形式，比如“混音”（remixing）。它将我们的观点和想法注入原视频，赋予了其全新的意义。在如今的媒体环境下，娱乐或文化产品必须将重点放在与观众的互动上，为受众带来更丰富的体验。无论是好莱坞大腕，还是媒体界新手，都得适应这种沟通方式。

在视频时代，我们与视频的互动方式也会影响更微观的层面。比如，我们获取、传播、分享知识和经验的方式已经变得更加直接与个性化，而这一转变必将影响我们看待世界和他人的方式。个性化赋予个性更多的力量，于是在这个时代，一小群人的激情和兴趣也足以推动一种新的娱乐方式，看似小众的群体也会在我们的生活中产生巨大的影响。从这个例子可以看出，我们在这个时代的娱乐开始反映出我们更深层次、更难自我察觉的需求。而这些隐秘的欲望是传统媒体拒绝承认或者不敢承认的，从这个意义上讲，视频时代的媒体更能够代表所谓的“自我”。

结果是什么？一种由无数个独立个人推动的新的流行文化正在形成。下一代的话语权不再由电影明星或者电视名人牢牢把持，而是属于那些在互联网上进行创作的人。这些人是新的明星，而且就在我们身边，他们以透明度和真实性赢得了我们的关注，他们的走红离不开我们的贡献。这些成功的视频、这些成功的作者往往能推动观众之间的交流和互动。

我们的文化正在改变，而YouTube则是最能体现这一事实的地方。原因如下。

从一开始，YouTube就秉持人人平等的设计理念，换句话说，每个人都能通过这个网络平台“展现自我”。只要你制作的视频是观众喜闻乐见的，下一个大明星很可能就是你。YouTube网站的站内搜索引擎迅速成为互联网上仅次于谷歌的第二大搜索引擎。到2015年，全球用户每分钟在YouTube上传的视频总时长已超过400小时。当然，相对于浩瀚无垠的YouTube视频库，事实上我们每个人观看的视频——无论是偶然发现的视频，还是特意搜寻的破嘴合唱团（Smash Mouth）的歌曲——都相当于沧海一粟。常言道，退一步海阔天空。确实是的，退后一步你看到的将会更多、更清楚：我们每天在网上所做的一切小动作——选择观看什么、分享什么、上传什么——正在塑造YouTube，以及它扮演的新时代的知识宝库。

到2013年，YouTube已经坐拥10亿注册用户，也许你在阅读本书的时候，它还在不断攀升。10亿，这个数字意义重大，相当于我们这个星球上互联网人口的1/3。鉴于使用YouTube的人数如此之多、在网民当中的占比如此之大，YouTube的数据往往能够准确揭示人类的行为。有一点可能很少有人意识到，YouTube确实是人类历史上最大的文化数据库，它集中反映了我们的光荣与耻辱。换个方式解释：如果外星人想了解我们这个星球，我会给他们介绍谷歌。而如果外星人想了解我们人类，我则会给他们推荐YouTube。YouTube是属于用户的，分析YouTube能够让我们更好地了解自己，以及我们正在成为什么样的人。

本书无意指点江山，仅仅管中窥豹。无论是让保罗情不自禁地感叹“哦，我的上帝”，还是猫咪视频让你发出的“噢”，抑或让你忍不住爆粗的古怪视频——“这到底是什么？”我希望通过对这些视频的探讨，读者能看到生活在视频时代的我们具有的社会影响力。本书里有大多数人从未见过的数据，你还能从采访中听到一些我们很少有机会听到的声音。新的网络环境允许我们观察、倾听、讨论、上传、跟踪、订阅、分享自己喜欢的视频，于是我们与这些视频的联系更紧密了，而这最终又会反过来作用于视频的创作方式。视频时代的现代技术规模空前、力量超群，在它的帮助之下，我们不再只是一名被动的观众，我们还是主动的参与者。我们的每一次收看，都是以个人身份与视频进行的亲密互动。我们的行为将影响整个娱乐产业的未来，影响我们的价值观，影响我们的生活。

如果我们把文化看作知识、情感、习惯和艺术（或高雅或低俗）的总和，那么生活在数字世界的我们无疑是最大的文化变革力量之一。我们使用YouTube的独特方式影响了我们的生活和其他方面。我们在不断改变，YouTube也在不断改变，这种改变循序渐进且从不停歇。YouTube不仅仅是一个可以观看视频的地方，它还是一个巨大的文化引擎，平台的用户在不断损坏、改进、替换这个引擎的零部件。

这就是为什么，我们心安理得地沉浸在视频时代带给我们的这一股“混局”之中，期待它带给我们的一切。瓦斯克斯熊的《双彩虹》视频让我发笑，但坦率地说，我在YouTube上探索流行趋势、网络社区和人才的经历，就像我在创造另一个版本的《双彩虹》视频，“天……它是如此震撼人心”。

第一章

从YouTube的第一个视频说起

2005年的早春时分，贾韦德·卡里姆（Jawed Karim）前往圣迭戈拜访一些朋友，其中一位是他的高中同学雅科夫·拉皮茨基（Yakov Lapitsky）。他们约在城中小有名气的圣迭戈动物园碰面。来到大象展区的时候，卡里姆掏出了随身携带的数码相机。“嘿，我想拍一个关于动物园的视频。”他对拉皮茨基说，“你可能会觉得挺傻，不过我列了个单子，上面是我想做的视频，这就是其中之一。”卡里姆把相机调到视频模式递给拉皮茨基，让后者帮他拍。“好的，我们现在看到的是大象。”卡里姆在视频录到第18秒的时候说：“这些家伙最酷的一点在于……呃，在于，它们的鼻子真的、真的很长。嗯，我觉得那样挺酷。呃，差不多就这些吧。”视频拍完了。拉皮茨基把相机还给卡里姆，两位老朋友互道再见。谁也没有意识到，他们刚刚录制的这个傻乎乎的笑话注定会写进互联网的历史。

时光倒回到5年前，2000年，出身书香门第的卡里姆早早地离开大学，加入PayPal（贝宝）成为第一批开发者。PayPal后来成为人们熟知的全球最大的在线支付平台之一。作为一名孟加拉国籍学者、德国生物化学教授的儿子，卡里姆没去学校上过一天课，而是在几年当中通过电子邮件、信函等方式获得了计算机科学学位。但就在那几年，他结识了两个朋友，查德·赫利（Chad Hurley）和陈士骏（Steve Chen）。他们之间的友谊改变了卡里姆的人生轨迹，说不定，也改变了你我的人生轨迹。

到2004年底，卡里姆、赫利和陈士骏都已离开PayPal打算创业[①]。当他们定期开会讨论创业想法时发现，视频似乎是一个相当诱人的市场。如果你还想得起来，那时候的视频体验有点儿让人心烦。就拿上传视频来说吧，首先，你得将视频托管在某个网站上，如果你找得到这么一个平台的话。然后，你得向用户提供一个下载链接。就算这些都齐活儿，你也无法保证用户能成功浏览视频，因为用户安装的播放器很可能不支持你上传的文件。

尽管面临种种困难，但是最早的一批视频共享网站依然诞生了，它们方便、快捷，满足了网民分享、传播视频的需求。2004年，珍妮·杰克逊（Janet Jackson）与贾斯汀·汀布莱克（Justin Timberlake）在超级碗中场秀表演时，由于舞蹈动作一时过火，贾斯汀撕破了珍妮的衣服，导致她一侧的乳房一览无遗，这个视频瞬间引爆互联网。美国喜剧中心频道有一个王牌脱口秀节目叫《每日秀》（*The Daily Show*），节目主持人乔恩·斯图尔特和几位来自CNN（美国有线电视新闻网）栏目《交火》（*Crossfire*）的主持人之间展开了一轮火爆的对话，互联网再次沸腾。多亏了比特种子和文件共享，其观看率比起节目的“初始”观众，也就是节目直播时坐在电视机前观看的那部分人多出了上百倍。这两个事件同2004年12月记录发生在印度洋的海啸视频证明了：我们进入了一个视频时代。几乎每个人都手持一台数码相机或一部具备拍摄功能的手机，人们可以使用这些设备来拍摄海啸，记录发生在世界各地的事情。在视频时代里，视频分享的规模是空前的，拍摄的视角也更

---

① 早期离开PayPal的其他同事，创办了著名的消费点评网站Yelp和人才交流网站领英（LinkedIn）。

加多元化。

宽带的出现也使得视频播放容易了许多，除此以外，全球最大的网络多媒体软件公司Macromedia旗下的软件闪客（Flash）也开发了视频播放功能。这样一来，YouTube团队就可以将他们想要发布的视频嵌入网页。[1]如果你的浏览器安装了闪客这一插件，便可直接播放视频。过去几年，为了改善用户体验、丰富网站内容，许多线上平台如网络日志LiveJournal、图片分享网站雅虎网络相册（Flickr）、维基百科，甚至交友网站Hot or Not都新增了视频播放功能，操作并不复杂。卡里姆、赫利和陈士骏首先需要做的是打造一个简单好用的平台，随后扩建平台以支持更多的用户。幸运的是，他们都有相关经验。赫利是PayPal最早的设计师和用户界面专家，陈士骏和卡里姆则一起为PayPal合作开发过网络架构，将支付平台扩展到数百万用户。不过，他们并不是唯一瞄准在线视频市场的团队，在这之前，就已经有了高清视频播客网站Vimeo和谷歌视频。2005年的情人节，YouTube团队的年轻人再也坐不住了，他们撸起袖子准备大干一场，然而，对于自己的理念是否行得通，他们心里也没底。要克服的困难实在很多：网站如何维护，数百种文件类型如何转换代码，以及亟待解决的法律问题。赫利后来开玩笑说，早知道做视频网站这么复杂，他们绝不会轻易尝试。

他们还面临另一个不确定因素：用户会如何使用网站。最初，团队想把YouTube打造成约会网站，他们认为用户很可能会制作并上传关于自己的视频。①在团队的最初设计中，用户无法自由选择视频，而是首先需要提交自己的性别、年龄，以及理想型伴侣的性别与年龄，之后

---

①　那时，YouTube的宣传口号是“不做单身狗，就来YouTube”。

网站会帮他们挑选视频播放。

第一次对YouTube系统进行测试时，卡里姆上传了他在圣迭戈动物园录制的视频。他管它叫《我在动物园》（*Me at the Zoo*）。为什么？因为这个名字够简单，可以任由网站工程师给它分类或贴标签。2005年4月23日，《我在动物园》的试播视频成为YouTube的第一个官方视频。两天后，卡里姆发送了一封电子邮件给他的朋友们。

来自：贾德

日期：2005年4月25日，星期一，5：34：07，美国东部夏令时间

嘿！伙计们！我们刚刚推出了这个网站：http://www.youtube.com。能帮忙推广一下这个网站吗？由于刚开张，暂时还没有姑娘……以后会有的！你们能上传自己的视频到这个网站吗？告诉我你们的所有想法！

然后，由于视频不够多，题材也有限（其中不少还是卡里姆自己录制的飞机视频），YouTube的起步比较缓慢。为了增加视频上传量，团队在线上免费广告平台克雷格列表上投放了广告，还在斯坦福大学的校园张贴传单。很快，他们摈弃了把YouTube打造成约会网站的想法，因为没有人愿意这样去吸引异性。大多数YouTube的使用者要么分享自己朋友或宠物的视频，要么分享有趣的涂鸦，甚至就是一些不寻常的生活小片段。6月，团队对网站进行了调整，增加了“相关视频”这一功能，以提升浏览量，同时他们还简化了视频分享操作。最重要的是，团队使用户能够将YouTube播放器嵌入自己的网页之中。

这一系列调整起作用了。随着网站的逐步发展，团队研究了相关

数据并且有了一个有趣的发现。“每隔两个星期，就会出现一个热门视频，它的置顶其实只是一个偶然，而这一偶然却让其他视频望尘莫及。”卡里姆在2006年回顾时说。[①]随着用户上传视频数量的增加，热门视频出现的周期越来越短，YouTube成为当时发展最快的网站。

《我在动物园》刚登上YouTube 的时候，点击量并不高。在卡里姆关于大象鼻子的笑话成为互联网历史博物馆中的传奇之后，这个视频才大火起来。《我在动物园》表明的并不是视频时代那令人眼花缭乱的明天，而是在视频时代之中，每个用户都有可能因为其独特或者好笑的经历成为网络红人。

我常常想，回望历史，卡里姆会不会后悔自己说过的话，毕竟《我在动物园》是YouTube的第一个官方视频。过去十几年，全世界一起见证了卡里姆的成就和YouTube的非凡影响，想必他要表达的东西应该比一个关于大象鼻子的双关语笑话更为深刻。当我终于有机会问他这个问题时，他却说:“不，我完全不介意《我在动物园》成为YouTube的第一个视频，因为它恰恰说明在YouTube，任何人都可以按自己的喜好上传视频，但其价值由所有观众决定。”事实的确如此。

如果互联网上有一个空间，人人都可以上传视频，也都能随意浏览，那该多好啊！ YouTube就是基于这个简单到一塌糊涂的初衷一步步建立起来的。一开始，至少在创始之初，没人知道这件事究竟意味着什么。直观地看，它意味

① YouTube成立之际，卡里姆并不是创始人之一，他只是以斯坦福大学在读研究生的身份担任其顾问。

着一炮而红。YouTube元年，其每月注册用户就从零冲到了3000万。[2]到2006年底，用户每天在YouTube浏览的视频数量达到1亿之多。在整个互联网，YouTube夺下了收视的半壁江山，观众以YouTube作为收视渠道浏览的视频达到了58%。10年后，人们每天在线收看影片的频率已高达数十亿次，YouTube仍是全球用户访问量最高的网站和最常用的应用之一。

正如本书即将揭晓的，YouTube自有一套系统，用户不同程度地参与并使用，无形中塑造了对网站的观感和体验，这一无声的过程对受众产生的更多、更深远的影响，我们恐怕并未察觉。如今，打开网站看视频已经是我们的日常，而这种人类与科技之间的互动往往可以创造巨大的变革。这一切究竟是怎么发生的呢？我们来聊聊这个有趣的谜题。

哪来的视频，哪来的观众

如今，YouTube的用户已超过10亿，但真要问起它是如何运作的，恐怕极少有人知道。这不奇怪，现在的线上平台设计很直白，开启无脑模式便可轻松上手。既然如此，用户又何苦非要追究背后的规律呢？这印证了英国科幻小说作家亚瑟·克拉克的那句名言——“一切先进技术在大众看来与魔法无异”。[3]而这，恰恰是本书意欲攻破的目标：如果我们想探究YouTube对大众文化的影响，那么掌握一些魔法的奥义是必须的。本书将深入YouTube系统，看看是哪些基础设施在支撑它的日常运作，还要通过一系列的测量方法，把看似深不可测的运行过程剖析得清楚明白。

一群中学生曾经问过我一个看似简单的问题："YouTube上面的视频是从哪儿来的？"问题简单，答案却很复杂。

为了解开谜题，我找到了比利·比格斯。他是YouTube工作时间最久、最受人尊敬的软件工程师之一，其职责包括监督YouTube的技术架构。"简单来说，视频被存储在硬盘上。"比格斯说，"可是上帝啊，那可是不计其数的硬盘！"此话怎讲？就是说，当用户上传某个视频文件到YouTube网站，服务器会将它分解并转码为许多个优化过的不同格式，优化标准则是基于不同屏幕的尺寸大小和连接速度。打个比方，超高清电视、高速连接的笔记本电脑和偏僻地区的手机支持播放的视频文件类型显然不一样。这些文件被复制并存储在世界各地的服务器上。这样一来，在约翰内斯堡观看《双彩虹》视频的用户就无须访问洛杉矶的服务器。换句话说，即便看的是相同的内容，约翰内斯堡用户与洛杉矶用户访问的视频文件并非同一个。一个视频越火，它被复制到不同地域服务器的可能性就越大。这意味着，每一个热门视频都有可能随时随地被复制成千上万次，随之被存储在离我们最近的服务器里。从这个意义上讲，YouTube的视频，的的确确就产自我们周围。

比格斯自2006年起就在YouTube工作，是元老级工程师。他见证了YouTube的快速生长期。这是一个令人振奋的时期，谁不希望自己所在的公司蓬勃发展呢？但也是在那时，比格斯意识到YouTube的服务器配置可能比较低，无法处理过高的流量，尤其是在网民数量上升的周末。“当系统的增长速度达到一定程度，就像那时候的YouTube，每一个周末都意味着一个新的流量高峰。”比格斯回忆说，那段时间他的一台笔记本电脑和一张3G流量的无线网卡从不离身，就是为了防止系统崩溃。这个方法确实够机智，有一次，他不得不在和朋友前往海边度假的途中，坐在汽车后座修复服务器。

现今的服务器比起过去更加强大，也更加稳定了，但YouTube也不再是从前那个互联网襁褓中的婴儿。它一直在生长、扩张，并一次次挑战新的极限。它就像一个不断进化的网络生物，考验着它的母体、互联网本身，包括技术、法律、经济和创新等方面的标准。对此，除了时刻准备着，似乎别无他法。但是别忘了，这种进化的根源基于这样一个事实，那就是YouTube用户的兴趣和需求一直在发生改变，而这些改变很难事先预测。为了尽可能地与用户的步调保持一致，YouTube必须“进化”：找到一套检测用户行为的方法。

对于一个视频网站来说，检测用户行为最基本的方法显然是统计视频的观看次数。①理论上，某个视频有多少次浏览量，就应该等同于它被用户观看过多少次。但是，什么才叫一次真正意义上的“观看”呢？这是另一个我经常被问到的问题。同样，我追根溯源，找到YouTube公司那个常被我的同事戏称为“汗毛儿”的人寻找答案。“当用户主动地播放一个视频时，他看到的只是视频的回放。”聊起这个话题，泰德·汉密尔顿的语气中似乎有几分不爽。他曾任YouTube瑞士苏黎世公司分析部产品经理6年多，比别人更懂得视频这一产品。诸如组织发布视频数据、频道之类的问题，他一清二楚。可是，要把测量浏览

① 这里的次数不是指点击过某视频的具体人数，这是我听过的常见错误之一，即便媒体，也会弄错。检测有多少网民真正看过某个视频可比你想象中难很多。

次数这事说明白，可比想象中要难很多。

今天YouTube的系统足够强大，计算每天生成的数十亿次回放并且处理这些数据不在话下，难的是判断这些播放是不是用户主动为之。这就回到了刚才的老问题：什么才叫一次真正意义上的“观看”呢？有时，我们只是因为醒目的标题或浮动的缩略图误点了某个视频链接；而一些网页上的视频是被嵌入并自动播放的。假设某人在某个时间段内点击了某一视频5次，是算一次还是5次浏览呢？同样令人困惑的是：当你在一个房间做晚饭，另一个房间内自动播放的视频算不算？更别提网站自带的自动回放功能了，它们总不可能被算进去吧？

以上假设在现实中全都存在。有些公司为了使自己出品的视频看起来更受欢迎，于是暗中做了手脚，另一些则是正大光明、无所不用其极地吸引用户的眼球。无论哪一种，所有的数据都会经由一个基于统计学的应用程序来进行分析，目的是帮助查找和防范那些因为可疑活动而生成的无效数据。“通过日积月累地对每天数十亿的浏览次数进行分析，一个无效数据的生成模式渐渐浮出水面。”汉密尔顿解释说。①

直到现在，当人们讨论线上视频的受欢迎程度时，浏览次数仍然是常用指标。但据我早期对YouTube的观察发现，仅仅据此判断某个视频是否流行，很可能导向错误的结果。首先，用户为什么要看某个视频比他们是否看过这个视频更重要。比如，视频是怎么被发现的？当用

① 精明的YouTube用户可能会注意到，多年以来，当你观看一个热门视频的时候，它总会在第301次观看的时候很“卡”。原因是，浏览计数器不会实时更新，而是定期进行一次冻结，以便YouTube系统检测到可疑的行为。第一次冻结发生在视频被浏览到第300次的时候，这是最明显的一次，尤其是当这个视频已经很火，已经被赞数千次。多年来，如何检测和确保观看的真实性和有效性越来越困难，但是这个检测系统仍在后台运行着。

户使用搜索引擎寻找某个视频时，表明他对该视频有积极、主动的兴趣。这和用户因为订阅了某个频道而触发的被动性观看截然不同。当人们观看一个视频的时候，会有一种对速度的感知。举例来说，假如一首歌以每分钟四拍的速率在YouTube上播放，那么它的速度就是一个大小等于每分钟四拍、方向指向视频结尾的矢量。这有助于我们了解视频流行度的动态。2015年，说唱歌手菲迪·瓦普的单曲《诱骗女王》（*Trap Queen*）花了好几个月才爬进热门排行榜，而阿黛尔的单曲《你好》（*Hello*）则立即吸引了大量观众。两首歌都是当年的热门，但你看，它们在流行文化中的受欢迎程度就不一样。也许，最要紧的是用户在观看某个视频时究竟花费了多长时间，因为这反映出该视频的真正吸引力：不是点击“播放”键的那一刻前，视频有多诱人，用户的全程参与和全情投入，那才是真的吸引力。现在，人们看视频的时间总和被称为“观看时间”，它的重要性已经超越了浏览次数。

YouTube有一个视频分析工具，显示关于视频的一切信息和其他一些重要的统计数据，它对所有在该网站上传视频的用户开放。这个分析工具全年无休，每天24小时都在收集各视频的观看次数、被赞次数、分享次数和评论数量等。然后，服务器将对所有收集的数据进行总结，庞大的信息集合体被分割成许多个较小的单位，人们便可以借此从不同的角度来审阅和分析这些信息，筛选出他们认为更重要、更可靠的数据。比如，通过运用这一工具，YouTube的工作人员可以发现注册用户在哪里撒了谎，甚至可以细化到年龄和性别。[①]汉密尔顿曾经负责管理

① 这主要基于分析用户在注册账户时登记的信息。当然，不是每个人都会输入真实的信息，因此这个方法并不完美，但却十分有效。例如，据发现，许多YouTube的“僵尸”用户都声称自己在1月1日出生。

这个小组，他的工作是把所有工作人员的调研放在一起分析，以确保那些破坏性的数据被精准地捕获。YouTube为什么要费尽心思去网罗这些虚假甚至无效的数据？因为它们对于观众来说，是判断一个视频是否流行等的重要指标，同时也能够帮助视频制作者制作更加流行的视频。

你可能会觉得，汉密尔顿的这一工作简直任性——查验“用户”在虚拟的数字世界中是否真实存在，这不是在开玩笑吧？可是，对于视频创作者来说，丰富的数据分析可以协助他们将匿名的比特和字节转化为由真人组成的真实观众。“在互联网时代，人与人之间总是隔着一个屏幕。”汉密尔顿说，“即使我们知道观众的确存在，也不知道他们是谁。而这一‘任性’的工作恰恰呈现出一个反馈平台，告诉人们，有一群‘看不见的观众’真实存在，他们正在观看你制作的视频，他们很喜欢。”

这些信息也有助于我解读YouTube网站上的趋势。许多YouTube员工和他们设计的系统每天都会分析这些数据，以创造更好的用户体验。这意味着我们的行为、我们的品位、我们的意见和我们的激情正在塑造YouTube的今天与明天。

YouTube如何提供个性化服务

当用户访问YouTube网站或者在手机上使用它的应用程序时，首先映入眼帘的可能是推荐视频，这是YouTube最重要的功能之一。这些推荐视频虽然并不总是合你的胃口，[①]但这一功能却功不可没，就连娱乐界的学院派也不得不承认这一点。2013年，美国国家电视艺术与科学学院向YouTube颁发了艾美奖技术奖，表彰其视频推荐。

获得技术奖的团队成员之一是工程部副总裁克里斯托斯·古德罗。古德罗的专业是数学，从业之初，他是一名商业和制造业优化顾问，随后才进入搜索引擎领域，开始管理亚马逊的搜索引擎和谷歌的产品搜索引擎。他现在负责监管YouTube的搜索引擎团队。该团队由一群工程师组成，我每天都和其中一部分打交道。我们一起开发和维护YouTube系统向用户推荐视频和频道的相关功能。

“YouTube在本质上其实是一个巨大的众包平台，这一点鲜为人知。”古德罗说，“人们经常问我关于计算程序的问题。一个完美的计算程序可以快速、可靠地将用户群的口味和兴趣反馈给YouTube系统，并将这些信息提供给单个用户。”截至2017年，YouTube的计算程序每时每刻都在自动更新，它要搜集、处理和分析的信息——浏览次数、点赞次数、点击量等——每天都在以800亿的数量增加，这一数据将YouTube与其他所有娱乐工具区分开来。从某种意义上说，YouTube既是个人品位的反映，也是群体爱好的延伸。

YouTube是针对人类自我表达能力展开的一次实验，这一实验并不

---

① 讽刺的是，YouTube员工对视频推荐这一功能的体验往往是最糟糕的。因为系统总是假设用户搜索视频是出于自己的兴趣，而忽略了YouTube员工因为工作需要而进行搜索的情况。打个比方，我出于工作需要，搜索了YouTube上关于猫的视频、印度的某个热点话题，或者不同类型广告针对的不同观众类型。当系统为我生成视频推荐的时候，会将我看过的所有视频放进考虑之中。别跟我提音乐，提起来就生气——如果你跟踪了7年的流行音乐视频，YouTube就会假定你的音乐喜好一定还停留在16岁左右的青春期。

是团队的初衷，而是随着YouTube的发展偶然出现的。YouTube的创始人以及追随其后的员工并没有什么关于这一实验的方针策略，他们只是单纯地想剖析YouTube用户的行为模式和兴趣喜好。你在YouTube上的使用体验既会受到你自己的个人行为的影响，也会受到YouTube用户群的集体行为的影响。

YouTube影响用户口味和兴趣的方式有很多。假设你现在正在观看某个视频，在这个视频旁边会有一组“相关视频”推荐。我们就从这里入手。这组推荐视频不容小觑，正是它们造就了一个又一个天文数字般的浏览量。你是否有过这种经历：你本来只打算看一个关于长颈鹿的小视频，三个小时过去了，你还沉浸在YouTube，发现自己正乐呵呵地看着某个视频里的女人费力地吃着插在电钻上的玉米棒。卡里姆解释说：“‘相关视频’这一功能背后的原理非常简单。正在播放的视频是有标签的，系统可以寻找贴有相同标签的视频，然后选择标签重复率最高的那几个放在‘相关视频’推荐栏。这个功能很简单，效果却很好。”

随着时间的推移，YouTube的计算程序越来越强大，它开始分析用户的观看习惯，在掌握用户群行为模式的基础上改善个人的观看体验。古德罗和他的团队发现，人们在观看某个视频后，很可能会接着观看另一个。于是他们假定，新用户也会呈现类似的观看方式。YouTube的搜索系统现在会记录和你看过同一部视频的人观看的其他视频。系统会根据视频主题或用户的共同兴趣寻找更好的推荐模式。例如，喜欢看美国网球公开赛视频的人常常对法国网球公开赛视频感兴趣。再比如，喜欢看泰勒·斯威夫特（Taylor Swift）的《空格》（*Blank Space*）音乐视频的人也喜欢看梅根·特瑞娜（Meghan Trainor）的《丰满宣言》（*All About That Bass*）。而喜欢音乐人西斯克（Sisqo）制作的《皮条舞》(*Thong Song*)的人也喜欢吉纳文(Ginuwine)的歌曲《小种马》(*Pony*)。[①]

那么，YouTube的视频推荐这一功能如何得到进一步提高、完善呢？答案是“机器学习”(machine learning)。简单来说，就是让计算机分析历史模式和统计数据，然后自己得出结论，根本不需要编程。通过机器学习，从搜索结果的相关性到自动妥善分类照片，谷歌可以获取大量复杂的数据集并做出预测或决策，从而改善用户体验。在YouTube，机器学习则完全符合古德罗的核心理念：给观众他们想要的东西。“我们并不去思考用户想看什么，而是想尽一切办法弄清楚他们想要什么，然后把他们想要的给他们，通过满足他们的需求让他们更快乐。事实证明，这一想法经受住了实践的考验。”古德罗有四个孩子，他们喜欢的视频完全不同，有的喜欢电子游戏，有的则关注像汉克·格林和约翰·格林这样的视频博主。YouTube的搜索、浏览和推荐功能必须服务于每一位用户。“我们相信，世界上的每一个人至少可以尽情享受100个小时的YouTube时间。如果他们没有，那就是因为他们不知道上哪儿去找那100个小时的视频。我们的任务就是扫清障碍，帮他们轻而易举地和这些视频邂逅。”

这一点非常重要，因为YouTube的视频数量随时都在上涨。传统媒体让我们误以为大众的口味在很大程度上是一致的，但是YouTube却告诉我们事实正好相反。“YouTube用户的口味千差万别，”古德罗说，“真的，完全超乎你我的想象。”

---

① 这可不是我胡编的，数据摆在那儿。如有粉丝觉得冒犯，我只能说声“抱歉”。

我刚加入YouTube团队时，网站首页便能够根据某个用户的观看历史向其提供个性化的视频推荐，但这些推荐视频主要还是由不同类别的热门视频组成的。多年来，YouTube不断优化推荐功能。现在，每个用户在其主页看见的推荐视频几乎都不相同。截至2017年3月，YouTube首页每天会向用户展示超过两亿个不同的视频。这印证了比利·比格斯曾经对我说过的话："YouTube为你而生，只为你而生。"用户的每一个兴趣、每一次选择都在悄悄改变YouTube平台，也在悄悄改变其他用户的体验。

不仅如此，用户还为YouTube上绝大部分特色功能的开发做出了贡献，它们中的很多其实和视频推荐没多大关系，比如按键的设置或者上传视频的处理。

"我们在对平台做出每一个调整之前，都会想办法先试验一下，看看这个改变会如何影响用户体验。"古德罗解释说，"这种检测是全面性的，涉及用户如何使用平台的方方面面。"在试验时，团队会将某一更新置入很小一部分YouTube用户群的系统当中，然后用该组用户群的行为和其他不知道这种更新的用户群行为进行对比。如果获得的数据是乐观的，团队便将这一更新推广至整个平台。有时候，这些调整和改变很简单，例如移除"相关视频"周围的小边框以增加界面的好感度。类似调整的边际收益可能很小，但对于YouTube这么大的视频分享平台来说，意义不容低估。有时候，这些调整和改变很复杂。古德罗带领的团队开发了一个程序，意在为YouTube新手过滤掉骗点击的垃圾视频。团队发现，运用该程序后，一开始新手观看视频的数量下降了，但随着时间的推移，他们观看视频的总量却在上升。为YouTube的人品鼓掌！

YouTube主动为新手过滤掉垃圾视频，推荐高质量的视频，为自己赢得了口碑。其实，预测用户如何使用YouTube非常困难，大众很容易被电视或广播之类的传统媒体带偏。YouTube的用户体验团队会采访用户、研究用户，有时他们还会把用户带进实验室，观察、记录他们如何使用YouTube的现有功能或新增功能，然后针对用户行为提出某种假设。这些假设的错误率高到你不愿相信。还好，YouTube不是活在假想之中，它的存在和发展由用户的实际体验决定。

当我还在南佛罗里达州某学校读六年级时，我试验了不同肥料对金盏花的影响。这一课题获得了中学科学博览会植物学类的奖项，于是我有幸前往参观在科罗尔斯普林斯购物中心举办的县级科学博览会。当天，我和我的竞争对手很早就到了购物中心。现场像我们这样的青春期科学少年还有好几个，但我却看到不下几十位流着汗水、穿着矫形鞋的老年人在商场健步走。我觉得开发商在修建商场的时候，应该没有想到它还能成为老年人锻炼身体的地方。这事一开始觉得荒唐，事后想来完全合理：商场是理想的散步场所，它不仅安全，还提供空调、浴室和喷泉等设施。①

我想说的是，当你向人们提供一种多功能的事物时，你很难预测人们会如何使用它。从一开始，YouTube的创始人就决定将网站的定义权交给广大用户。YouTube的理念是不断适应用户，不断根据当前用户的行为优化自身——请注意“当前”这两个字，它不是过去，也不是未来。如果一个网络平台能够让其使用者随时随地上传、分享、观看视频，那么它的趣味性和多样性将颠覆我们对媒体运作方式的传统认知。

---

① 同样出乎我意料的是，该购物中心居然很想从我（一个六年级学生）这里获得园艺建议。

从天而降的韩国明星和流行文化的未来

那是2012年夏末，我见证了一个视频在短短24小时内不断刷新各大视频网站的热门排行榜。那天我很忙，而且那个视频的卡通式缩略图让我感觉它是一个国外电子游戏，所以我没兴趣点进去。当天晚上，它又一次闯入了我的视线。这一次，我屈服了，想一探究竟。这是一个MV（音乐短片），画面从一个坐在沙滩椅上的男人开始，然后，我的下巴撞到了地板上——这也许是我见过的最荒唐的MV，我笑得眼睛都睁不开。歌词是韩语，我不知道什么意思，但是这根本不重要。画面里一群人模仿着骑马的动作跳舞，出现在视频中的一切都让人摸不着头脑。只有我有这样的感觉吗？我迫不及待地想和出现在我生命中的每一个人谈谈感受，于是将它分享到了我的社交媒体上——它的转发率至今居于榜首。

这个视频就是传遍大江南北的《江南Style》（*Gangnam Style*）。第二天，我便告诉办公室的所有人，这个视频肯定会火。是的，像我这样的书呆子就喜欢这种奇奇怪怪的东西，但我还是远远低估了它的实力。

这个奇怪到离谱的韩语视频深深地吸引了我，感谢互联网给了我品尝来自世界各地、形形色色的娱乐大餐的机会。我的口味素来刁钻：游戏节目得看日本的，MV得看波兰的，我才不在乎它们被世人列为非主流。

2011年初，我看了韩国GD & TOP组合[①]的一个音乐视频，其浏览量高达上百万。从那以后，我就开始关注韩国流行音乐组合在YouTube

① GD & TOP是韩国YG娱乐公司旗下男子演唱组合Big Bang推出的小分队组合，由权志龙和崔胜贤组成。

的崛起。这些组合的代表是Super Junior和SHINee，他们的音乐视频产量很大，画面华丽，颜色绚烂，夺人眼球。视频里的乐队成员妆容妖娆，染过的头发用发胶梳得高高的。他们似乎总是穿着闪亮的裤子，跳着精心编排的舞蹈。他们的音乐作品在亚洲和散居海外的韩国侨民当中非常流行，同时还有一群基数不大但始终在上涨的西方粉丝。这些韩国流行乐队的音乐视频和前面讲到的《江南Style》完全是两个极端。《江南Style》的创作人叫朴载相，缩写为PSY，外号鸟叔。鸟叔的颜值可不敌这些小鲜肉，他没有精致的公众形象，没有完美的身材，没有俊俏的脸庞，也没有一副可以融化人心的温暖嗓子。发福的PSY已经34岁了，他曾经说自己最大的嗜好就是喝酒，还曾因为吸大麻被捕。无论从哪个角度看，他都算不上韩国流行音乐偶像。

鉴于PSY在韩国已经有了一些粉丝，这个视频取得一定的成功也在情理之中，但它实在是火到不像话：通过各种传播，《江南Style》的每日浏览量几乎呈指数级增长，直到它每天在YouTube上的观看次数超过1000万。“语言已经无法形容《江南Style》的魅力。”美国歌手T-Pain是第一批向美国观众介绍这首歌的人之一。[4]凯蒂·佩里（Katy Perry）则在推特上呼喊：“救救我吧，我陷在一个叫作《江南Style》的旋涡里无法自拔。”[5]在我看过这个视频后的第三周，PSY在洛杉矶道奇队的一场比赛中进行了表演。对于现场所有人，那简直是一个魔幻时刻：舞台中央是PSY在表演，摄影机缓缓扫过运动场，全场球迷都在疯狂模仿他的骑马舞。

通常，这种病毒性的风潮会陡然下降，观众很快就会厌倦一个热点，或者无论什么曾经令他们痴迷的东西，但《江南Style》不是这样，它的点击量在不断攀升。在短短四个多月的时间里，它成为YouTube

上有史以来观看次数最多的视频。几周后的2012年12月，它成为YouTube上首个浏览量突破10亿的视频。当我们分析2014年的最热视频时，它仍然在榜单上的第25位……直到两年后才掉出了榜单。

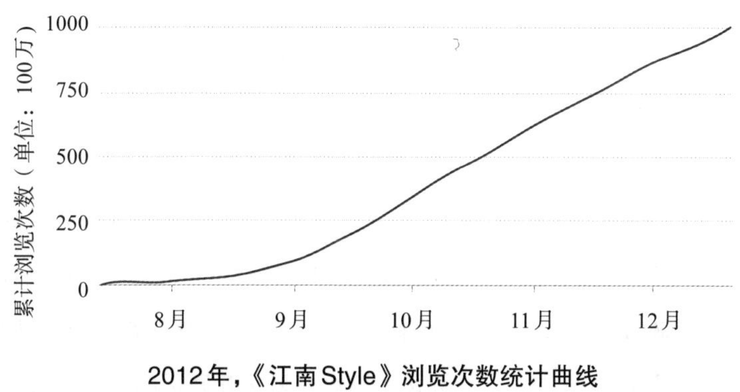

2012年，《江南Style》浏览次数统计曲线

我实在无法想象一家美国的大唱片公司跟PSY签约，把《江南Style》推销给西方观众。鉴于预期市场太小，这将会是一个非常糟糕的商业投资。从历史来看，美国市场对外语热门单曲也不太感冒。最近的一次外语歌曲冲到北美音乐排行榜第一位还得追溯到1987年，洛杉矶的一支乡村乐队Los Lobos的一首翻唱歌曲、墨西哥民谣《拉邦巴》（*La Bamba*）。而纵观全世界，仅有一小部分人口是韩国人，他们中的一部分还在朝鲜——那个地方，据我所知是没有嘻哈这种东西的。PSY明确表示他并没有用这支单曲冲击国际市场的想法，他的目标是本土：他在韩国已经发行了5张专辑和多首单曲。一些人指出，要真正读懂这首歌恐怕需要对韩国文化有所了解。“他戏谑了韩国最富有、最有权势的区域，即韩国首尔的江南区。”韩国作家洪苏空在《开放城市杂志》上解释说，“他的一切举止，从努起上唇到猥琐地伸展脖子，看上去都像一个富有的花花公子。朴载相的表演使这些举止变得有些可笑。但最终，通过宣称‘哥哥我走的是江南Style’，焦点便转向了江南区，一个在韩国长期占据主导地位的地区。这样一来，江南区的特权就得到了明确体现。”[6]对于外界的解读，朴载相摇了摇头，说：“我经常被问到这首歌是否有所隐喻……那时天气炎热，经济状况又低迷，我只想写一首搞笑又刺激的歌曲，并且有一个好噱头。”他在接受《华尔街日报》的采访时如是说。[7]

《江南Style》绝不仅仅是一首简单的歌曲，它的厉害之处在于能够跨越各种语言障碍，将人们连在一起。即便观众听不懂韩语，也能轻松解读画面里的视觉信息，那夸张而又喜感的肢体动作引起了全球共鸣。随着《江南Style》走红，模仿秀和粉丝视频从互联网的四面八方滚滚而来①。PSY和他的团队花了一个月时间创作的骑马舞渗透到各种公众活动，从世界板球锦标赛、NBA（美国职业篮球联赛）到最长寿的脱口秀《周六夜现场》（*Saturday Night Live*）。在巴黎，PSY和粉丝们跳着骑马舞从埃菲尔铁塔一路到了塞纳河对岸，其间，吸引了整整两万名围观群众。

《江南Style》掀起的热潮直截了当地验证了我们多年的猜想：一个简单、公开的视频完全有能力形成一股席卷全球的文化力量。如今，谈起全球认可的流行文化，答案不再局限于奥运会或者世界杯。就连全球科技中心硅谷也没有摆脱《江南Style》的影响。那年秋天，谷歌首席执行官拉里·佩奇（Larry Page）在跟投资者开电话会议时问：“不好意思，你知道那个骑马舞视频叫什么吗？《江南Style》吗？”拉里后来

① 俄亥俄大学游行乐队的表演视频成为PSY的最爱。如果你还没看过这个视频，就不算真正看过《江南Style》。

说："这种事情，就像打开一个龙头，水顺着管道流到了全世界……如果你是这个'水'的制造者，你就干了一件了不起的事。我认为这就是视频世界的未来。" [8]

在我看来，《江南Style》完全有实力打破无数纪录，其中就包括此前贾斯汀·比伯和他的单曲《宝贝》(*Baby*）创造的纪录。我对比伯没有贬损之意，但美国流行MV走红简直太正常了。《江南Style》的成功不仅集中体现了新环境中的各种可能性，同时也体现了新环境的各种不可预测性。PSY向世界展示了韩国流行音乐，推动了韩国境外的文化大发展。《江南Style》发布后的一年中，韩国艺术家创作视频的观看人数增加了两倍，其中91%来自韩国境外。2013年，在第一届YouTube音乐大奖中，单向组合乐队（One Direction）、麦莉·赛勒斯（Miley Cyrus）、Lady Gaga（嘎嘎小姐）等大明星同时角逐"年度最佳视频"奖，粉丝投票数最高的将成为获奖者。然而，在最后时刻，一匹黑马脱颖而出。来自韩国的流行乐队少女时代的单曲《我的男孩》(*I Got a Boy*）以压倒性的优势摘得桂冠，着实让美国音乐媒体惊吓不小。

PSY从未想过他的视频会席卷全球。视频时代变化莫测，他又怎么可能想到呢？即便现在，我们也不能参透这样的网络事件是怎么发生的，历史上没有同类事件给我们参考。①

在20世纪中叶，由于技术的落后以及国际传播的高昂成本，我们

---

① 对于《江南Style》的爆红，我们不仅在文化上毫无准备，在技术上也遭遇了滑铁卢。在这个视频的浏览量超过20亿大关后，平台后台的统计系统就"卡"住了，因为它从未想过会攀登2147483647这一"珠穆朗玛峰"。为了一劳永逸地解决这个问题，工程师们将后台统计系统由32位更新为64位。现在，统计系统的总计数变成了922亿次以上（9223372036854775808）。当然，理论上《江南Style》还是有可能跨越这个门槛的，只不过还需要400亿光年的时间。

的居住地在很大程度上限制了我们享有的娱乐方式。多亏了互联网，这种状态才得以改变。然而，赋予传播以巨大力量的，正是YouTube这样的大型平台。

到2016年，YouTube最大的市场仍是美国，然而美国地区贡献的观看活动还不到20%。在巴西、日本、德国和法国等国家，YouTube也有相当多的用户。平均而言，2/3的视频观看活动来自美国本土以外。YouTube为人类打开了新的一页，任何一件艺术创作都可以通过这个网络平台传播到更为广泛的国际人群当中。如果我小时候想看韩国流行乐队的MV……呃，我该怎么办呢？如果没有YouTube，观众得投多少票才能把PSY送上著名脱口秀主持人卡森·达利（Carson Daly）的直播现场啊！一夜之间，几乎每个人制作的视频都能传遍世界每个角落，这同时也意味着YouTube及其创始人可以用于分析的观众群体膨胀到了一个新高度。

从宏观层面讲，我们可以观察到一个视频如何在不同国家、不同文化之间传播。2012年上半年，米歇尔·泰勒演唱的巴西乡村音乐《假如我捕获了你》（*Ai Se Eu Te Pego*）在YouTube上一夕爆红。几个月后，这首歌差不多就只在巴西流行。但是，神奇的事情发生了。一次西甲联赛上，西班牙皇家马德里队的球星克里斯蒂亚诺·罗纳尔多（Cristiano Ronaldo，又名C罗）在进球后和队友跳起了一段奇怪的舞蹈，很多球迷出于好奇，便开始搜寻，终于得知舞蹈源自这首《假如我捕获了你》。当那支舞蹈成为横扫欧洲的胜利之舞时，启发它的那首歌也自然成为神曲。YouTube系统显示，该视频在土耳其、波兰、墨西哥和泰国都成为热门。更让人意外的是，它居然在法国这个只愿意说法语的国家，创下了有史以来观看次数最多的纪录。这首歌之所以能够集结全球粉丝，并不是因为语言或国籍，而是球迷对足球的热爱。

有时我在想，这个事件是否意味着娱乐也正在全球化。随后，我使用了YouTube推出的“趋势地图”[①]（Trends Map）观察美国各个城市的流行视频。我发现，一些视频只在发布当地流行。例如，在《我要把你丢在奥本的商店！》（*I'm Gonna Put You In The Auburn Store!*）当中，一对父母威胁他们正在尖叫哭泣的儿子，如果他再哭闹，就把他丢在奥本大学的礼品商店。这对父母是亚拉巴马大学橄榄球队的骨灰级球迷，该视频在亚拉巴马州的伯明翰、亨茨维尔、莫比尔等城市一炮而红，因为在该地区，亚拉巴马和奥本这两所大学之间的橄榄球比赛已经成为当地居民生活不可或缺的一部分。免费的全球视频分享平台意味着，人们的观点和经历的传播并不会受到实际地理位置的限制，而取决于对某个文化是否“感冒”、有无共鸣。一个视频之所以流行，是因为它能够引起观众的情感共鸣，无论他们来自何方、现在在哪里。

《江南Style》得以广泛传播，一方面也是因为今天的技术使得用户无论在哪里，都可以立即访问某个刚上传的视频——YouTube的存在就是为了满足我们的需求，不管这种需求多么难预测。YouTube已经上升成为一种文化现象，它由用户群的兴趣和热情塑造，地理位置不重要，经济地位不重要，合作模式也不重要。无论如何，没有任何一家公司和商业模式能够把《江南Style》捧红到它现有的高度，它的受欢迎程度完全属于观众的自发行为：观看、分享，以及趁厨房没人的时候悄悄跳起骑马舞。

① 通过“趋势地图”，用户可以知道世界每个地区正在流行什么视频。——译者注

如果你在YouTube工作，那么你肯定会有这样的神奇体验：你和你的同事实际上根本无法管控自己搭建起来的YouTube平台。相反，你们会觉得自己像在参与一个大型、复杂的实验，实验目标是发现人类的交流模式，受试者的数量远远超过YouTube的所有员工。不管员工多么想决定YouTube的今天和明天，顶多只能凑凑热闹，因为决定权在用户手里，员工的任务是帮助他们传播视频。如果你在YouTube工作了一定时间，就会意识到这一点。“如果你认为，我们创造了这个伟大的应用程序，它很棒，所以人们喜欢它，那你就错了。”古德罗告诉我，“YouTube平台只是一条把人们与他们真正喜欢的东西连接起来的纽带，视频、观众和创作者，这些才是伟大的根源。”

YouTube的创办者查德·赫利、陈士骏和贾韦德·卡里姆很早就认识到了这一点。贾韦德在2006年就曾说：“只有一件事我们无法预料，那就是用户将把YouTube引向何方，我相信等待我们的将是惊喜。”10年过去了，贾韦德所言依旧在理。①

随着用户日复一日地观看视频、分享视频、上传视频，YouTube不断发展，其平台元素也越来越多元化。YouTube的品牌价值并不在于它为用户提供的产品，而在

① YouTube的用户结构已经改变，此外，在移动设备上使用YouTube的人数将超过在台式机或笔记本电脑上访问该网站的人数。

于用户本身，这样的品牌少之又少。鉴于其独特的品牌价值，YouTube成为人类经验的综合反映，它帮助我们认清自我：我们是谁，我们正在成为什么。YouTube早已不是一台简单的服务器，也不是一串复杂的代码，也不仅是先进网络科技的代表，它的价值和意义远不止于此。

YouTube让每一个用户都能上传视频，让每一个用户都能观看视频，这一事实改写了一个时代。在YouTube，我们充分享有自主权。视频传播已经超越经济地位和国籍的限制，这正是YouTube最重要的创新所在。

YouTube如何变化、如何发展，说到底还是用户说了算。随着网络视频文化与大众娱乐文化的结合，随着互联网文化成为主流，我们如何使用视频网站将以前所未有的方式影响我们生活着的世界。

第二章

恶搞视频：开辟娱乐新时代

如果你看过2010年YouTube最受欢迎的视频《强奸犯之歌》（*Bed Intruder Song*），那么你十有八九知道它的创作者——格雷戈里兄弟（The Gregory Brothers）。记得有一天，我和埃文·格雷戈里、迈克尔·格雷戈里和安德鲁·罗斯·格雷戈里三兄弟坐在一起吃午餐，餐厅离他们位于纽约布鲁克林的工作室只有几个街区。不过，我的目的可不是吃饭，而是要讨教这三兄弟过去十几年来独一无二的音乐创作之旅。我的第一个问题是关于他们如何起步的。"作为兄弟一起起步，"安德鲁解释说，"其他的都已成为历史。""对啊，我们不得不抱团。"迈克尔补充道，"冥冥之中有一股力量使我们成为兄弟。时至今日，在那股力量之下，我们还是兄弟。"

这三兄弟的回答就是这么天马行空，他们似乎对任何事情都无所谓，但这正好反映出该组合成功的独特之处：在一个创意规则发生重大变化的世界，格雷戈里兄弟运用非常规的方法，制造出一种混合了音乐和喜剧的混合体视频，因此脱颖而出。作为喜剧演员，他们可能需要用满不在乎的状态对待一切严肃的事物，但不得不说，这个四人组合（后来，埃文的妻子莎拉也加入了）确实将音乐和视频制作技巧结合得很好，他们创造出来的幽默感乐观向上，又极具颠覆性。

三兄弟在美国弗吉尼亚州的拉德福市长大，但直到迈克尔和埃文成年后搬到纽约，他们才真正开始作为一个团队进行演出。2007年，安德鲁发行了一张个人专辑，他询问埃文能不能让当时还是其女友的莎拉帮忙参加巡演。结果，埃文不仅痛快地同意了，还辞去了自己在全美五大咨询公司之一的工作，加入兄弟们帮忙安排演出。为了搞定表演阵容，他们找到当时还在阿巴拉契亚州立大学读大四的迈克尔做鼓手。一行人乘坐埃文用600美元买来的道奇大篷车，沿路进行了差不多50场演出。“当巡演结束的时候，我们基本上已经结成一支乐队了。”埃文回忆，但是当时知道他们的人还不够多，于是他们将自己的表演片段上传到YouTube，以便向潜在客户证明自己是一支真正的乐队。

虽然迈克尔只是被临时拉去做鼓手，但他其实很有音乐才华。迈克尔在大学时期就创建了属于自己的YouTube频道。不过客观地说，他的第一次成功算不得什么惊人之举。那是一首嘲讽北卡罗来纳州一个小公园的滑稽歌曲，观众仅限于他所居住的那个小城。2008年，迈克尔大学毕业了。他在纽约一个录音棚找到一份工作，并和安德鲁合租了一套公寓。兄弟俩赶上了好时候，2008年的美国总统大选由民主党的巴拉克·奥巴马对阵共和党的约翰·麦凯恩。那次大选之热门、民众参与程度之高，直接催生了美国社会的第一个社交媒体时代。突然之间，大家都能随时随地对热门事件进行回应和评论了。新闻消息更是铺天盖地，报道从每一天到每一个小时全无休息，大众对于时评、滑稽模仿和各种时政娱乐的胃口似乎没有边际。于是，迈克尔想用奥巴马和麦凯恩之间的第一场辩论视频制作一首喜剧歌曲，并且通过软件把自己的形象也合成进辩论视频中。这个视频小小地火了一把。于是，安德鲁、埃文和莎拉决定在第二次总统辩论时让迈克尔加入制作。不过这一次，他们打算让候选人“唱歌”，这样一定更有趣，因为总统候选人绝不会在真实的辩论中唱歌。那时，一款名为Auto-Tune（音高修正器）的软件正在成为音乐界的新宠，它可以修正人声或者乐器独奏的声音，迈克尔经常用到这个软件。他们真的很幸运，副总统辩手正巧是两位喜欢夸夸其谈的人——来自民主党的乔·拜登和来自共和党的莎拉·佩林。于是，这个四人组合用Auto-Tune做了不少候选人“唱歌”的视频发到迈克尔的YouTube频道。由此，格雷戈里兄弟组合的名声渐渐打响。“拜登是我们频道的碧昂丝，”迈克尔回忆说，“他是最伟大、最能带给人惊喜的男歌手。”

选举之后，为了保持人气，他们又创作了《变音新闻》（Auto-Tune the News）系列视频。该系列由各种各样的时事剪辑组成，依然保留了三兄弟标志性的创作风格。2010年，一条来自亚拉巴马州亨茨维尔市当地电视台WAFF的报道一时间竟占据了YouTube排行榜。林肯公园小区的住户凯莉·多德森（Kelly Dodson）称一名男子从她二楼房间的窗户偷偷潜入，试图强奸自己未遂。在接受采访时，凯莉24岁的哥哥安东尼·多德森（Antoine Dodson）显得极为激动，他用一系列夸张的肢体语言和耸人听闻的词语鼓动公众重视这起尚未侦破的案件：

> 很明显，林肯公园小区有一个强奸犯。他会摸进你家窗子，拐走你一家子，然后把他们“那个”一下子。咱得藏好娃的妈、藏好咱的娃，也别忘了娃的爸，因为他逮谁都脱裤子……看什么看，说的就是你！你还想自首？别做白日梦了。你就赶紧跑吧，我们

> 不会放过你。我跟你说这些，只是让你提前感受一下恐惧。我们不会放过你——该死的兔崽子。

接下来发生的事恐怕你也猜到了。格雷戈里兄弟的粉丝立刻要求他们的偶像以此为素材制作一个变音版本。两天内，格雷戈里兄弟发布了一个名为《强奸犯之歌》的视频到YouTube，它很快登上了各大流行文化网站。无论你如何不屑这个低俗的题材，不可否认，它确实很容易上口。“在我们看来，这个视频就像我们与粉丝的互动产生的火花，虽然它源于真实事件，但是它引起的反响又超过了事件本身。”迈克尔继续回忆说，“它横空出世，既放大了原来的新闻，自身也成为一个流行病毒般的现象级存在。”后来，格雷戈里兄弟组合还花了几天时间找到安东尼，他们合作推出了正式版本，YouTube和iTunes商店均有售。①

此事遭到了许多人的质疑，因为他们很反感有人拿“强奸”这么严肃的话题进行炒作。但安东尼后来表示，在那段艰难的日子里，当他和妹妹听到自己的声音出现在音乐播放器中时，他们感受到了安慰和幸福。这个视频的人气真的很旺，我记得我在纽约下东区的一个派对上听到了这首歌，人们随着音乐哼唱“我们不会放过你”，就像它只是一首普通的流行歌曲，那场景还真有点儿魔幻。

2008年底，YouTube遇到了一个意想不到的难题。网站首次发布了年度最热视频榜单。争夺第一名的是两个视频：一个针对凯莎（Ke$ha）的成名曲《跑趴滴答》（*TikTok*）制作的恶搞模仿视频《亮晶

---

① 安东尼依靠《强奸犯之歌》及周边产品的收入，带着家人搬到了一个更安全的居住区。

晶的呕吐物》(*Glitter Puke*)，另一个就是《强奸犯之歌》。这引发了YouTube的公关危机，因为这些视频作品怎么看都很不入流。当时，公关和营销部门的同事花费了大量的精力，试图说服人们YouTube是一个值得信赖和重视的、鼓励创意表达的平台，而不是什么三俗草台班子，但这两个视频的火热程度显然让这一番说辞显得荒唐可笑。最后，格雷戈里兄弟胜出，《强奸犯之歌》成为非唱片公司发售类的最受欢迎视频。《强奸犯之歌》的胜出加重了公众对YouTube的不信任。社会上的人，特别是年轻人，开始把网络平台当成一个容纳不敬和放肆的地方，他们觉得在网上可以随便恶搞流行文化、传播任何古怪的创作，格雷戈里兄弟不就是靠这些出名的吗?

于是，恶搞之风不但没有停止，反而愈演愈烈。之后，格雷戈里兄弟和美国社交音乐公司Smule一起推出了一款名为Songify(你说我唱)的恶搞软件，网上出现了大批利用Auto-Tune以及Songify制作的视频，它们就像病毒一样蔓延到互联网的每个角落。你甚至可以根据一个社会事件有多少恶搞视频，来判断它引起的社会反响。此外，连主流娱乐剧也开始使用Songify恶搞剧中受欢迎的角色，推动剧集在互联网的声势。2015年，作曲家杰夫·里士满邀请格雷戈里兄弟帮他为美国知名在线影片租赁商Netflix(网飞)的首播喜剧《我本坚强》(*Unbreakable Kimmy Schmidt*)创作一首脍炙人口的主题曲。

《强奸犯之歌》彻底改变了格雷戈里兄弟的人生。“我们用那首歌的版税买了一架飞机。”安德鲁说。迈克尔补充道：“是的，我们真的买了一架私人飞机。”[①]玩笑归玩笑，这首歌的成功的确成为格雷戈里兄弟

---

① 注意：他们并没有买私人飞机，这是他们的又一个恶作剧。

事业上的分水岭。从此，格雷戈里兄弟成为一支参与过主流媒体制作的正牌乐队，再也不是当年那个小打小闹的组合了。《变音新闻》的成功为他们带来了新的机会，连美国喜剧中心频道都找上门来，请他们为一个试播剧写歌、进行一些现场表演。

格雷戈里兄弟是如何进行创作的呢？迈克尔表示，虽然每个混音视频的创作过程都不尽相同，但他们通常会首先确定背景音乐，然后混入乐队成员或者其他特约嘉宾的声音。美国新生代演员达伦·克里斯和著名影星约瑟夫·高登–莱维特都曾经出现在《变音新闻》视频中。音乐恶搞大师艾尔·扬科维奇也加入了格雷戈里兄弟为2016年总统辩论量身打造的《坏男人，脏女人》（*Bad Hombres, Nasty Women*）。格雷戈里兄弟总是将时事和娱乐结合在一起，这种创作方式既富有创造性，又可以突出某一时事的荒谬本质，它从时事出发，又不曾脱离时事。埃文说："最好的创作花的时间往往是最短的。"格雷戈里兄弟表示，他们其实是在和时事的主角进行合作，而不是盗用他们制造的社会热点，虽然这种合作是单向的，并且并未经过主角的授权。在这种合作关系里，格雷戈里兄弟就好比作曲家，时事的主角就好比歌手，格雷戈里兄弟写什么，他们就得唱什么。迈克尔半开玩笑地说："泰勒·斯威夫特和碧昂丝不也是这样和作曲家合作的吗？"

Songify并非昙花一现，从2008年至2016年的总统大选，Songify一直保持了很高的关注度。作为一个视频时代的产物，Songify的新颖程度会逐渐减弱，但是保持不变的是观众对这一特殊娱乐形态的喜爱——以恶搞回应这个时代。格雷戈里兄弟说，他们经常被问及是否更愿意"做自己的音乐"，但这个问题显然没什么意义。迈克尔回应说："我们做的就是自己的音乐。"的确，如果你想用传统的娱乐类别来给格雷戈里兄弟的作品贴标签，无疑是一件很困难的事。事实上，对于YouTube这一创意平台上的大多数视频来说，都是如此。

之所以会出现这种现象，正是因为YouTube为艺术创作提供了一个前所未有的平台：音乐家、喜剧演员、电影制片人，以及各种创意人才都在该平台探索美学，试验新的艺术形式。不可否认，他们的试验未必总能满足我们的期待，但是，像Songify一类的新事物不就是在试验中产生的吗？循规蹈矩向来不是滋生创意的土壤，艺术家们要想有所突破，就得跳出伴随我们长大的传统媒体的圈子。在视频时代，艺术创作的速度更快，其形式更加反传统，也更看重和受众之间的互动。这种新的创作很难被分门别类，其创作者也不是一个职业标签就能概括的。

格雷戈里兄弟也谈到了这种困惑，安德鲁说："当有人问起我的职业时，我经常给他们5个不同的答案，5个都是真心实意的。我曾说过，'我是一个音乐家''我是一个导演''我是一个视频编辑''我是一个喜剧演员'。虽然答案取决于我当时的心情，但它们都是大实话。我们在自己的YouTube频道的的确确做的就是这些，而且这样说总比说'我是一个做系列视频混音的人'要省事。"

如何定义某种媒体取决于这种媒体的性质。当我们定义书本，我们不会将其描述为"一摞印有文字的纸"，而是一本小说、一本回忆录或者一本文集。当我们定义电视，我们不会将其描述为"通过无线电波、电缆和卫星传输的动图"，而是情景喜剧、戏剧、游戏节目或体育赛事。网络媒体的定义则取决于它向用户传播了什么。每出现一个新的媒体平台，创意人士也便面临一个新的挑战：如何创新、如何制作出更好的作品，以便适应这一新平台的用户。

视频时代刚开始不久的时候，大多数人将视频视为传统媒体的衍生物或者业余爱好者的秀场。前者包括小品剧、音乐视频和新世纪里人人都能免费收看的脱口秀，后者覆盖的范围则更广。比如，一个名叫诺亚·卡利纳（Noah Kalina）的摄影师，每天自拍一张照片，坚持了6年，然后将6年来拍下的2000多张照片集合在一起做成“纪录片”上传到YouTube，于是你可以看到时间是怎样爬过了他的肌肤。再比如，魔术师弗里茨·戈洛布（Fritz Grobe）和律师史蒂芬·沃尔特兹（Stephen Voltz）把曼妥思薄荷糖掺入健怡可乐，在气泡膨胀的时候用力往地上一摔，这支小“火箭”便向空中喷射，他们把这称为“行为艺术”。他俩还创立了一家将娱乐和营销相结合帮助轻量级品牌进行推广的小公司——EepyBird。虽说这类视频绝大多数只是一时的噱头，并没有对时代产生什么重要影响，但是我们应该看到它们其实反映了这样一个事实：视频时代的人正在通过自己的创作方式适应新媒体。绝大多数创作者虽然只是业余玩家，但是其中不乏创意天才。

那些让我们心心念念的YouTube视频，跟我们平时在传统媒体上看到的节目感觉真的很不一样。这是因为传统媒体会先锁定目标受众，再进行创作。换句话说，什么样的观众喜欢什么类型的内容，这些是媒体人事先预测好的。而YouTube却不是这样运作的。每天，YouTube平台上面更新的视频不计其数，但它们并不是把某一特定人群作为目标观众。只不过，由于YouTube这个平台能够使观众随时随地交流看法，因此谁喜欢什么、谁不喜欢什么一目了然。另外，作者也能够通过视频的评论、分享次数和浏览次数直观地了解观众对自己作品的反应，在此基础上，进一步提高自己的视频处理技术以及对美学的运用。

互动美学和16岁少女的卧室

2006年夏，一个名叫布里的16岁女孩创建了自己的视频播客。每隔几天，她便面对镜头，大谈自己的生活琐事和兴趣爱好，没想到这些东西极对年轻人的胃口——她渐渐成为青少年心目中最酷的女孩，她拍摄的视频屡次登上YouTube的热门榜单，她的频道也很快成为YouTube上最受欢迎的频道。人红是非多，事情开始有些不对劲儿。粉丝先是在她的卧室的墙上发现了英国神秘学家（被称作“世上最邪恶的男人”）阿莱斯特·克劳利（Aleister Crowley）的照片。更让观众感到奇怪的是，布里没去学校，而是在家接受教育。她的父母兼老师好像是某个异教的追随者。争议随之而来，人们开始痴迷于解开这位16岁少女生活的秘密。

原来，这位少女的真名不叫布里，而叫杰西卡·李·罗斯（Jessica

Lee Rose）。她也不是16岁，而是一位19岁的新西兰女演员。实情是，编剧拉梅什·弗林德斯和迈尔斯·贝克特博士打算制作一部名为《寂寞女孩15》（*lonelygirl15*）的网剧，他们选中了杰西卡做女主角。起初，杰西卡认为这是一场骗局，一来，自己从未听说过剧名，二来，整部剧都只用摄像头拍摄。仅仅两次试镜后，杰西卡便收到了雇用通知，要求她至少空出6个月的档期。尽管心存疑虑，杰西卡还是选择了铤而走险。该剧还有一个联合主演优素福·阿布–塔勒布，平时的工作是吧台服务员。两位主演都签署了保密协议，承诺隐瞒自己在真实世界的身份。其实两人心里都清楚，纸终究包不住火。4个月后，一个新闻调查揭示了所有真相。杰西卡说，那天晚上她哭了，因为自己的信誉即将毁于一旦，她很怕成为众矢之的。然而，事情的发展超出了她的预料。尽管一些粉丝大发雷霆，但还有一些粉丝选择继续跟踪她的频道，一探究竟。

这究竟是阴谋，还是炒作？说不清楚，但每个人心里都清楚，一种新的讲故事的方式出现了，它和欺诈无关。这部网剧的制作成本少得可怜，拍摄初期，最贵的设备也就是一个价值130美元的摄像头。网剧里出现的卧室，其实就是编剧弗林德斯自己的卧室，里面的陈设全部来自二手店和廉价超市塔吉特。[1]编剧们创作这个网剧的想法很简单，他们认为在如今这个用镜头说话的时代，观众一定特别喜欢那些敢于在摄像机面前“做自己”的人，甚至不会怀疑视频的真实性。把戏被揭穿后，制作人坦言他们也没有一个明确的动机。最初，他们打算将《寂寞女孩15》系列视频作为发行长篇DVD（数字视频光盘）特辑的前奏，但仅仅几个星期后，《寂寞女孩15》的收视率就已经可以跟一些有线电视台的连续剧相匹敌。他们立刻意识到，自己创作的不仅仅是一部网剧，还是一种不同于电视、电影拍摄的全新的叙事手法。

对一些人来说，《寂寞女孩15》系列视频集中体现了网络视频早期的荒诞不经。对另一些人来说，他们发现了一个玄机，那就是网络平台也可以成为自己的个人秀场。如今的一些“网络当红炸子鸡”就是因为看了《寂寞女孩15》之后才开始弄播客的。来自乌拉圭特立尼达的YouTube明星阿丹德·索恩（Adande Thorne，又名Swoozie）就明确表示，他就是受到了《寂寞女孩15》的启发，才开始走上动画视频搞笑之路的。[2]对于今天的YouTube观众来说，《寂寞女孩15》早已成为江湖传说。即使你愿意点开那500多集视频中的任何一集，都很难真切体会到它曾经引发的狂热。这是网络时代的特有现象，热门视频不仅需要你的参与，还需要你即时即刻的参与。

《寂寞女孩15》充分利用了网络平台独有的创造力，引爆了无数观众对少女布里巨大的好奇心。这并非制作人的本意，最后却无心插柳柳成荫。真作假时假亦真，这就是互联网的独特美学，而该剧在某种程度上恰恰证明了这一点。创作人员从未明确承认视频实为虚构，同时也不曾否认，他们想以内容本身去说服观众。“我们从未撒谎，”杰西卡后来表示，“我们只是把那些视频放到网上。”[3]

我们之所以爱看网络视频，是因为它们的风格很草根，且主角都是和我们一样的普通人。我们能从中感受到真实，这一点很多流行视频都做不到。仔细想想，《寂寞女孩15》不就是后来火得一塌糊涂的真人秀的鼻祖吗？这种风格就是主打真实可信的人物和脚本（即便是虚构的）。

这种类型的视频好玩就好玩在它既贴近真实生活，又充满了互动性，因此观众对它的喜爱程度只增不减。一个“孤独女孩”倒下去，一批“孤独女孩”会站起来。类似的视频在YouTube上越来越多，类似的创作概念和模式被用户不断模仿，其中不乏佼佼者。

就拿人们长期迷恋的恶搞视频来说吧。很多年前，恶搞类电视节目《隐藏摄像机》（*Candid Camera*）已经证明这种影视类型对观众的吸引力，但互联网开辟的是一个全新的恶搞风潮。不夸张地说，人们每天在YouTube观看的恶搞视频，多到可以惊掉你的下巴。撇开始作俑者有时使用的不道德手段不谈，这些视频长期保持超高吸引力这一事实本身，已经说明视频时代构建出了一套新的美学法则，它们的成功和受欢迎再度印证了以现实为基础的娱乐节目的价值。

在众多的恶作剧频道中，创作团体“四处即兴”（Improv Everywhere，简称IE）颠覆了我们对恶搞的传统定义。创始人查理·托德（Charlie Todd）于2001年搬到纽约后组成了这个搞笑团体，他们的口号是“我们就是来搞事的”。多年来，团队不断集结“搞事者”在公共场所执行过多次“任务”（也就是恶作剧），而且从不提前知会相关管理部门或者在场的路人。对此，托德解释说：“IE的目的之一就是带给人们一些有趣的经历。我们搞的是恶作剧不假，但是它可以使参与其中的人，余生都对曾经做过的疯狂举动津津乐道。”我第一次听说他们是因为几年后一个名为“最好的表演”（Best Gig Ever）的噱头，IE组织了一群搞事者，跑到一支三流乐队的表演现场假扮狂热粉丝。2008年，IE故技重演，这一次的目标是一个毫不起眼的小学生棒球联盟比赛。搞事者们事先摸清了这批参赛者的名字，甚至小名，准备好了喇叭、背景板等助威器材，冒充这些孩子的狂热球迷。他们还在现场搭起了一个超大屏幕，安排了一位“记者”进行实况报道，甚至还找来了NBC（美国全国广播公司）的传奇毒舌体育评论员吉姆·格雷（Jim Gray）进行现场解说。当然，参赛的孩子们、现场家长及其他观众对此毫不知情。于是，搞事者的恶作剧和观众的迷惑、惊讶或爆笑的反应统统成了恶搞“笑果”。在以上这些视频中，搞事者和不明就里的观众在镜头前奉献了一样长的出镜时间，视频中的所有人都变成了恶作剧的表演者，共同呈现了一场即兴表演。第一个使得该搞笑团体声名鹊起的要数他们策划的名为《静止的中央火车站》（*Frozen Grand Central*）的恶搞，这也是该团体首个引发了病毒流行的创作。团队组织了200多名搞事者来到纽约市中央车站，然后一声令下，这200多人在同一时刻突然定格不动了——这可是全球日均流量最大的火车站之一，围观者的惊愕可想而知。观看这个视频的乐趣既在于欣赏人们迷惑的反应，又在于欣赏搞事者们各种好玩的定格姿势。IE的创作提升了恶搞艺术，也让YouTube的观众对恶搞视频的新意提出了更高的要求。

其实在影视界，恶搞并不是什么新玩意儿。电视节目《街头恶搞真人秀》（*Trigger Happy TV*）、美剧《波拉特》（*Borat*）、电影《捣蛋双宝》（*The Jerky Boys*）等，都以恶搞为重要元素，并且获得了不同程度的成功。然而，恶搞却通过YouTube平台才成为喜剧流派当中越来越受重视的一颗新星。[①]究其原因，首先，恶搞视频跟小品剧和动画片比起来，成本更低、制作难度更低。更为重要的是，这些视频无论是拍摄手法，还是内容，都在尽力满足观众对真实性的渴求，看着屏幕上那些被整得一脸茫然的“苦主”，观众乐不可支，他们要的就是这种感觉。

通常，观众很容易与恶作剧的肇事者产生共鸣，来看看YouTube上人气最旺的恶搞艺术家之一——罗曼·阿特伍德（Roman Atwood）。

---

① 2017年初，YouTube上受欢迎度排名前50的喜剧频道中，近1/5是恶搞频道。

2016年，罗曼的恶搞视频平均每周的浏览量达到3000多万次，这些作品许多都经过了精心编排与策划。有一次，罗曼把自家填满了彩色塑料球，每一个房间、每一个角落都不放过。当他和他儿子的母亲、女友布里特妮·史密斯（Brittney Smith）庆祝在一起5周年的时候，也策划了一次恶搞，此次恶搞成为他的代表作。那时他们在阿鲁巴的一家酒店共度良宵，罗曼悄悄在房间安装了一个隐藏摄像头，以便录下他的恶作剧。

“我得向你坦白一件事，它很糟，可能是你听过的最糟糕的事……”罗曼对女友说，声音中充满了伤心与悔意，“三周前我在洛杉矶遇到了一个女孩，然后，我们发生了一夜情……我向上帝发誓我再也不会这样做了。”听了男友的坦白，布里特妮双手掩面，发出啜泣的声音。罗曼见女友哭得越来越伤心，便上前安抚，直到她顿了一下，说：“我也出轨了……”

“什么?！”这下换罗曼傻了。

“我也跟别人上床了。”

“什么？我不相信。你真的出轨了？”

“我真的出轨了。亲爱的，我真的很抱歉。”她哭着说。

没想到自己的恶作剧引出了这么一个幺蛾子，这下，罗曼开始情绪失控了。他破口大骂，一拳打向一盏灯。罗曼要求女友马上告诉他那个男人是谁。在不到两分钟的时间里，他从卑鄙的恶搞者变成了戴绿帽子的可怜虫。

这时，布里特妮一脚跨上床，站在上面大叫：“我看到你悄悄地装摄像头了，你这个白痴！”看上去一副死人样的罗曼从女友的笑声中似乎明白了些什么。他觉得自己罪有应得。罗曼在经历过内心的纠结后，还是公开了这个视频。这样一个看似愚蠢的恶作剧，却完美表现了一系列复杂的人类情感，在一定程度上可以视为恶搞视频的代表。对于很多看过该视频的观众来说——其中包括频道的1000多万订户，这对情侣不再是擦肩而过的陌生人，而是已经形成一种联系的感同身受者。这个视频之所以成功，是因为它将虚构和人类的真实情感经历相结合，当观众看到视频里的罗曼被背叛时，自己也产生了情感共鸣。这个视频的走红同时也说明，观众对娱乐作品的要求更高了，这些作品得将戏剧化的设计融入日常生活。

网络红人乔·彭纳（Joe Penna），又名“神秘吉他男”（Mystery GuitarMan），最早通过制作视频特效出名。彭纳生于巴西，孩提时代便从圣保罗搬到了美国。此后，他放弃了申请医学院，投身视频制作。彭纳擅长剪辑，制作了许多精彩的动画视频和音乐。虽然彭纳的特效水平和好莱坞大片还是有一定的差距，但比起那些低保真画面还是强太多。彭纳的拍摄场地都普通得不能再普通了，比如办公室、街道等，但是后期制作却基本可以称得上完美。彭纳制作的特效可以和维塔数码（Weta Digital）或者工业光魔（Industrial Light & Magic）[①]相匹敌吗？答案当然是否定的，但这不是重点。在我看来，他的视频更有魔力。我们看完电影《侏罗纪世界》（*Jurassic World*）后，根本不记得它的特效团队，但看完短片《神秘吉他男翻书翻到精神失常》（*MysteryGuitarMan Flip Book Flip Out*）后，我们一定会记住制作人彭纳。在彭纳的视频里，主角通常就他一个人，特效、音乐、剪辑等全部由他亲自操刀。每周制

① 前者制作过《魔戒》《阿凡达》等影片的特效，后者制作过《星球大战》《复仇者联盟》的特效。——译者注

作一两个这样的视频，花费了他很多的时间和精力。2012年，他用微软的Excel软件制作了一部定格动画。你能想到吗？彭纳用Excel这个几乎人人都会用的工具制作了一部动画！观众越是知道这个软件有多简单，就越是明白这个创意视频的价值。另外两个走红的超萌定格动画是他在妻子怀孕时拍摄的《神秘吉他男的妻子》（*MysteryGuitarWife*）和《神秘吉他男的孩子》（*MysteryGuitarBaby*）。视频花费10个月时间制作，采用了延时摄影的拍摄手法，展现了亲密的一家人。彭纳的作品总是能揭示平凡生活中的美好。此外，他还经常出现在镜头里向观众介绍制作花絮、呼吁观众订阅他的频道。有时候彭纳还会告诉观众完成视频的时间正好是凌晨几点，这些小细节使得他和观众的距离更加亲近。从这一点可以看出，在YouTube上，视频作者未必非得找一个特效师或影视名人前来助威，只要作者与观众联系更密切、更有默契，视频就会更受欢迎。

在YouTube，像彭纳这样的创作者还有很多。对于这类创作者来说，每一个观众的意见都很重要，它们构成了作品的一部分，影响着作品的内容风格。因此，YouTube上的视频不像传统的电影或者电视剧那样，由一个看不见、摸不着的团队制作而成，它们的背后是一个个像彭纳那样有血有肉的创作者。他会告诉观众他想的是什么、做的是什么、用了什么工具。最重要的是，创作者会询问观众爱看什么，因为他们特别在意观众对不同的作品的评论和反应。换句话说，在YouTube，创作者与观众之间通过作品进行互动，从而建立对彼此的信任。这种互动就像一种不言自明的默契，以一种独特的方式被摆在了显要位置。在YouTube早期，这种互动就已经很频繁了。正如一些YouTube创作者对我说的那样：一部电影放完以后，导演和演员无法出现在幕前，问观众喜不喜欢他们刚才看到的东西。而在YouTube上，每个观众看完作品后便可通过评论、留言等方式向创作者传达自己的意见。

很长一段时间，网络美学从未被重视，一直被贴着“业余”的标签。然而，随着互联网的发展壮大，传统的娱乐业和广告业不得不改变自己的态度。网络美学强调娱乐产品的真实性，于是传统娱乐业的大亨也试图想办法让电视节目呈现出真实性。什么办法？花钱。然而，YouTube视频的真实性并不是取决于创作者的相机有多高级、编辑技巧有多精湛，而是取决于他们的创作理念。产品的质量对观众来说依然很重要，但创作、创意理念的真实性才是王牌。

在许多YouTube小品剧和短片中，演员常常是创作者和他们的朋友。不是我说，其中有些人的表演相当糟糕，根本不该来当演员。起初我还挺震惊的，心想创作者怎么会这样对待自己的作品，随便挑一些“歪瓜裂枣”就上阵。有一段时间我还认定，线上视频是那些在主流娱乐界找不到一席之地的人用来练手的。后来我才意识到，那些不完美的表演会让观众觉得自己看到的东西很真实，而不是刻意打造的。

有一阵，我们在制作《YouTube一族》（*YouTube Nation*），它是YouTube与梦工厂动画制作公司（DreamWorks Animation）合作的日间秀节目。那时，为了节目制作，我们可以使用梦工厂的所有设备！于是，我和执行制片人史蒂夫·伍尔夫以及查德·迪亚兹经常出没于位于玛丽安德尔湾的梦工厂那栋奇怪办公大楼①的顶层工作室，那里面可是应有尽有。怎么让这个节目既“高大上”（《YouTube一族》是第一个拥有4K画质的日间秀），又符合YouTube一贯的草根形象呢？我和制作人

① 我们曾经把这栋建筑称为“正义大堂”——DC漫画超级英雄团体正义联盟的总部大堂，因为这栋楼看起来就像从科幻电影《正义联盟》中复制出来的一样。

进行了长时间的讨论。另外，节目的设计师特意设计了一个办公室风格的演播室以凸显YouTube的“手作”风格，但是，每次我们在“假办公室”录制节目的时候，总感觉哪里不对。最后，伍尔夫和迪亚兹决定干脆把YouTube员工的办公室作为演播室，结果效果相当不错，无论是光线还是摄影都很完美。假的再怎么包装都是假的，真实才是第一标准。

现在你明白了吧，YouTube的美学就是尽可能地去掉阻隔在屏幕与观众之间的所有障碍，让观众之间，观众和作品、创作者之间的交流畅通无阻。那种零距离的感觉才是作为观众的我们最想要的。幸运的是，一些极具天赋的YouTube人才已经找到了实现这种美学的奥秘，他们创作出了真实可靠，便于他人模仿、复制的视频艺术形式。

我们都是制作人

2001年，我第一次采访本尼·法恩（Benny Fine）和拉菲·法恩（Rafi Fine）两兄弟。那时，他们还默默无闻，我们只花了一天时间便敲定了档期。5年后，这一过程变成了三个月。在这5年的时间里，两兄弟改进、完善了一系列网络视频形式，他们创建的网络视频公司也蓬勃发展。

法恩兄弟[①]刚开始推广自己的视频那会儿，网络视频的地位远不像现在这么重要。那时两兄弟还都是孩子，生活在纽约布鲁克林，哥哥本尼经常拉着弟弟拉菲一起拍这拍那。长大一点以后，兄弟俩开始为自己做的视频举办“放映会”，邀请要好的同学前来观看，希望视频能够成为学校第二天的讨论话题。这样一来，那些没有参加放映会的同学为了

① 我知道这里又出现了一对兄弟组合，这种由兄弟姐妹组成的创作团体在YouTube很常见，也许是因为兄弟姐妹是我们最早认识的、最愿意进行合作的人。

加入讨论，就不会错过下一次放映了。“在制作每一个视频的时候，我们的直觉都会告诉我们怎样做才能让人们去讨论它。”本尼告诉我，“你现在明白我们是怎么走红的了吧？我们尝试的所有视频形式都是为了加深与观众的互动，引发更多的交流。”

2004年，当兄弟俩开始在他们的个人网站上发布视频时，粉丝就已经可以根据自己的喜好对视频进行投票了。“很早以前，我们就说过，在线视频是一种新媒体。我们非常喜爱它，因为它使观众的观看体验由被动变为主动。”本尼说，“在线视频把观赏变成了一种互动体验，观众的反应也成为这种体验的一部分。”YouTube诞生后，兄弟俩开始在上面制作小品剧和恶搞视频。但是，他们不满足于制作纯粹只图收视率的视频，想最大限度地增进互动。他们还探索了YouTube平台的各种功能，拓展了它们的用途。法恩兄弟在粉丝心中与镜头前的明星无异，但二人总是更愿意把自己看成制作人。2009年，他们加入了YouTube视频制作及发行公司Maker Studios（现属迪士尼），兄弟俩很快便成为该公司制作和创意部门的负责人，帮助YouTube的新秀制作了很多视频。之后，兄弟俩又把工作重心转移到自己的YouTube频道。他们在制作人时期积累的技术和经验，在开发和探索新的视频领域方面派上了大用场。尽管兄弟俩开发的许多新视频类型都失败了，但有一些还是成功了，而且十分成功。法恩兄弟的频道在2011年爆红，频道里《儿童的反应》（*Kids React*）系列视频引发了收视狂潮。在这些视频中，他们采访了很多小孩，询问他们如何看待当下流行的病毒视频。

这是法恩兄弟在YouTube上第一个爆红的系列。我认识这对兄弟很多年了，一来，像我这样痴迷于病毒视频是如何一夕爆红的人本就不多，而他俩是真正和我打过照面的人；二来，他们制作的视频数量之多、主题之丰富，时常让我目瞪口呆。这对兄弟曾经说过，有时候灵感来了，他们一天之内至少得拍5个视频。一旦某个系列走红之后，他们便会趁热打铁。所以《儿童的反应》火了之后便有了《少年的反应》，然后是《老人的反应》，再然后《YouTuber观众的反应》……就在你们看这段文字这会儿，他们正在创作《名人的反应》。“反应系列”的受欢迎程度不断上涨，他们为这个类型开了一个新的频道。虽然这样做有一定的风险，但他们成功了，新频道一个星期之内就拿下了100万订阅用户。这个热播系列成为法恩兄弟推出其他新作品的跳板，比如2012年的多媒体情景喜剧《我的音乐》(*MyMusic*)。这是一部充满了嘲讽意味，又带点纪录片风格的系列剧。剧集的背景是一间名为“我的音乐”的前卫音乐工作室，主角是这里的员工，他们的名字全部是以不同的音乐类型来命名的。

再后来，兄弟俩成立了法恩兄弟娱乐公司（Fine Brothers Entertainment），招聘了50名员工。公司有三间摄影棚，每周制作的视频多达12部，类型包括动画短片、情景剧等，比如《唱起来》(*Sing It*)。这部情景剧每集24分钟，是YouTube早期的原创剧之一。一家公司同时制作这么多类型的视频十分少见，而且在业界，大多数这样做的公司都以失败告终。“对此，许多人都警告过我们，因为我们尝试的类型太多了。”拉菲·法恩说，“如果回头看看我们的职业生涯，你会发现，如果我们一直待在好莱坞和传统娱乐行业，去做那些别人认为我们应该做的事情，我们永远不会拥有今天的成就。”法恩兄弟创作出的热门视频有一个共同点，那就是极强的互动性：观众的意见一直是节目制作的重要参考部分。换句话说，观众也间接参与了节目的制作、成为节目的制作人。

他们的“反应系列”就紧紧围绕互动这一核心，在成功的道路上越走越顺。法恩兄弟通过私信、评论等形式征求粉丝关于新系列视频的想法，并且会在新视频的开头特地告诉所有观众，该视频的创意来自粉丝。他们的许多作品都是和观众互动、合作的结果。“表面上看，这种互动有助于与观众建立良好的关系，让观众知道他们很有影响力。我们作为创作者，非常在意他们的看法。”本尼告诉我。确切地说，他们最成功的作品往往是那些最大限度地让观众参与进来、与创作团队进行深入交流的视频。

在法恩兄弟的系列视频里，主角通常都是寻常老百姓，他们在屏幕里做着日常生活中最普通的事（比如，画面中的主角也在看视频，还有比这更无聊的吗）。两兄弟的“反应系列”累积了40亿的播放次数，想必这个视频类型必定和别的不一样，它更能满足网友的味蕾。这类视频究竟有什么魔力？背后揭示了什么道理？

拉菲告诉我，可以把它想象成一个焦点小组（小组座谈）：一群普通人正在讨论文化中的某个重要问题，座谈没有章程，比较随性，与会者可能是你的同龄人，也可能是生活中颇为重要的人（父母、孩子、外公外婆或者孙子孙女）。在后互联网时代和后智能手机时代成长的孩子，他们对技术的看法有时让我摸不着头脑，有时又让我忍俊不禁。比如，这些孩子会一脸天真地问，为什么第一代iPod没有触摸屏呀——因为他们压根儿没经历过键盘机那个年代。对一些观众来说，出现在法恩兄弟“反应系列”视频中的那些人就好比焦点小组的与会者，观众觉得他们很有影响力、很重要。正如拉菲所说：“观众在看视频的同时会自问，我和受访人的观点一样吗？若不一样，谁对谁错呢？”简单地说，通过观看“反应系列”的视频，观众被赋予了一种权利——验证或者挑战自己观点的权利。无论对错，当观众点开视频的那一刻，他们跟视频之间的互动就已拉开序幕。观众的每一次点赞、每一次分享、每一次评论都将推动这种互动持续进行下去。原来互动才是关键啊！这是多么精彩的创意！同时，也得感谢YouTube平台，它和兄弟俩的互动视频配合得天衣无缝。“反应系列”视频不仅充分利用了YouTube自带的评论、分享等功能，也许，还顺带填补了互联网时代人们最大的遗憾——深入交流和互动。正如法恩兄弟所说，在一个不费吹灰之力就能实现沟通的世界，我们很少真正相互倾听彼此，而这就是两兄弟创作“反应系列”的初衷。“人们喜爱它，因为在现实生活中，我们已经很少像这样交流了。”本尼补充道。

法恩兄弟既不是第一个，也不是唯一一个探索反应类视频的创作人（2016年，法恩兄弟竟打算为反应类视频注册专利，这一举动遭到了YouTube社区的强烈反对）。YouTube的许多热门视频其实都在刻画普通人对于事物的反应，最成功的案例之一要数《玩起来》（*Let's Play*）系列视频。[4]视频中的人会一边玩电子游戏一边进行有趣的解说。据统计，2014年排名前20的YouTube独立创作者中，其中11人的作品风格都类似于《玩起来》。YouTube早期的明星、喜剧演员雷·威廉·约翰逊（Ray William Johnson），最初也是因为点评流行病毒视频而走红的。

现在，让我们总结一下两兄弟的视频为什么这么受欢迎。“这大部分源于人性。”本尼说，“你讨厌孤独，而当你看着某个人玩电子游戏或者看着他看视频，你们之间形成了一种联系，好像你也在跟他一块儿玩儿似的。”在视频时代，人们比以往任何时候都更容易感到孤单。于是，人们发展出了一种以在线视频为媒介来进行沟通的需求，而那些以互动为核心的视频类型，正好满足了这种需求。

制作这种类型的视频，意味着要不断使观众之间产生相互联系的感觉，而且使用手法必须很自然，不能让观众察觉到人为的痕迹。如此一来，创作者不得不推翻原有的创意过程。对一部分人来说，这还意味着彻底推翻对娱乐和媒体的原有认知，从头开始。

化繁为简

多年以来，表演艺术家、作曲家、演说家泽·弗兰克（Ze Frank）一直在进行各种多媒体实验。2001年，当人们还不会通过网站Evites和脸谱网（Facebook）发出线上活动邀请的时候，弗兰克就为他的26岁生日举办了一个线上聚会，聚会主页是弗兰克跳舞的动画。聚会只邀请了17位嘉宾，但一个星期后，居然有100多万人次访问了这个页面。在线生日派对之后，弗兰克开发了好几个Flash小游戏，进行视觉效果实验，以探索数字娱乐新世界。最终，在布朗大学就读神经科学专业的弗兰克决定转攻视频制作领域。2006年，弗兰克发布了《与弗兰克在一起》（*the show with zefrank*）系列视频。[5]通过这些视频，弗兰克进行了各种各样的互动实验。许多人认为，正是弗兰克发布的这些在当时看来相当前卫的视频，奠定了几年以后流行于YouTube的播客的互动基调。2012年，弗兰克为创作《与弗兰克在一起》的新视频系列筹集资金，粉丝捐款近15万美元。他的视频艺术有一种说不清道不明的吸引力，驱动着观众想要参与进来、彼此沟通的欲望。2010年，弗兰克在他的第二次TED演讲上说："我们可以开创各种各样的媒体环境，让人与人之间的关系更近，让人与作品之间更容易产生共鸣。但最终，我们想创造出来的是最真实的沟通，就像一个人的手拉着另一个人的手，一个人的眼睛望着另一个人的眼睛，一个人面对面地和另一个人交流。这种连接并不局限于我们所处的物质世界，它也将在虚拟世界中发生。我们必须好好弄清虚拟世界沟通的秘密。”

2012年，弗兰克加入新闻聚合网站BuzzFeed，管理其刚刚起步的影视单元（BuzzFeed Motion Pictures）。论其管理方式，就是不断做实验，只不过这一次实验规模更大了。弗兰克组建了一个实验工作室，挑战视频创作方面的一切假说，探索新的媒体形式。他的麾下有一群年轻、富有创造力的人才。他们可不是传统意义上的媒体人，而是“多元媒体人”，每一个都是全才，既会制作，又会摄影，同时还会编辑。这些人当中的许多后来转到幕前，成了名人。当时，弗兰克管理团队的第一原则就是：“每个人都得制作视频。”身为团队领导的弗兰克更是以身作则，跟手下一起制作视频。

管理原则二：在手下将作品发布上网之前，他不发表任何意见，这一点让大多数资深媒体人士颇感吃惊。“如果你的生产周期够短，产量够高，那么事后反馈完全可行。”弗兰克说。然而，他的解释在我听来简直就是胡说八道。作为一个常年混迹于视频制作圈的人，我的职责就是在不断反馈、调整之后完成自己的作品。但在弗兰克看来，观众的浏览次数、分享次数、喜欢或者不喜欢才是评价视频好与坏的最佳标准，既然如此，为什么要在视频接受观众检验之前评头论足、指手画脚呢？

管理原则三：别太在意细节。许多创意人士都相当在意，甚至痴迷于对细节的把控，把一点一滴的努力创意都看得弥足珍贵，但是弗兰克和其团队却对此嗤之以鼻。互联网够大，任何真诚的创作它都容得下，在这里，成功会被放大，失败则会被人遗忘。“当然，实验也会生产出很多平庸的东西，但我坚信，数字世界对于视频创作者来说是一个相当广阔的开放空间。你做得越多，就越容易从你创作的内容中找到更有价值、更有趣的东西。这比坐在那里冥思苦想什么才是有趣的创意要好得多。”弗兰克解释说。的确如此，想太多往往会让人在思考阶段止步不前，忘了采取行动。在弗兰克的团队，证明自己的方法只有一个，那就是多做，做得越多越好。弗兰克深知其中的艰难：“我深有体会。曾经有一段时间，我每天都得制作一个视频，而事先没有任何人给我脚本。每天早上一起床，我觉得自己像石化了一样。但是做到第六个月，我感觉自己没那么僵化了。”弗兰克用自己的经验去管理BuzzFeed影视单元，效率还挺高。“在第四个还是第五个月的时候，我们已经取得了不小的成功。一个新视频在三四个星期内就能获得过百万的浏览量，这简直太棒了。”BuzzFeed影视单元的浏览量在接下来的几年中呈现指数级增长。到2015年，BuzzFeed影视频道成为YouTube上点击量最高的十大频道之一。据统计，人们花费了超过25亿小时的时间收看BuzzFeed在YouTube的四个主要频道，这个数字是两年前的20倍。

各大网络平台会向视频发布者提供各种实时数据，而BuzzFeed影视作为为数不多的几个大型视频制作机构之一，无论是在内容还是在制作方法方面，都非常依赖这些数据。幸好，BuzzFeed有资本，其工作人员可以进行各种尝试，看看哪些努力能够优化相关数据。你知道最重要的数据是什么吗？分享次数。当然，冷冰冰的数据只能告诉我们哪些视频的分享次数高，却无法告诉我们背后的原因，比如某个艺术的伟大之处、某个观点的新颖之处、某个笑话的幽默之处。尽管如此，有关分享次数的数据依然很关键，因为它最能反映视频是否引起了观众的情感共鸣。“我们会寻找最能体现这一点的指标——分享次数。”弗兰克说，“我们从一开始就很看重视频的分享次数，因为它最能体现视频传播的价值。观众点开某个视频和主动分享某个视频是两码事。”团队会分析每个小的改变对分享次数以及其他数据的影响。“我们利用了经验主义的原理，这需要一个庞大的数据库，同时分析还得迅速……之后，我们会毫不犹豫地淘汰没有效果的创作尝试。”

弗兰克将“故事情节”列为视频创作的第一个非必要元素，你可能会觉得惊讶，因为故事情节是构成绝大多数娱乐作品的基础，然而弗兰克却认为硬给视频设定一个情节反而会把它局限住。BuzzFeed影视创作了一系列被弗兰克称为“片段”的视频，想象一下，如果要制作一个名为《左撇子秒懂的13个生活难题》的视频，需要多少片段。“如果我们按照传统方法讲一个完整的故事，那么我们就只有一个机会击中观众的内心，‘天，那说的不就是我吗’。但是如果我们抛开（有逻辑的）叙事，而是将一系列‘片段’串联起来，那么就可能引发更多的共鸣。观众可能对前三个片段毫无感觉，而看到第四个片段的时候，兴趣来了。”弗兰克是对的。以前的观众几乎完全从叙事性的视频当中获取娱乐体验，但BuzzFeed影视的成功证明，非叙事性的内容也会带来相同的效果。电视真人秀的大红大紫，说明素人的故事不一定非得有脚本，没有脚本也可以创造出一种有意义的娱乐体验。而网络视频则证明，不同类型的非叙事视频形式也能满足观众渴望已久的情感需求。

“想象你在读一本书，你读到一行字，这行字似曾相识，仿佛唯有你才更懂其中的深意——这一刻，你的情感得到了宣泄，整个宇宙似乎对你敞开了怀抱，你的个人存在感也仿佛多了那么一点点。而这，正是我们所处的视频时代给我们最美的馈赠。”弗兰克继续说，“传统媒体则做不到这一点。它们并不关心你的感受、你的思想、你的生活环境。换句话说，不管你是谁、不管你从哪里来，人们的自我存在感，通过以传统媒体的再现方式来表达，总有一些残缺。但是现在，我们迈入了视频时代，我们将一次又一次地获得那种情感宣泄。”

在BuzzFeed影视的实验室中，团队测试了视频长度、镜头排序、屏幕上使用的文字等指标，发现许多先入为主的观念是错误的。比如，在脸谱网新开发的视频平台所做的实验让团队意外地发现：视频的声音在浏览中所起的作用比预期要小得多。2016年的一份报告发现，脸谱网上85%的视频观看行为都是用户在未开声音的情况下进行的。[6]

当然，大部分BuzzFeed影视团队的实验还是以研究如何触发用户之间的沟通与互动为主。大多数21世纪的视频创作者都专注于搞好镜头里的明星和观众的关系，但弗兰克却认为那样做很傻，因为观众不见得会在意视频中那些从未有过交集的陌生人，因此，促进观众和自己所在乎的人之间的互动比促进观众和视频明星之间的互动更有益。“其实你需要做的，就是搭建一个视频网络平台，观众可以在上面进行各种互动。接下来就是好好做视频，让这些互动更频繁地发生就行了。”弗兰克解释说。在BuzzFeed上，观众确实和一些视频里的明星建立了联系，但真正的明星并不是这些人，而是视频所创造的互动体验。[7]

BuzzFeed的制作模式与传统的电视、电影或印刷品非常不同。传统媒体有自己的编辑、设计和出版流程，生产出来的内容更加“精致”。而BuzzFeed网站上面的内容更新速度很快、成本低、产量高，但是相当不专业——看上去可以说是一团糟。然而弗兰克却认为，媒体创作“本来就是一个非常混乱的表达过程”。看起来，BuzzFeed影视在弗兰克的带领下是一去不回头了。可是，它的成功究竟只是代表了一个视频制作圈的异类，还是线上娱乐的新标准？目前还很难说。不过，可以肯定的一点是，推崇互动的公司，比如BuzzFeed和法恩兄弟娱乐公司等制作的视频，的确巩固和更新了观众的在线互动方式。因此，即便这种内容模式一开始显得有些激进，也在逐渐变得不那么“反常”。事实上，在新技术的推动下，节目制作的方式正在从根本上发生转变，即便在最传统的娱乐行业，也是如此。

两个吉米和一个詹姆斯

2014年，吉米·法伦（Jimmy Fallon）正式亮相《今夜秀》（*The Tonight Show*），他面临巨大的挑战。第一，他得适当延续第一任主持人约翰尼·卡森（Johnny Carson）的风格，卡森主持节目达30年之久，吉米得在创新的同时给予前辈应有的尊重。第二，他必须防止自己的接力演变成2009年的那场“雷诺大战柯南”①的主持棒之争，如果历史重演，其结果对于《今夜秀》的影响将是崩溃性的。第三，他得面对来自其他节目、有线电视频道和网络节目的激烈竞争，为NBC赢取更多的年轻观众。在那张曾“访问”过无数知名人士的办公桌前，新晋主持人吉米发表了一番诚挚的个人独白。然而，制作团队接下来的安排却使我十分惊讶。节目组播放了一个短片，主角是吉米和当晚的嘉宾。短片里，他们一起模仿了一个YouTube视频——天，这可是吉米·法伦在《今夜秀》的首播啊！

这位嘉宾就是著名演员威尔·史密斯（Will Smith），他们一起演绎的短剧名叫《嘻哈舞蹈进化史》（*The Evolution of Hip-Hop Dancing*），

① 2009年，NBC想用更年轻的主持人取代当时主持《今夜秀》的杰·雷诺（Jay Leno），于是找来了柯南·奥布莱恩（Conan O'Brien）。然而柯南非但没争取到新观众，收视率反而变得更低，于是NBC又让雷诺拿回《今夜秀》的主持棒。2014年NBC故技重演，雷诺当然不会静悄悄地离开。——译者注

它模仿的是YouTube史上首个病毒视频《舞蹈进化史》(*The Evolution of Dance*)。2006年，美国一位名叫贾德森·莱普利（Judson Laipply）的素人身着一件橙色T恤与牛仔裤上了舞台，他一连模仿了32首歌曲的舞步，并且按照年代排序，从猫王（Elvis Presley）、迈克尔·杰克逊（Michael Jackson）一路跳到痞子阿姆（Eminem）、超级男孩（N Sync）。后来贾德森把这段影片上传到了YouTube，从此一炮而红，成为当时YouTube浏览次数最多的视频。直到两年后，这个纪录才被打破，贾德森本人也因此成为传奇人物。这再次印证了网络创意文化的影响可以有多深、有多远。如果你想搞懂史上最老牌脱口秀的首映短片的笑点所在，你就得对YouTube有一些基本的了解，因为这个平台记载了21世纪的娱乐史。这部模仿类短剧还彰显了《今夜秀》的野心——他们要拉拢年轻观众，实现整个节目的代际更新。①

深夜谈话类节目因为脚本精细，主持人极富魅力等因素，成为线上视频网站的当家花旦，频频被用户分享。然而，我还是低估了网络视频和深夜电视之间的紧密关系，另一个吉米显然比我更早地意识到这一点，他就是吉米·坎摩尔，美国广播公司（ABC）晚间节目《吉米·坎摩尔直播秀》的主持人。多年来，他致力于将网络流行视频与电视相结合，创作了许多新的热门。

2013年，一位自称凯特琳·赫勒（Caitlin Heller）的年轻女子上传了一段YouTube视频。视频中，凯特琳正靠着卧室房门做倒立，谁知道门突然被人推开，凯特琳直直倒下、撞上一张咖啡桌，而桌上摆的蜡烛瞬间点燃了她的瑜伽裤……这类视频当时很流行，被归类为“互联

① 吉米的首秀赢得了开门红，其收视率是自约翰尼·卡森1992年最后一次主持《今夜秀》以来最高的一次。此外，观众的平均年龄下降了近6岁。

网上的蠢货”。这个视频也火了。不仅如此，CNN和许多地方电台也对其进行了报道。一片喧嚣之中，吉米在他的直播秀中宣布，将对凯特琳进行一次专访。那时，病毒视频的主角已经会时不时地出现在脱口秀节目中。当吉米采访凯特琳时，她表示，视频还有一段后续没有上传：她的裤子着火后，有人拿着灭火器冲进了房间——那人不是别人，正是吉米·坎摩尔。原来，凯特琳的真名叫达芙妮·阿瓦隆（Daphne Avalon），是一位专业的特技演员。这场直播秀相当于一个精心设计的大型恶搞，整个节目组的工作人员都是幕后主使。

2008年以来，吉米·坎摩尔和他的团队一直在探索深夜电视节目与互联网结合的潜力。那时，喜剧家萨拉·西尔弗曼（Sarah Silverman，吉米当时的女朋友）在吉米完全不知情的情况下，在直播秀播出《我和马特·达蒙上床了》[①]的单曲视频，瞬间火遍全网。那段时间，几乎人人都在谈论这个视频，其流行程度用吉米的话说就是“比那个手握光剑的胖男娃还火”[②]。此外，吉米还制作过另一些热门视频，他曾经邀请格雷戈里兄弟和音乐人T-Pain在节目上大秀Auto-Tune制作的恶搞。但是，真正让他名声大噪的，是他主导设计并一炮而红的“YouTube挑战”，这是一个互动活动。比如，2011年，吉米邀请观众在万圣节那天骗他们的孩子说，糖果都被爸爸妈妈吃光了，然后将孩子们的反应拍下来。视频中的孩子们听到这个消息以后，各种崩溃，成为一个巨大的亮

---

① 高潮一波接着一波。过了不到几个月的时间，吉米就对马特·达蒙表示，既然你夺走了我爱的女人，我也要夺走你爱的男人，于是就有了《我跟本·阿弗莱克上床了》。众所周知，本和马特是多年的好基友。——译者注

② 吉米口中的胖男娃是YouTube一个病毒视频《星战男孩》的主角。视频中，男娃拿起光剑——《星球大战》中绝地武士的武器——一阵乱舞，因而成名。——译者注

点。这个系列视频和吉米随后几年设计的其他“YouTube挑战”一道，已经累积了超过3亿次的点击量。吉米的成功秘诀说来也简单，他通过“YouTube挑战”与观众互动，打破了隔在观众和电视之间的那块屏幕。

有时，感觉《今夜秀》就像一个大型的YouTube秀，这一趋势在各大深夜秀节目中越来越明显。吉米的竞争对手，比如大卫·莱特曼（David Letterman）和杰·雷诺等人，喜欢制作取笑传统电视节目的视频，比如大卫的《头条新闻》（*Headlines*）、杰·雷诺的《杰式行走》（*Jaywalking*）[①]，而吉米创作的视频则和网络世界的最新流行相呼应。在《吉米与孩子们聊天》（*Jimmy Talks to Kids*）系列中，吉米找来一群孩子谈论时事，这让人联想到了法恩兄弟的《儿童的反应》系列。2014年的奥斯卡颁奖典礼，吉米甚至邀请了一些好莱坞名流，重新演绎了YouTube的一些流行视频。[②]他最成功的系列视频《恶毒的推文》（*Mean Tweets*），是在征求、采纳粉丝的意见基础上制作的，这一点和许多YouTube视频相似。[③]《恶毒的推文》在YouTube上的点阅次数已经超过7.5亿次。

整人者恒被人整，吉米也不例外。一次，著名歌手蕾哈娜（Rihanna）、小甜甜布兰妮（Britney Spears），以及一群舞者在深夜突然出现在吉米的卧室，可把他给吓坏了。不过总的来说，还是他整别

① Jaywalking本意是指不遵守交通规则的行人。——译者注

② 著名影星约瑟夫·高登–莱维特（Joseph Gordon–Levitt）重新演绎了YouTube热门视频《大卫小子拔牙后》（*David After Dentist*），这是我最喜欢的一个。约瑟夫在没做任何排演的情况下便完整记住了原视频，重新演绎时几乎与原作神同步。

③ 比如，YouTube热门频道“jacksfilms”中有一个名为《你的语法烂透了》（*Your Grammar Sucks*）的长视频系列，主持人之一杰克·道格拉斯（Jack Douglass）经常大声朗读粉丝评论，内容通常包含恶心的双关语笑话或者语法错误。

人的次数比较多，最常被整的就是马特 · 达蒙。吉米的团队对于运用网络来创造热门视频的技术越发炉火纯青。还记得那个瑜伽裤着火的女孩吗？它的成功便是最好的例证，尽管这个视频的名字听上去有点儿傻——《史上最倒霉的一摔》（*Worst Twerk Fail EVER*）。

“我们没有把它（《史上最倒霉的一摔》）发到任何电视台、推特或者新闻网站。”吉米说，“我们只把它放到了YouTube上，静候魔法的降临。”通过这个视频，吉米成功捉弄了所有人。他守株待兔的策略起了作用，因为一种全新的创意生态圈已经浮出水面。在这个生态圈里，传统媒体为了跟上时代，纷纷在网上寻找灵感。

吉米和他的团队正在从最新、最受欢迎的在线娱乐文化当中不断发掘宝藏。在网络流行中，笑话取之于观众，再用之于观众。

最后，让我们来看看詹姆斯 · 科登（James Corden）和《深夜秀》（*The Late Late Show*）的故事。当他加入该节目的团队时，他面临的挑战很严峻。当时，詹姆斯在美国的知名度并不高，而这个节目的播出时间也非常晚。为了保证节目的收视率，同时顺便提升一下詹姆斯的知名度，制作团队从YouTube时代的特性出发，全力优化节目。2016年，《深夜秀》的执行制片人本 · 温斯顿（Ben Winston）在爱丁堡国际电视节上告诉观众：“每天上午，当我走进摄影棚时，第一件事就是看看节目在YouTube上的点击量，随后才去关心它的电视收视率。因为电视收视率只是告诉我们昨天晚上谁又守在电视机前没睡觉，不能告诉我们任何关于节目品质的信息，而YouTube的点击量则会告诉我们哪些东西没做到位。”[8]《深夜秀》团队认为，未来的娱乐将逐渐转变成一种创作者和观众、观众和观众之间的互动。

就像许多以YouTube为大本营的草根创作者一样，《深夜秀》的团队同样会使用YouTube自带的分析工具，看看其节目在YouTube上的评论和点赞数量，并且将这些数据分析的结果纳入节目的制作。《深夜秀》团队孜孜不倦地寻找能引起网友共鸣的话题，终于相对较早地开发出了一档如今超级红火的节目单元——《拼车卡拉秀》（*Carpool Karaoke*）。从它的名字来看，你应该知道该单元与音乐相关，但它其实不是制作热门歌曲。在这个单元中，没有灯光师，没有摄影机，甚至没有一般脱口秀都有的足以容纳一定观众的现场。节目视频的拍摄方式跟YouTube最最普通的用户自拍的手法一模一样：用最小巧便宜的相机，挂在正前方，拍下生活中最简单的乐趣，比如歌唱。具体地说，《拼车卡拉秀》是一档邀请明星在车里唱歌、聊天的脱口秀单元。一开始，没有任何流行歌星愿意上这个单元。“如果你出过唱片，你也会拒绝。”詹姆斯回忆说。但是，与大歌星玛丽亚·凯莉（Mariah Carey）的一次偶然会面改变了一切。[①]在之后不到两年的时间里，《拼车卡拉秀》获得了10亿的观看次数。它变成了——至少在互联网上是这样——最受欢迎的喜剧节目单元。

“它（该视频）以一个如此可爱的方式展现了人与人之间的亲密。”温斯顿说，“没有事先编排，没有公关宣传，没有化妆师。就只有詹姆斯——伟大的詹姆斯，和名人一起唱着美妙的音乐。”如果你看过视频就会知道，它完全不像电视上会出现的片段，就像一个YouTube视频。

---

① 2016年圣诞节前夕，詹姆斯开着车，问坐在副驾驶座的玛丽亚最想要什么圣诞礼物。玛丽亚说：“我想要你唱我的歌《圣诞节我想要的只有你》（*All I Want for Christmas Is You*）。”詹姆斯答应了。——译者注

回想当年，我刚在YouTube工作的那段时间，我常常搞不清楚究竟什么算流行、什么已经过时，因为网络上的流行此起彼伏。曾经，人们一度认为YouTube作为一个娱乐平台，也只是昙花一现的流行。但是，当你换一个角度时，就会发现这个平台孵化出来的创意作品，实现了观众与娱乐产品之间的互动，而互动是娱乐产业的大势所趋。业界专家一直在试图描述YouTube的不同之处，他们曾经使用"真实性"一词来界定YouTube的独特性，然而这个词很快变成了一种陈词滥调。每个人都在问："如何制造真实的娱乐产品？"许多YouTube视频创作人可能会告诉你，这其实跟制作水平无关。我表示同意——但是请注意，这并不是说视频的质量就不重要（观众显然更喜欢灯光美、摄影棒、音效好的视频）。要记住的是，最早吸引我们前去围观的YouTube视频的那种所谓真实感，并非源自视频有多么草根或者业余。换句话说，我们不会因为看到一坨用手持摄影机拍出来的模糊不清的图像，就觉得它很"真"，从而喜欢上它。吸引我们的，是创作者诚实的审美观：他们拍的是日常生活中的乐趣。

进入21世纪，人们前所未有地重视真诚与开放的价值。鉴于我们中的许多人现在都通过YouTube欣赏娱乐内容、满足情感体验，因此从某种意义上说，没有我们的互动，也就没有那么多流行的YouTube视频。反过来，这些视频也将加深我们彼此之间的互动，让人与人之间联系得更紧密。YouTube上面那些最能推动互动的视频形式和内容，能够让观众产生一种强烈的认同感，让我们立即找回自我。《拼车卡拉秀》的例子告诉我们，我们希望看到像阿黛尔这样的大歌星也像普通人一样在车里唱歌。我们更愿意分享BuzzFeed的《5种让男人蒙圈的调情方式》(*5 Ways Girls Flirt That Confuse Guys*)，而非一段生硬的、描述性别差异的文字。我们更愿意看到格雷戈里兄弟和总统候选人一同出镜、一起唱歌，而不是兄弟们假扮成总统的样子。然而，这并不是说传统媒体的优良制作就没有市场了，视频时代当然欢迎有脚本的叙事，对于高品质、特效好的影片也绝对来者不拒。只不过，那种传统媒体时代，观众只能在走出电影院后才骂娘的时代恐怕要离我们远去了。在视频时代，观众能够在一部作品发布后的几分钟之内，就自由发表评论，制片人无法做把头埋进沙堆的鸵鸟。在视频时代，作为观众的我们拥有了前所未有的话语权，而这将改变娱乐产品的生产方式。

在视频时代，我们不再被动地消费娱乐产品，而是主动让它们为自己服务。娱乐产品引发的互动不仅连接了我们，还连接了我们和自己共同喜爱的事物。如果眼下暂时没有娱乐产品来满足我们的需求——帮助我们以自己喜欢的方式直接观察、解读、回应周围的世界——我们便会利用手中所有去创造新的娱乐形式。

第三章

混音：表达自我的新语言

2011年，也就是《彩虹猫》（*Nyan Cat*）在YouTube上爆红的那一年，克里斯·托雷斯（Chris Torres）年仅25岁。他很小便从波多黎各搬到了美国得克萨斯州。白天，他在达拉斯某保险公司担任行政助理，下班后便泡在网上搞一些奇奇怪怪的“艺术”创作。其实，托雷斯搞艺术也不是一天两天了，只是他从没受过正规训练，而是通过自学视觉艺术等，把自己画的漫画发表在个人博客上。漫画的主角很漂亮，正是他那天天黏在一起的好朋友：一只名叫马蒂的俄罗斯蓝猫。这个名字是托雷斯受到电影《回到未来》的启发，给宠物猫取的，因为男主角也叫马蒂。这部电影是20世纪80年代的科幻经典，作为宅男的托雷斯这样做也就不足为奇。只是，谁也没有想到，宠物猫马蒂也将引发一场全球效应，其火爆程度还真不输给那部科幻电影。

2011年2月，托雷斯接到红十字会的邀请，为其举办的一次募捐活动现场作画，作画的内容由网络观众决定，作画过程将全程直播。这时，观众席上有人建议他画马蒂猫，不过得把这只猫画成……果酱馅饼干的样子。托雷斯的脑海中蹦出了一幅潦草的图画：一块撒着糖粉的饼干上面长了一颗俄罗斯蓝猫的脑袋，还有四只脚，它的身后则是一道四散喷射的彩虹。“说实话，这东西纯粹就是为了迎合网友。马蒂猫加果酱馅饼干，这就是一个玩笑啊。”托雷斯后来解释说。[1]

当晚，托雷斯翻开自己正在学习的像素艺术教材，心思又回到了那幅画。像素艺术不同于别的数码艺术，它是电脑最原始的图像表现方法。像素画通过四方形的像素颗粒有规律地组合，拼合成完整的图像。还记得早期电子游戏里那种锯齿边缘的视觉效果吗？像素画就是那种风格。想到这儿，托雷斯又回过头去修改那幅草图。2011年4月3日，他终于完成修改工作，重新发布了一个8位元风格的GIF（图像互换格式）动画图像在博客上，主角还是马蒂猫和果酱馅饼干。一个粉丝将这个动图转发到了当时最具影响力的网络文化博客之一——“新鲜每一天”（The Daily What）。该博客再次转发此图，并且通过轻博客始祖、全球最大的轻博客网站汤博乐（Tumblr）传播给了全美国各地的网友。

这时，故事来到了一个神奇的时刻：马蒂猫被一位名叫莎拉·蕾哈妮的女大学生看到。莎拉从未见过托雷斯，事情还要从她的朋友PJ说起。PJ是一个不折不扣的宅男，经常混迹于汤博乐等网站，挖掘各种新奇古怪的玩意儿。一天，他把马蒂猫拿给莎拉看，并向莎拉介绍了一种新的日本音乐风格，它由音效软件Vocaloid制作而成。Vocaloid是由日本乐器制造商雅马哈（YAMAHA）集团开发的电子音乐制作语音合成软件，输入音调和歌词，软件就可以将其合成为歌声。歌曲的基础声音数据则采样自配音演员，这些庞大的数据被称为“音源库”。歌声听上去如何？想象一下欧美流行歌星吸了氦气，变声以后唱出来的调调。PJ最喜欢的一首Vocaloid曲风的歌叫作《喵喵喵喵喵喵喵！》（*Nyanyanyanyanyanyanya!*），它是由账号为daniwellP的日本音乐制作人谱曲并发布上网的。PJ最喜欢的一个版本是由初音未来演绎的[1]。初音未来16岁，总是梳着葱绿色的双马尾辫。不过，初音未来不是真正的人类，而是电脑程序。具体地说，初音未来是音源数据采样于日本配音演员藤田咲的虚拟歌手。莎拉也许并不知道这些，她只知道PJ很爱那首歌。4月5日，就在托雷斯发布马蒂猫动图之后不到两天，莎拉将PJ最爱的Vocaloid神曲与那个动图合体做成了一个视频，并以《彩虹猫》为题发到了YouTube上。莎拉告诉我："这样，PJ只需要打开一个页面，就可以同时看到并听到他最爱的两样东西。"

接下来发生的事完全出乎莎拉的意料。最初发布在莎拉YouTube个人频道和PJ汤博乐页面的《彩虹猫》视频，被网友和各大论坛网站纷纷转载。两位大学生拿来取乐的一个笑话，竟然引发了一场网络上的大流行。在那个长为3分37秒的视频中，只有一个无脑循环的马蒂猫动图。好吧，就算那幅图如托雷斯所说"一只猫飞过太空，划出一道彩虹，让人看了就高兴"，它还是一个怪里怪气的东西呀。结果，《彩虹猫》被人们誉为数字艺术，更成为大受欢迎的病毒视频。一时间，处处都有彩虹猫。有人翻唱这首歌，有人创作出各种改编版本，甚至有人打扮成彩虹猫的样子。他们还制作了类似番外篇的视频——《彩虹猫走遍世界》。在这个版本中，猫的身体不是饼干而由各国国旗替代，它身后喷出的彩虹则根据国旗颜色而不断变化，音乐则是Vocaloid风格的对应

① 初音未来是由日本札幌的一家软件公司Crypton Future Media以Vocaloid系列语音合成程序为基础开发的音源库，音源数据资料采样于日本配音演员藤田咲。只要拥有符合该软件的运行条件，任何制作人都可以让初音未来"唱歌"。我可数不清初音未来到底唱了多少首歌，据说已经超过10万首。Crypton Future Media公司表示，这个名字意味着"来自未来世界的第一个声音"。

国歌。视频中，彩虹猫几乎走遍了世界上所有的国家。仅2011年，《彩虹猫》视频的浏览量便超过了8000万次，在当年浏览量排行榜上名列第五。此外，成千上万的改编版本也很受欢迎。据统计，到2017年，YouTube上有超过10万个与彩虹猫有关的视频，它们的浏览量总计超过12亿次。最不可思议的是，其中有一个无脑循环的版本长达10小时，这个视频的浏览量竟然也超过了5000万。

还有更令人吃惊的。随着时间的流逝，彩虹猫已然成为互联网的一个象征，一个从电脑桌面壁纸到“占领华尔街”集会海报上都能看到的标志。远的不说，YouTube公司办公楼二楼的一个大会议室就是以彩虹猫命名的。①你可能会觉得很荒谬，但如果你仔细回顾这个视频的走红过程，就会发现它其实象征了网络平台独有，而传统媒体缺失的那种文化——草根、民主、公平。无论你是谁，无论你多么平凡，只要你的作品有价值，就会受到大众追捧，就有机会一夜成名。现在，你还会觉得荒谬吗？

彩虹猫的流行改变了许多人的生活。托雷斯收到了大量寻求商业合作的问询，他买下了彩虹猫形象的版权，从保险公司辞职，成为彩虹猫形象经纪人，忙不迭地授权玩具、衬衫、电子游戏等。有意思的是，daniwellP当时并不希望他创作的歌曲用于商业目的。至于莎拉，许多人认为凭借《彩虹猫》视频的大红大紫，她肯定大赚了一笔，但她告诉我事实并非如此。原来，尽管在这个三方“合作”的视频中，莎拉仿佛是那个不可或缺的牵线人，但视频主要元素的知识产权并不属于她。比如，彩虹猫形象是托雷斯的、歌曲版权是日本音乐制作人daniwellP的，

---

① 我可没乱说。顺着“更多的牛铃”，穿过“蜜獾”就是“彩虹猫”——它们都是曾在YouTube留下过辉煌历史的视频。

莎拉不能从中牟利。[①]好吧，那么谁制造了这一切流行，谁就能从这种流行的衍生品当中获利，对吧？但是，谁才是《彩虹猫》流行现象的“版权所有者”呢？托雷斯？曲作者？Vocaloid混音软件？转发过该视频的博客和网站？还是我们——每一个浏览、点赞、转发过这一视频的用户？

一天，当我坐在肯尼迪机场的停机坪上准备出发前往旧金山YouTube总部的时候琢磨起了这个问题。《彩虹猫》这样的混音作品颠覆了我这一代媒体人的一贯认知，那就是，创造艺术和娱乐是专业团队的事。然而，这个定义放在彩虹猫身上显然解释不通。作为一种流行文化，彩虹猫是一群人分别独立创作的总和。假设我们把这一流行文化看作结果往回推，就会发现这一结果的形成，靠的是成千上万人在不同方面发挥的积极作用。彩虹猫是一个意义符号，而意义的来源是多元的：不同的人用不同的创作方式表达着不同的自我，最终集合在一起形成了象征意义上的彩虹猫。艺术家和网民之间相互独立，可是，少了哪一方的贡献，彩虹猫都没法儿成为流行。因此，你不能说哪一个人或者哪一个群体缔造了彩虹猫的流行，它的成功的的确确归功于参与整个过程的每一个人。

当看到一只官方授权的彩虹猫在达美航空最新版本的安全演示录像里跳舞时，我便情不自禁地想：这真是一个奇特的新世界！

---

① 莎拉后来与托雷斯签署了一份合作协议，用合作的收入买了一台相机拍摄视频，还收养了一只猫。

在过去，作品的所有权牢牢掌握在原作者手中，而像《彩虹猫》这样的混音作品可能导致创作界限的模糊、参与者之间的纠纷，以及种种商业难题。过去，艺术创作者闻混音而远之，正是为了避免惹上此类麻烦。美国法学家劳伦斯·莱西希（Lawrence Lessig）在他的书《混音》（*Remix*）中写道："虽然混音并不是什么新概念，但在人类历史长河的大多数时间，它是寂静无声的。这并非严苛审查之故，也非资本压制，而是因为用经济学原理去解释清楚混音作品的生产、分配及消费过程，涉及的方面实在太多，以至于难以解释清楚。至少对于大部分混音作品来说是如此。"[2]

不过，互联网是个大熔炉，能够包罗万象。事实上，混音作为一种表达创意的艺术形式，最早就是在互联网遍地开花的。正如马特·梅森在《盗版困境》（*The Pirate's Dilemma*）中写的那样："一开始，混音只是音乐界偶然发生的惊喜。互联网推动了它的普及，混音逐渐成为一个富有争议的流派，最终演变成一场大众文化运动。"[3]不得不说，混音赶上了好时候。网络科技和像YouTube这样的平台不仅让混音成为一种酷劲十足的创意风格、一种独具魅力的传播方式，还非常有利于其广泛传播。

罗伯特·朗制作的《闪亮》（*Shining*）是我最早看过的混音视频之一，至今仍记忆犹新。在这个视频中，罗伯特把斯坦利·库布里克的经典惊悚电影《闪灵》（*The Shining*）的背景音乐替换成了彼得·盖布瑞尔的抒情歌曲《索斯贝里山川》（*Solsbury Hill*）。于是乎，连环杀手瞬间化身成为浪漫喜剧当中一位古怪而又溺爱孩子的好爸爸。制作这个视频的时候，罗伯特还只是一位助理剪辑师，这个视频是他参加由独立创意编辑协会举办的预告片创意剪辑比赛的参赛作品。罗伯特凭借《闪亮》获得了2005年纽约赛区的第一名，他的职业生涯甚至整个人生轨迹也由此改变。赛后，罗伯特将视频上传到自己公司的网站。他很谨慎，只打算跟几个朋友分享。不料，就在当天，这一“秘密”链接的点击量差点使公司网站崩溃。同一天，他还接到了华纳兄弟副总裁的电话。“我以为事情就这么过去了。”罗伯特回忆。结果，华纳兄弟副总裁和其他人一样，对这个滑稽的视频很好奇。此后很长一段时间，罗伯特每天都会收到数百封邮件，表达对视频的喜爱。人们喜欢分享这种有趣、简单的快乐，我也一样。不过，我之所以对这个视频念念不忘，还有别的原因。要把一部在人们记忆中保存了多年的经典改编为属于自己的混音作品，着实得有两把刷子。从这个意义上讲，我真的很欣赏罗伯特的大胆和带着些许离经叛道的创新精神。

《闪亮》成为成千上万人的创作缪斯，一部又一部的混音视频如雨后春笋般涌现出来：有人把充满哲学命题的鸿篇巨制《2001太空漫游》（*2001:A Space Odyssey*）混成了爆米花电影；有人把宗教题材的《十诫》（*Ten Commandments*）混成了青少年喜剧；有人把《欢乐糖果屋》（*Willy Wonka & the Chocolate Factory*）中的威利·旺卡（Willy Wonka）改编成一位妄想症患者；《欢乐满人间》（*Mary Poppins*）中的玛丽·波平斯变身拥有超能力的女巫。一个新的创意世界正在向我们招手，它有一套全新的运作规则。

混音之所以成为最受欢迎、网民之间最重要的沟通方式之一，首先在于视频时代给予了它足够的发展空间：混音是对已有作品的一种操纵和重组，但只要你的作品通过这种手段发出了自己的声音，它就是属于你的作品。其次，视频时代给予了它充分的互动条件。一个混音视频，不单使我们与混音创作者本人产生共鸣，还让我们与那些已经对时代颇具影响力的作品、事件或者人物重新沟通。由于这种沟通方式本身所具有的意义和价值，它反过来又会进一步影响我们这个时代。再次，视频时代似乎就是为混音这一艺术形式而生的。回想我们心目中最酷的那些视频，它们几乎都有一个共同点——蕴含反叛精神且特立独行，而这也是混音艺术的精髓所在。不夸张地说，混音一度被视为互联网首个独创的表达自我的艺术形式。

下面我们就来听听生活在视频时代的混音艺术家的心声。

网民的语言

爵士、放克、摇滚音乐家和制作人奥菲尔·库蒂尔（Ophir Kutiel），20岁出头的时候也曾因为组建不了一支合适的乐队焦头烂额。库蒂尔用艺名库迪曼（Kutiman）在以色列发行过一张广受好评的专辑，那也是他生活和工作的地方。因专辑之故，他跟以色列国内许多艺术家都有合作，然而现场演出却总是不太理想，库迪曼开始把目光转向别的地方。“我发现了YouTube，它让我欣喜若狂。”不过，库迪曼如此激动倒不是因为YouTube给他带来了创意灵感，他说：“YouTube上有太多猫咪视频、太多奇怪人士的疯狂举动，我觉得没什么创意可言，倒是上面的音乐教程让我眼前一亮。”库迪曼偶然发现了一段传奇鼓手伯纳德·珀迪（Bernard Purdie）的教程，决定合着视频中的调子弹一曲吉他，这种“暗中”跟大师一起合作的感觉很棒。后来，他有了一个更大胆的想法，那就是将两个不同音乐家的演奏视频剪辑在一起。“自从这个想法诞生的那一刻，我差不多两个月没从椅子上站起来。第一天，我将一个视频里的贝斯片段剪了出来，又将另一个视频里的鼓手片段剪了出来，然后将二者合在一起。就好像他们在同一支乐队一样。这让我兴奋不已，我可能再也不会经历同样的感觉。”库迪曼回忆说。渐渐地，库迪曼的制作越来越复杂，他也越来越投入，最终一个视频合辑诞生了，取名*ThruYOU*。合辑里的第一个视频叫《放克和弦之母》（*Mother of All Funk Chords*），它以珀迪的独奏作为开场，随后剪辑混合了22个不同音乐家的演奏。

库迪曼的朋友为*ThruYOU*专门设计了一个网站，与此同时，他把视频同步上传到YouTube。“我把网址发给了10个朋友，并且特意叮嘱他们网站还在测试阶段，一定不要外传。结果没一个人听我的，视频很快火爆全网。”第二天，库迪曼登录他的聚友网（MySpace）账户（嘿，那可是2009年）后，发现有100多条未读消息。一开始，他以为电脑程序出了什么毛病，很快他的网站也崩溃了。库迪曼花了好几个小时才读完粉丝发来的邮件，读完马上转战YouTube账户处理网友发来的私信，然后又回到电子邮箱——里面的未读邮件早已堆积如山。

*ThruYOU*不仅成为YouTube平台又一个病毒般流行的大热门，也掀起了创意界的热烈讨论。它为库迪曼赢得了无数新的合作机会，也开拓了他的视野。“我生活在一个小国家，一个小城市，我的家只是一座小房子。”库迪曼在接受美国《连线》杂志采访时深有感触地说，“我从来没想过*ThruYOU*能够在这么短的时间变得如此流行。我曾经觉得特拉维夫太偏远，难以接触世界音乐界的中心，但一切都不一样了。”[4]库迪曼收到许多其他国家音乐人的来信，其中不乏大人物。不过，出身小地方的库迪曼可能还需要一段时间来了解国际流行音乐界。“我问我的经理波阿斯，你听过一支叫魔力红（Maroon 5）的美国乐队吗？”

库迪曼从未用“混音”二字定义自己的艺术创作。“我只是把几个YouTube视频整合在一起，创作自己的音乐。”他解释道。对库迪曼来说，挑选、剪辑和拼接，这是再自然不过的事了，他从不刻意为之。库迪曼比常人敏感，他总能抓到不同用户上传的视频之间的微妙联系，也许这就是他的作品如此受欢迎的原因。库迪曼的作品源于网络，但热爱他的粉丝却来自四面八方，有线上的，也有线下的。5年后，他发行了*ThruYOU*的续集*Thru You Too*。其间，他还制作了许多原创和委托作品，其中就包括为魔力红打造的视频，由乐队的排练镜头组成（那时他终于知道这支乐队在全世界红得发紫）。

库迪曼承认："在我出生之前，人们就已经在用这种剪辑和拼接的方式做音乐了。"但不可否认，如果不是生逢其时，他可能很难创作得顺风顺水。2009年，视频编辑工具已经相当简单，价格也很合理。再者，互联网像一个取之不尽、用之不竭的数据库，无穷无尽的照片、音频和视频资源任君选用。这已经有点儿像现代人用傻瓜相机照相的感觉了，即便你没有技术和经验也没关系，只需"咔嗒"一下，照片就是你的观点和最真实的反应。

在视频时代，混音就像人们用来进行沟通的一门新的语言，会说这门语言的人等于掌握了一种全新的自我表达方式，而这是传统的视频创作无法企及的。比如，你想知道爵士、放克和摇滚之间究竟有多少千丝万缕的联系，与其分别一首一首地听歌，还不如欣赏一个库迪曼发布在YouTube上的混音视频来得实在。混音往往可以真诚、有效地向我们揭示不同音乐之间的相互关联、反映我们对音乐的共同热爱。

如今，我们可以轻而易举地导航、访问并编辑不同类型的媒体资源，不难想象，在此基础上进行的混音也是形式多样、五花八门。最有趣的混音恐怕是那种带有个人色彩的混音。也就是说，作者收集特定的媒体片段，目的就是重新整合，以创作某种刻意营造的新的意义，而这种意义大家都能抓到。这种混音作品反映的是混音创作者，而不是原创者的观点。库迪曼告诉我，他对创作这类作品极度迷恋，因为被他取来使用的片段的真正作者，直到混音作品完成都不知道他们曾经在一起合作过。

如果某天你走在大街上，突然看到自己的形象或自己说过的话，出现在某个视频中，你多半会目瞪口呆。在这些奇怪的例子当中，有一个十分有趣，它发生在俄罗斯。

实际上，那个地方究竟属不属于俄罗斯仍是一个争议中的地缘政治问题，但这不是本书讨论的重点。事情是这样的，2014年3月，娜塔莉亚·波克隆斯卡娅（Natalia Poklonskaya）被任命为克里米亚自治共和国的检察长，克里米亚当时是俄罗斯兼并的乌克兰领土。任命当天，波克隆斯卡娅在一个正式的新闻发布会上发表了她极富争议的亲俄分离主义政见，凭借其呆萌的御姐属性迅速火了（之后，她成为美国财政部指认的24名亲俄分离主义者中的唯一一名女性）。[5]

惊于检察长的美貌，于俄罗斯举行的新闻发布会视频在网上疯狂传播。但人们还是没有预料到，33岁的波克隆斯卡娅凭借高亢的嗓音和可爱的长相，竟然激发了世界各地宅友那颗粉她的心。不可否认，她的长相确实符合日本动漫美学。于是乎，粉丝创作的动漫插图从世界各地涌入互联网，波克隆斯卡娅被“混音”为动画女主角，拥有自己的粉丝群。当然，她本人对此一无所知。4月中旬，YouTube上面惊现一个赞美波克隆斯卡娅的MV，很快成为俄罗斯和乌克兰等地数周以来浏览次数最多的视频。

这种名人效应可不是波克隆斯卡娅这样的政客寻求或期望的。俄罗斯检察长办公室不得不发表一个声明——“波克隆斯卡娅不曾注册过任何社交网站，也不会开推特或博客”，以此断了粉丝要求其加入网络社交平台的念想。[6]她所激起的网络效应使她成为该国最受瞩目的官员之一。在2014年的谷歌（俄罗斯）年度最受追捧人物排行榜中，波克隆斯卡娅名列第七，仅次于奥运会花样滑冰冠军安迪琳娜·斯托尼科娃。那批痴迷于动漫化波克隆斯卡娅的人——其中大多数是男性，招致了许多人的反感。坦白地说，我也很反感，但我想在这里强调的是视频时代混音的力量。这个例子清晰地证明了混音视频的影响力有多大，波及范围有多广。

对很多混音艺术家而言，那场克里米亚新闻发布会可以说完全与己无关，但是新闻发布会的主角波克隆斯卡娅却在一夜之间变成了一个概念般的存在，成为众人自我意识的载体，成为他们自我表达的新途径。

另外一些流行混音作品则没这么复杂，它们不为传情达意或者表达观点，而纯属好玩。几年前，有一首混音神曲实在太火，以至于我忍不住问：

"奥巴马总统真唱过《有空电我》(*Call Me Maybe*)？"[①]

答案居然是肯定的——至少从某个角度讲，奥巴马真唱过。不仅如此，他还唱过《放克名流》(*Uptown Funk*)、《幸运》(*Get Lucky*)、《你不能碰这个》(*You Can not Touch This*)等一系列流行歌曲，还和2012年跟他竞争美国总统的共和党提名候选人米特·罗姆尼（Mitt Romney）一起合唱过《美国派对》(*Party in the U.S.A.*)呢。当然，它们都是混音的产物。在YouTube上，奥巴马的混音歌曲数量众多又洗脑，被粉丝亲切地称为"奥巴马说唱"(Baracksdubs)。法迪·萨利赫（Fadi Saleh）无疑是奥巴马说唱的集大成者。那时，法迪年仅19岁，在田纳西大学攻读生物化学，同时经营自己的YouTube频道。[7]法迪经常应粉丝要求，将大人物的声音融入流行音乐的曲调。正是这个家伙精心梳理了奥巴马总统的许多电视讲话，挑选出与歌词口型吻合的词语，然后将词语对应的演讲画面与音乐精确同步。当我第一次收看法迪在YouTube最受欢迎视频的时候，深受震撼。视频名叫《巴拉克·奥巴马演唱卡

① 没人能抵抗神曲的吸引力，奥巴马总统也不例外。我猜他私底下没准儿也唱过这首歌。

莉·蕾·吉普森的〈有空电我〉》，我一方面惊叹于这位年轻人如此娴熟的技艺——在其精心剪辑之下，视频中那些视觉与听觉元素完全同步，毫厘不差；另一方面，我觉得这个小伙子也太能吃苦了。稍微懂点混音的人就知道我为什么这么说。有时，法迪要花费长达三个星期的时间才能制作出一个奥巴马说唱视频，而长度往往不会超过一分半钟。[8]毫无疑问，制作视频需要超强的编辑、剪辑及整合能力，但我真的很佩服小小年纪的他就有如此的奉献精神和吃苦耐劳的工作态度。在我看来，这种工匠精神其实比他的技术和创意更能打动我。当然，被打动的人显然不止我一个。这不，贾斯汀·比伯和美国电子舞曲组合LMFAO也都兴奋地在推特上发布了他们歌曲的奥巴马说唱版，天知道背后下了多少功夫。如今，法迪视频的浏览量已经超过两亿次，没准儿正在阅读此书的你就看过。

法迪·萨利赫的事例在互联网屡见不鲜。你听说过本杰明·罗伯茨（Benjamin Roberts）吗？又名AnimalRobot的他因为受到DJ女孩说话（Girl Talk）音乐的启发，竟把饶舌跟家庭喜剧混在一起。《芝麻街》里的大鸟先生唱着《双关语》（*Big Pun*）里面的歌词“我不是花花公子，是那些女人太辣”，这情景仅是想想就觉得有趣。还有他勇夺威比奖（相当于互联网界的奥斯卡）的惊人之作。视频中，情景喜剧《恐龙》的主角厄尔·辛克莱尔唱着饶舌歌手声名狼藉先生的《催眠术》（*Hypnotize*）。罗伯茨曾说，编辑这样的一个视频要花费他10~100个小时。[9]

奥巴马说唱和罗伯特的作品有其创新之处。也许有人会说，这种纯属搞笑的风格经不起时间考验。但是，混音视频早就不是搞笑那么简单了。创作者都铆足劲儿想通过这种创作方式表达自我，他们改变原始视频和人物的环境与语境（把政治领袖变成说唱高手、把悲剧变成喜剧、把原本让人恨得牙痒痒的整蛊者变成值得同情的蠢蛋），观众早就适应了。

抛开表面稍显肤浅的奥巴马说唱和大鸟先生不谈，不得不承认，混音已经成为21世纪人们表达自我的重要方式。这种表达方式不仅能够将人们的思想、观点编织在一起，还能通过其独特的互动方式赋予视频以新的意义和高度。

事实上，YouTube上面很多流行视频的可塑性都很强，它们之所以风靡，也得益于这种可塑性。一个视频比另一个视频更受欢迎的原因，往往与其艺术性或品质无关，而在于它是否能够最大限度地激发观众参与互动。换句话说，一个视频是否能走红，观众跟艺术家之间的共鸣并不是必要条件，而取决于它们是否具有让观众变艺术家的能力。道理很简单，想想货币的原理就一清二楚了，钱不花的时候只是一张纸，视频没有观众则没有价值。

2015年毕业典礼之前，伦敦中央圣马丁艺术学院的150名学生接到一个任务：提交一段不超过100字或朗读时间不超过30秒的文本，文本或诗意，或抽象，或文艺，学生自选，但必须融入自己的思想和见解。同学们的作业其实是一个行为艺术的一部分，该项目由英国艺术家卢克·特纳（Luke Turner）和芬兰艺术家娜斯塔·拉珂（Nastja Säde Rönkkö）联手，他们还找来了自己的老搭档——一位洛杉矶演员。根据计划，毕业典礼那天，这位演员将在洛杉矶的一个演播室进行直播。他会站在一块绿幕前，演绎学生提交的作业。而参加典礼的学生则在伦敦实时收看，并且可以通过电脑设备，一边看一边恶搞直播视频（例如，一位同学在演员朗读的时候将一个头盔P到了他的脑袋上）。这样做有什么意义？“我们其实是想……事实上，在这样一个人与人之间紧密相连的世界，我们都想通过某个集体经历探索人性、探寻真诚表达自我的方式。”三位艺术家后来接受《卫报》采访时说。他们在一天之内录制了36个视频，有静静的呼吸，有看书，还有朗诵诗歌和广告文本。这就是引起了极大反响的著名行为艺术作品 *#INTRODUCTIONS*。那位演员便是《变形金刚》的男一号希亚·拉博夫（Shia LaBeouf）。

36段视频经过剪辑后总长31分钟，其中有一段尤为知名。8分58秒的时候，拉博夫开始演绎一位名叫约书亚·帕克的学生写的一分钟独白，主题是探索公共卫生服务如何实现公司化。[10]“去啊！去做吧！”只见视频里的拉博夫打着如机器人一样的疯狂手势咆哮道。“不要让你的梦想止于梦想！去实现它！昨天的你寄望于明天，何不今天就去实现！”在一次采访中，帕克解释说，他探索这个话题的灵感来自人们对技术的依赖。我们越发依赖那些让生活变得更简单的高科技，可是这种生活方式将会削弱人类更多的技能。听上去挺有道理，但如果你看视频，一定会认为拉博夫疯了：“让梦想照进现实！去吧！”拉博夫咆哮起来，“即便别人放弃，你也绝对不能！绝不！你还在等什么？！去做啊！”

如果你想看完整视频，可以去高清视频播客网站Vimeo。尽管视频里面的很多内容都引起了大家的热议，但由于拉博夫夸张的演绎，帕克的片段热度绝对最高。“反响之大，简直可怕。”帕克说。绿幕背景的设定原本就是为了方便学生恶搞视频，这正中世界各地的混音爱好者的下怀。几天之内，就有数百个改编后的粉丝版本出现，其中不乏趣味十足又创意满满的佳作。在名为《抱歉拉博夫，我恐怕做不了》的视频中，拉博夫对着《2001太空漫游》里虚构的超级电脑HAL大吼大叫，因为根据电影剧情，HAL无法打开救生舱。在《苹果手表广告拉博夫剪辑版》中，他化身为一个迷你全息图，可以“站”在表上督促运动中的你“继续努力”。我最喜欢的版本则是《天行者与拉博夫》[①]，《星球大战》的绝地武士卢克·天行者（Luke Skywalker）打算将X翼星际战斗机遗弃在沼泽行星达戈巴，我们的励志大师拉博夫当然对此不能忍受。还有一个恶搞版本是拉博夫化身成为TED的演讲嘉宾进行演讲。此外，在一段《复仇者联盟》删减版中，拉博夫被P进了战斗现场，鼓励复联的小伙伴积极打怪。帕克则表示，他最喜欢的版本是格雷戈里兄弟利用调音设备与拉博夫“合唱”的一首励志歌，该视频在YouTube的点阅量已超过百万。说实话，2015年底，当YouTube盘点年度最受欢迎视频的时候，我最期待的就是榜单上有拉博夫的名字。结果拉博夫没有入围，反倒是45位模仿拉博夫演讲的名人上了榜单，包括超模卡莉·克劳斯（Karlie Kloss）、说唱歌手T-Pain、电视主持人约翰·奥利弗（John Oliver）。原来，拉博夫的咆哮无处不在。

从表面看，这些视频似乎是人们对拉博夫的嘲讽。是啊，谁不知道他在2014年宣布退出娱乐圈的新闻呢？外人看来，这不过是过气男星想通过炒作博取眼球罢了。然而，拉博夫、两位艺术家，还有中央圣马丁艺术学院的同学们却不同意这种说法。从一开始，他们就打算通过帕克口中的“远程合作”模式把这次活动搞成一场混音大赛，三位主导者在接受采访时也表示：“观众和他们的情绪与反应也是作品的一部分。事实上，没有观众的反响，我们的作品就完不成。我们坚信，所有参与者都是艺术家。”拉博夫在演绎原版时并未特意搞笑，原作在经过广大

① 我认为存在这样一个科学定律：互联网的所有现象必然和《星球大战》描绘的宇宙世界存在千丝万缕的联系。

群众的创造与想象之后，才焕发出幽默感。

现在你明白了吧，尽管拉博夫咆哮的源视频*#INTRODUCTIONS*本身反响平平，但它真正的价值在于极具可塑性，网友很容易上手加上自己的创意。于是，网友都来恶搞拉博夫，以至于“拉博夫的咆哮”形成了一种特殊的文化现象。这种现象具有时代意义，因为它的母体，也就是孕育和催生这一现象的互联网，本身便将创意和互动奉为圭臬，而这两样正是流行文化现象最好的温床。事实上，“拉博夫的咆哮”流行文化现象不就等于一个众包形成的超级大混音吗？从一段31分钟的视频到一个现象级的网络流行，这个大混音的走红揭示了一种新创作形式的巨大潜力：参与某个主题创作的人越多，这些视频越有可能形成史诗级的恶搞艺术。不信你看，如果你单看一个拉博夫咆哮的恶搞视频，可能感觉云里雾里，但如果连看6个不同作者的作品，会更明白笑点所在。这些视频同时也向我们说明，在视频时代，人人都可能成为艺术家。[11]

不仅是复制与粘贴

亚历山德罗·格雷斯潘有一个作品备受赞誉，叫作《迈尔斯·戴维斯和LCD Soundsystem乐队的YouTube二重唱》(*YouTube duet: Miles Davis improvising on LCD Soundsystem*)。“它是我的，也是我前室友的，它还属于我的‘秘密情人’埃莉·奥诺拉。那时，我们整天待在伦敦肖迪奇的那座公寓，泡在客厅上网。一个偶然的时刻，我们的灵感擦出了奇妙的火花。偶然的完美合作——它，就这么诞生了。”格雷斯潘写道。2011年，他将这个视频上传到YouTube，特别注明：“没有剪辑，没有任何技巧，就是两个YouTube视频同时播放。”他没有撒谎。视频从LCD Soundsystem乐队的MV《我爱你纽约，可你伤了我的心》（*NewYork,I Love You But You're Bringing Me Down*）开始，过了一会儿，迈尔斯·戴维斯即兴演奏也加入进来……就是这样。正如作者坦言，整个制作过程没有任何与创作相关的技能或技巧。事实上，混搭（mashup）这一风格在音乐界指的就是将现成乐曲合在一起播放。然而就是这个简单到近乎荒谬的东西，被著名新闻辣评博客UProxx形容为"混搭音乐的巅峰之作"。这个作品的核心不外乎一个有趣的构想，其他的，只要具备一定音乐直觉和基本技巧的人就能搞定。然而不得不承认，两首歌这么一混，乐队对纽约那股爱恨交织的情感仿佛被注入了新的生命力，使人欲罢不能。难怪最擅长无事生非的Gawker网站不无戏谑地称这首混搭歌曲为"互联网的压轴大戏"。

从这个例子可以看出，混音作品正在挑战我们对于创意行为的传统定义和理解。一直以来，当我们评判一个视频的好坏时，会从制作、灯光、剪辑、表演、剧本等方面去考量。然而在视频时代，创意理念似乎比创意美学更重要。当然，有些作品，比如我们刚刚看到的那个例子，本身就没有什么技术含量，而是一次"偶然的完美合作"，但这并不代表所有的混音创作者都在通过深夜的"秘密情人"汲取灵感。恰恰相反，网络上很多最流行的混音作品运用了各种各样的创意技能，向世人展现了惊人而又丰富的创意才华。

这些年来，我看过无数创意视频，但每当人们要我推荐时，我都会这样回复："Pogo"。

生于南非的尼克·伯特克（Nick Bertke）从小就在好莱坞经典动画和电影的催眠中长大，他的母亲特别喜欢在家播放这些影片。高中毕业时，伯特克一家已经搬到了澳大利亚，在那里，他开始学习平面设计和视频编辑。17岁那年，伯特克偶然发现了加拿大电子音乐艺术家阿库芬（Akufen），顿时成为其粉丝。阿库芬的代表作有2002年的专辑《我的道路》（*My Way*），一个极简舞曲专辑，里面收录了2000多个电台的声音小样。"我简直不敢相信我所听到的。"伯特克回忆说，"我当时就想，如果我也做个这样的东西该多好呀！但我不想用电台的声音，我想用电影或者游戏里面的声音。"

伯特克也好，阿库芬也好，他们都不是这一创意的原创者。其实声音拼贴的基本思想可以追溯到1949年。那一年，法国音乐人皮埃尔·谢弗和作曲家皮埃尔·亨利一起开发了一种名为"具象音乐"（musique concrète）的创作风格。他们录制火车、钢琴、鸟儿、平底锅等来自生活和大自然中真实的、具体存在的声音，然后经过剪辑、变速、异化等进行编辑，由此创作作品。[12]"以往的作曲家将声音转换成符号，写在乐谱上，音乐家识谱后演奏才产生音乐。[13]可是乐谱不能发声，只是传达音乐的载体，对音乐的诠释是抽象的符号，而不是音乐本身。我们则直接录制声音，直接在声音上进行创作，听到的便是声音的全貌，不再需要符号等抽象工具来过渡，这种创作手法本身便是具体的。"他们还是率先使用磁带来编辑、存储音乐的先驱。不过，那已经是几十年前的事情了。从那以后，特别是过去的15年间，作曲设备变得越来越先进、越来越方便，现在的人能够以一种谢弗难以想象的速度和复杂程度来使用音频与视频资料。"如今的计算机和音序器可以在很短的时间内制作很多声音小样……还可以通过添加复杂的程序补丁，使得做出来的音效和原始音源完全不同。"伯特克说，"如果回到20世纪90年代初，我不知道自己还能不能做出这些音乐。"

幸好，伯特克生活在现代。如今，他只需轻点指尖，就能通过软件随意拆卸和重组《爱丽丝梦游仙境》的声音与旋律，把迪士尼公司

1951年的经典动画改编成属于自己的歌。伯特克对自己的作品很满意，用他自己的话说就是“亮瞎了”。刚完成那一阵，他几乎每天上班路上都在听这首歌。后来，他花了几天时间把原版的动画图像和自己的混音融合在一起，用Pogo这个用户名上传到了YouTube。

没等伯特克回过神，Pogo制作的爱丽丝音乐视频的浏览次数便达到了数百万。“我完全不知道发生了什么，我无法理解一个视频竟然能在瞬间激发数百万人的共鸣。”伯特克说。当时，他刚换了工作，然而制作混搭音乐的脚步却没停歇。他使用的电影声音越来越多，包括《国王与我》《查理和巧克力工厂》等。他的制作过程也变得更加复杂。在对音乐进行抽样的时候，他有时甚至会细化到集中抽取某个角色发声时的音节和音符，而不是单词或句子。有一天，伯特克接到了迪士尼打来的电话。“我想应该是某位大老板觉得我的作品很好笑，表示感激之类的。”三周后，伯特克本人飞到了加利福尼亚。在那里，伯特克与皮克斯动画工作室的执行长官们碰面，其中就包括首席创意官约翰·拉塞特（John Lasseter），这让伯特克永生难忘。“昨天，我还趴在自己的卧室做音乐，今天，我就和音乐界最牛的大腕们握了手。”加利福尼亚之行让伯特克签下人生中第一纸合约：为动画片《飞屋环游记》蓝光碟的宣传制作混音。从此，伯特克在创意界声名鹊起，无须费力推销自己，订单跟合约便源源不断地送上门来。其实，伯特克最初学习3D动画和编剧是为了当导演。如今音乐事业蓬勃发展，他也就把这个愿望暂时放下了。

谈起创作，电影是伯特克绕不开的一个话题。“《爱丽丝梦游仙境》是一部陪伴我长大的电影，我还不会说英语之前就被它迷住了。”伯特克回忆，“那时，我并不知道这部电影在讲什么，但是它的背景音乐和氛围让我着迷。”童年时期的电影，以及这些电影带给伯特克的感受成为他的创作缪斯，没有这位缪斯，也就没有别具一格的Pogo风格。那究竟什么才是Pogo风格？“快乐，梦幻，飘逸。”伯特克描述道。

这种风格是怎么形成的？更有甚者也许会问，像伯特克这样修修剪剪，也算是个人风格吗？对此，伯特克会回答，百分之百。他向我解释作曲的过程：“我会从一个声音中取出一些单音节，以此为谱，创作一个原始的旋律。然后，我会从音轨中取出一些音符，排列好，做成和弦跟和弦结构。接着，我从电影中取出一些敲击声，安排好打击乐和鼓声的顺序……从某种意义上说，这样作曲比使用合成器或者乐器要难得多，因为我根本就没有使用传统意义上的乐器和合成器。有人可能会觉得，那些声音早就在那儿了呀！我只是从电影当中把它们剪切出来，然后粘贴在一起。这种说法，就好比对一个人谱的曲说‘哦，这是小提琴的声音，这是铙钹还有定音鼓的声音，它们怎么能算你的原创呢？它们不是在乐器造好时候就已经在那儿了吗？’”尽管伯特克的音乐都是在别人的电影或者音乐基础上改编的，就连他最走红的混音作品里也没有一个原创声音，但自始至终这些作品都带着他独特而鲜明的个人风格，饱含他对音乐的那份真诚。“我想不出一种比音乐更快、更有效的自我表达方式。”他说，“当我上传一首歌，我也在上传我的灵魂。”

不仅是伯特克、库特曼，所有基于别人作品进行改编、混音的创作者，都是在进行创作，这一点不容置疑。材料来自哪里不重要，重要的是通过作品他们表达了自己对原作的喜爱，同时传达了自己的观点。

事实上，许多YouTube上的混音作品更多的是反映混音创作者的思想，是他们表达自我的方式，远非原作品的续集。越是令人印象深刻的混音作品，越是能够全方位地激发观众与之互动。这种互动不仅存在于观众与新版本之间，还存在于观众与原作之间。我特别中意这类视频，因为它们让我感觉自己很幸运。正是由于我们现在有了YouTube这样的网络平台，人们才能以无与伦比的激情探索自己的爱好，并且与无数同好深度分享。YouTube一直在努力，将有共同爱好的人连接在一起，唤起他们的遥远记忆……

让我们回到2008年，地点是布鲁克林，人物是凯西·皮尤（Casey Pugh）。皮尤是《星球大战》的超级粉丝，也是高清视频播客网站Vimeo的一名开发人员。皮尤当时正在进行一场头脑风暴，想找到让视频制作人进行线上合作的方法。什么样的合作形式更有创意呢？皮尤想起一年前，伊万·罗斯和本·恩格布瑞斯发起的一项名为《追踪白手套》（*White Glove Tracking*）的开源艺术项目。流行歌王迈克尔·杰克逊有一首经典歌曲《比利·简》（Billy Jean）。在那首歌的MV中，迈克尔戴着他经典的镶钻白手套，向观众奉上了著名的"太空舞步"。伊万和恩格布瑞斯呼吁网友为视频里出现过的白手套定位（在MV中，白手套的画面一共有10060帧），在每一帧的画面上把手套边缘一点点地框起来，做成精准的像素图。收集起来的网友作品将供其他网友免费下载，以此为元素进行再创作。这个项目和另外几个众包项目给了皮尤灵感——为什么不做一个类似的活动，比如，把一部电影分成许多视频剪辑，然后让人们基于这些剪辑进行重新创作呢？什么电影合适呢？"显然是《星球大战》。"皮尤说，"这是最有名的电影。还有，我爱它。"经过6个月的构思，他把《星球大战4：新的希望》（*Episode IV: A New Hope*）剪成了473个视频，每个长度为15秒。然后花了两个星期时间搭建起一个"完全未经卢卡斯影业许可"的网站，号召粉丝以视频剪辑为原材料，制作并上传属于自己的星球大战。

接下来的几个月，近千人提交了他们的作品，形式包括电脑动画、实景动画和定格动画等。皮尤简直不敢相信人们呈现出来的热情：“有时，重新制作一个15秒的视频，从拍摄到剪辑需要花费几周的时间。他们还把黑武士大师达斯·维德的服装从头到脚重新设计了一番，尽管他在屏幕上只出现了半秒钟。”网友们的“大作”既是对这部电影毫无掩饰的致敬，也是开放的滑稽模仿，这个活动使得粉丝有机会与他们最爱的电影进行互动，成为“星战文化”的一部分。

皮尤的创意为他摘得了2010年艾美奖“最佳互动媒体创作奖”。后来，皮尤应卢卡斯影业之邀，又以类似的方式策划了两个互动媒体活动——“星球大战未剪辑版”及之后的“帝国大厦未剪辑版”。事实上，互动媒体作品作为一种新的艺术类别，直到两年前才正式登上大雅之堂，在我眼里，皮尤的星战系列就是第一个组织有序的大型众包互动媒体作品。作为观众，你看的时候可能会觉得有些无厘头，但绝对能够体会创作者的那份激情。

大多数混音作品都反映了创作者和创作素材之间的某种关系。在五花八门甚至可以说乌七八糟的混音世界，有一种类型的创作产量最高，即“超级剪辑”（supercut），作者通过它要么向艺术致敬，要么狠狠吐槽。2008年，知名博主／网络技术专家安迪·巴约（Andy Baio）和网页设计师里安·甘茨（Ryan Gantz）在一次头脑风暴中创造了“超级剪辑”这一名词。巴约“发现混音领域流行一种制作方法，将某个特定词语或元素从影视作品中提取出来”。他在一篇博客中给出了更详尽的解释：“超级粉丝将其喜爱的影视作品的一集（或者整个系列）当中的台词、动作、陈词滥调等单独剪出来，再集中汇编成为一个超级蒙太奇①视频。”这无疑需要相当程度的偏执与痴狂，因此超级剪辑的创作者都像得了强迫症一样。

超级剪辑的作者往往要积累N多个相同元素的片段，才能汇编成一个视频。一些作品会吐槽某个陈词滥调。YouTube上有个超级剪辑视频，就是吐槽真人秀的嘉宾总是爱说“我可不是来这儿交朋友的”。[14]另一个视频汇总了电视剧中的侦探放大监控图像的镜头。还有一个视频汇总了恐怖电影主角被镜子里突然冒出来的东西吓到的画面（这些人照镜子的时候永远心不在焉，直到背后出现了一个跟自己差不多大的怪物才如梦初醒）。还有不少作品把矛头对准了明星：阿诺德·施瓦辛格总爱大吼；《犯罪现场调查：迈阿密》（*CSI:Miami*）的主演大卫·卡鲁索总喜欢戴上太阳镜耍酷。随着超级剪辑的流行，其创意和深度也在不断提升，连高高在上的艺术界也开始接受它。美籍瑞士艺术家克里斯蒂安·马克莱的《时钟》（*The Clock*）汇集了一万多个按时间顺序排列的时钟镜头，时长刚好24小时，它可能是有史以来最令人震撼的超级剪辑。我第一次“体验”这个视频不是在YouTube，而是在纽约现代艺术博物馆。

一些最好的超级剪辑视频要么表达了鲜明的观点，要么满是诚意的吐槽。我的个人最爱之一叫作《索尔金主义》（*Sorkinisms*），是著名剧作家阿伦·索尔金的粉丝凯文·波特花了两年时间完成的。[15]从视频中，你可以看到这位获奖剧作家的作品里那些反复出现的台词或表达方式。尽管波特表示：“这个视频并不是对索尔金的批判，更像是在索尔金的影视世界中的一次畅游。”然而，观众很轻易地便能从中品尝到对

① 蒙太奇（montage）有两种含义，一种意为“剪接”，但到了俄罗斯以后这个词语被发展成一种电影中镜头组合的理论。本书取的是第一种意思。——译者注

索尔金的讽刺。我喜欢这个视频，或许是因为我有机会回味一下索尔金的作品，或许是因为我被波特的努力和诚意打动。真正优秀的超级剪辑的意义并不在于作者花了多少时间、多少努力去完成它，而在于它们能够启发我们重新审视（哪怕只是片刻）一种文化的运作方式。它们能够让我们去质疑媒体奉行的传统，去探寻文化产品背后的动机，去鉴定娱乐产品的意义和价值。

最能引起情感共鸣的超级剪辑不仅能够娱乐大众，还能启发他们进行思考。

意想不到的混音界大咖：希特勒

现代流行文化中的混音其起源要追溯到嘻哈和Dub这两种音乐风格。前者诞生于美国贫民区，后者诞生于殖民时期的牙买加，它们都属于被权力打压的地方。爱德华多·纳瓦斯（Eduardo Navas）在《混音：采样的美学理论》一书中写道："被殖民者通过Dub这一音乐风格，去抵抗殖民者强加给他们的意识形态。所以，混音总是带着一丝反抗色彩，理解这一点非常重要。"混音既是一种娱乐方式，也是变革流行文化的一剂良药，它是我们评论所生活的世界的重要工具。接下来，我将介绍一个影响最深远、名气最大的代表作。

该系列作品取材于2004年的一部德国电影《帝国的毁灭》（*Der Untergang*）。这是一部纪实性影片，讲述了希特勒人生的最后10天。评论家说："《帝国的毁灭》可能是希特勒最后的日子和第三帝国毁灭最真实的反映。"[16]虽然这部电影获得了奥斯卡提名，但是大部分人只看过其中的3分55秒。在这个片段中，意识到战争即将溃败、法西斯帝国即将毁灭的希特勒正在愤怒地斥责下属。但我怀疑大多数只看过其混音作品的观众压根儿不知道这一背景。就拿我自己来说吧，我在网上看了几百个混音作品，但直到写本书，才知道它的背景。

恶搞《帝国的毁灭》实在太简单了，你只需要用一段新的台词替换掉希特勒的就好了。网友的作品一个比一个有才华，我们来欣赏几个版本。

版本一：希特勒被微软开发的游戏对战平台XBOX Live列入了永久黑名单，因为无数网友向微软投诉他“行为不端”，希特勒于是大发雷霆。版本二：希特勒策划了一场反传统狂欢节——“燃烧的男人”（Burning Man），但是在最后一刻被所有人放了鸽子，希特勒怒不可遏。版本三：希特勒讲话时犯了一个语法错误，随行的语言专家战战兢兢地说：“元首，呃，你句子末尾多了一个介词。”希特勒再次发飙。据估计，YouTube上至少有几十万个《帝国的毁灭》的恶搞视频。这么多年过去了，这些视频每年仍然会吸引超过一亿的浏览量。2010年，《帝国的毁灭》的导演奥利弗·西斯贝格在一次采访中说：“我看了大约145个版本。有趣的台词经常让我捧腹大笑，每次我都得努力控制自己的音量。看到自己导演的场景被如此恶搞，我觉得这是对我作为导演的最佳赞美。”[17]

最辛辣的恶搞莫过于作者通过希特勒之口，斥责一些荒谬或者不公平的现象，于是我们只好……承认希特勒是对的。有时事小，比萨外卖迟到了，或者新一代iPod Touch上没安装相机。有时事态就严重了，涉及荒谬的《禁止网络盗版法案》（SOPA）以及房地产泡沫。这些恶搞视频可以表达我们的愤怒，控诉社会文化中的诟病。在写本书的过程中，我重温了这部电影的许多恶搞视频。我可以负责任地告诉你，花一个下午的时间看希特勒咆哮会让你……有点喜欢上他，但是这种情感你绝对不能告诉其他人。有一次，我跟约会对象劳拉聊起了这个，之后便没了下文。《帝国的毁灭》的恶搞经受住了时间的考验，部分功劳得归于它的夸张和离奇（请注意，这两种属性并不是负面的）。

对于混音来说，这是最好的时代，也是最坏的时代。英国广播公司（BBC）写过一篇文章分析《帝国的毁灭》引发的恶搞文化，其中有一句总结性的评论："系列恶搞视频的受欢迎程度清楚地表明了网络时代信息传播的民主化。现在，我们的声音正在以一种新的方式被政治家、大财团、教育机构和传统行业等听到—— 一种令它们感到恐惧的方式。"[①]说得没错，混音可以削弱甚至颠覆我们以往最崇敬，或者最恐惧的一些社会符号。

互联网有众多论坛，用户可以随时随地畅所欲言，还不必使用真名，这对愤世嫉俗者来说是一个大大的福利。在他们眼里，没有比混音更适合用来发泄不满的艺术形式了。如果使用得当，它可以摧毁我们文化中的某个重要符号、颠覆某个名人的公众形象，特别是当这个符号或人物实实在在出现在视频里的时候，这种毁灭力量将更强大。

我对混音艺术的喜爱始于我在纽约的第一份工作。那时，我在《赫芬顿邮报》创办的讽刺时评类栏目《23/6》上班（24/7代表"所有时间，所有新闻"，"23/6"则代表"大部分时间，一些新闻"）。2008年总统选举前夕，我们设计了各种各样的讽刺加恶搞，把美国政客和支持他们的新闻媒体撕了个遍。节目有一个小单元，叫作《辣评一分钟》，由很短的超级剪辑或者混搭视频等片段组成，是我们嘲讽时事的利器。我为那个单元写了很多脚本，还制作了好多荒谬到不行的PS图片和视

① 很显然，BBC的分析含金量很高，胜过大多数网友。

频剪辑。那时，我最爱拿CNN的《时事观察室》（*Situation Room*）开涮。我暗讽主持人沃尔夫·布利策（Wolf Blitzer）面无表情，“他的单调像明尼苏达州的雪堆一样堆积如山”。我奚落另一位主持人约翰·金（John King）对数字的痴迷，将显示选举人得票数的数字地图称为“魔术墙”[①]。我最受欢迎的作品是一个混搭视频，我找来三场总统辩论的视频作为原材料，剪出奥巴马和麦凯恩在辩论中反复使用的相同说辞。

在我“不务正业”的时候，我的同事却忙着和当时颇受欢迎的喜剧演员合作，比如尤金·米尔曼（Eugene Mirman）、约翰·本杰明（H. John Benjamin）等人，制作了大量设计精巧的原创讽刺短剧。然而不知何故，我为《辣评一分钟》制作的那些傻里傻气的蒙太奇视频却脱颖而出。好几年后，我才想明白个中缘由。听人讲新闻段子，甚至看他们表演这个段子是一回事，但是看到被嘲讽的人或事直接出现在超级剪辑的画面里又是另一回事，后者的“笑果”和影响力更为强大。我做那些视频的时候是2007年，当年感觉颇为新奇。10年后，这类直接在原作基础上加工剪辑的形式已经成为人们与时事互动时最平常、最正常不过的表达方式之一。

2016年总统大选的时候，混音已经成为大众对时事进行嘲讽批判的常用手段。每个人似乎都在互联网上寻找发泄的管道，一抒对这场空前激烈的驴象之争的种种感受。最热门的恶搞对象自然非唐纳德·特朗

---

① 说来难以置信，微软全美广播公司（MSNBC）的名嘴凯斯·奥尔伯曼（Keith Olbermann）和CNN主持人瑞克·桑切斯（Rick Sanchez）曾在他们自己的节目中播放过我拿他们开涮的片段。奥尔伯曼还说：“这位先生或者女士，你怕是闲得发慌。”这句话无疑会成为我的墓志铭。

普（Donald Trump）莫属。谁叫他破绽百出呢！不仅发表了一堆自相矛盾的言论，还有许多容易落人话柄的小动作和经常重复使用的说辞。一时间，全民都加入了制作、观看和分享特朗普视频的大军。他的每个细节都被放大，然后被剪成蒙太奇短片或者混搭视频，YouTube上到处都有它们。更有甚者，音乐制作人安德鲁·黄用特朗普在第二场电视辩论中吸鼻子的声音混出了一首嘻哈。

调侃或者嘲讽公众人物是一回事，但用他们自身的言辞和形象来传递这种蔑视又是另一回事。后者让平素正襟危坐、颇有威严的大人物看上去像搬石砸脚的蠢货，他们能不恼羞成怒吗？正因为如此，这种视频的杀伤力特别大，特别适合表达异见、揭露虚伪、撕开伪善的面具。不过，这并非唯一手段。要增强视频的杀伤力，还有其他方法。

2011年2月22日，利比亚的最高统治者奥马尔·穆阿迈尔·卡扎菲上校穿着他特有的奇装异服，发表了激情四射的电视讲话，誓言要“寸土不留、挨家挨户、逐路逐巷”地驱逐叛军。由此，阿拉伯世界一些国家的民众纷纷走上街头，要求推翻本国的专制政体。这时，北非才开始真正感受到后来被称为“阿拉伯之春”的影响。

一天，以色列音乐制作人、DJ、记者诺伊·阿洛什（Noy Alooshe）接到一位朋友打来的电话，叫他赶快打开电视看新闻。阿洛什曾因制作一首名为*Rotze Banot*的电子舞曲有了点儿名气。用他自己的话说，那首曲子是《江南Style》还没诞生之前的《江南Style》（虽然这种说法有点夸张）。他和朋友只花了30分钟录制这首舞曲，却靠它在互联网活跃了一年。“那首舞曲的走红让我开始注意到互联网的力量。”阿洛什说。一晃又是几年，阿洛什在网上偶然发现一个在美国红得发紫的视频《奥巴马女孩》（*Obama Girl*），于是依样画瓢，做了一个《利夫尼男孩》[①]（*Livni Boy*），一度成为以色列首个走红的恶搞音乐视频。阿洛什20多岁的时候，想转型做一些更有深度的搞笑视频。当时，在“阿拉伯之春”的推动下，埃及和突尼斯（他的祖籍）等地时有政府与当地武装分子发生冲突。然而他始终找不到一个合适的切入点，就在迷茫之际，他接到了那个朋友的电话。

打开电视，阿洛什看到卡扎菲一边双手在空中挥舞，一边反复喊叫，这让他想起了一场数码音乐会。“好吧，我要为这个画面配一段音乐，它一定会很棒。”阿洛什回忆。当时，他手边刚好放着美国歌手“嘻哈斗牛犬”（Pitbull）和T-Pain的合唱歌曲《嘿宝贝（把它扔地板上）》（*Hey Baby <Drop It to the Floor>*，论合唱歌曲，还有比这首更好的吗）。阿洛什开始了剪辑，还使用了Auto-Tune调整卡扎菲演讲的音频。当卡扎菲出现在公共场所的时候，两边总是跟着女性军人，她们被称为“革命修女”。为了增加幽默感，阿洛什在卡扎菲的两侧各P上一个身穿暴露衣服女子的半透明图像。他承认这样是为了更好地表达自己对卡扎菲的态度。在最后的成品中，卡扎菲就着电子舞曲疯狂咆哮，两侧的女子则身穿性感内衣伴舞。

阿洛什把这首歌命名为《巷巷舞》（*Zenga Zenga*），因为Zenga在利比亚是“巷子”的意思。接着，他把这首歌上传到网上，并且转发给了许多人，尤其是阿拉伯世界年轻革命者的社交媒体账号。这首歌嗖一下就红了。视频很快就获得了过百万的点击量，有粉丝写信给他，称他

① 齐皮·利夫尼（Tzipi Livni）是以色列的政治人物，1958年7月8日出生于以色列特拉维夫，20世纪80年代初曾在以色列情报机构摩萨德工作。——译者注

为英雄①。阿洛什还收到人们发给他的在夜总会里随着这首歌跳舞的视频。他记得有个记者给他打电话说:“我现在在叙利亚的一个集市，有人在用扬声器放这首歌，所有人都在跳舞。”此外，两名埃及说唱歌手还以此歌录制了一个现场表演的版本。DJ们在特拉维夫的夜场里播放这首歌。报纸在显眼位置称阿洛什为“创作革命之歌的以色列家伙”。他不得不说服一个朋友暂停自己的工作，来帮他处理海量的媒体请求。他说:“这简直就是电视剧《明星伙伴》(*Entourage*)里才有的情节。”最后，阿洛什还自创了一段背景音乐，以此制作了第二个版本，并将其作为铃声挂在iTunes商店售卖。阿洛什说，仅以色列地区第一周就卖了6万份。

对这首歌的反应最为激烈的，自然是卡扎菲的大本营——利比亚。当地的革命人士告诉阿洛什，尽管卡扎菲实行了网络管制，YouTube也在被禁之列，但这首歌还是流行起来了。[18]有时候，人们悄悄分享视频，更多的时候则只是音频。一名驻利比亚的BBC记者告诉阿洛什，他拦住了一辆正在从立体声音响狂放《巷巷歌》的汽车，问驾驶座的男子他是从哪里搞到的。还有人把它刻录成CD(激光唱片)。“它不仅是虚拟世界里的病毒，它在现实世界也变成了病毒。”阿洛什开玩笑说。由于这些共享不计其数，又难以分辨源头，仅凭YouTube上的浏览次数是很难准确反映其流行程度的。

---

① 得知他是以色列人后，一些人指控他是以色列情报机构摩萨德的一名间谍。但是这种无稽之谈很快就烟消云散了。“两天以后，没人在意我是谁。”他说，“很多人写信跟我说，我恨你，我恨你的国家，我恨犹太人，但这首歌实在太搞笑了，我需要分享一下。”

《巷巷歌》的内在颠覆性无须向年轻人解释①，对他们来说一切不言自明。但并不是所有人都能理解这一点。据报道，利比亚国家电视台在播放了几个星期的《巷巷歌》之后，才意识到这首歌原来是在嘲笑他们的领导人。

卡扎菲因古怪而闻名，阿洛什认为这也是《巷巷歌》如此深入人心的原因之一。"这首歌改变了人们对卡扎菲的看法。"阿洛什说，"他本是一个严酷的暴君，而这首歌却使他变得滑稽……《巷巷歌》以后，他就像一个卡通人物，你能想象吗？"这种公开的嘲笑在当时非常罕见，2011年横空出世的《巷巷歌》带来了一个转折点。"今年以前，很少有人公开批评卡扎菲或者他对这个国家整整42年的血腥暴政。"阿布扎比的英文新闻报《国家报》（*National*）在2011年写道。随着利比亚全面爆发武装反抗，这首歌更成为一种反对当局的圣歌。在人人都会使用软件Auto-Tune的视频时代，一首匆忙中完成的混音舞曲恐怕难以开启一个新的音乐流派，但是它想表达的主题却做到了：在这种讽刺时局的混音中，自称"非洲王中之王"的卡扎菲沦为俗气的舞厅独裁者。[19]作为前国家最高统治者的他，不得不被一位以色列说唱歌手牵着鼻子走，在全国人民面前沦为笑柄。这就是混音的力量所在！

《巷巷歌》在阿拉伯世界的影响力无可争辩。卡扎菲去世后，阿洛什看到有报道称，取得革命胜利的人一边高举已故统治者的照片，一边高唱《巷巷歌》。记者开始称阿洛什为"杀死卡扎菲的人"。然而这首歌的意义和影响力早已走出利比亚，走向世界。阿洛什的混音毫无疑问地证明，地位再高的领导人，其权威也会被流行文化颠覆。为了讽刺现任

---

① 阿拉伯国家总体趋于保守。应许多想要与他们父母分享这首歌的青年的要求，阿洛什做了一个没有性感舞女的视频版本。

叙利亚总统巴沙尔·阿萨德（Bashar al-Assad），人们制作了一个《巷巷歌》的翻版，它在当地广为流传。

阿洛什仍在制作以以色列政治人物或时事为题的流行视频。正如他的以色列同胞库迪曼，还有世界上其他地方的同好一样，他也开始接受品牌和媒体公司的邀约。“只要你给我材料，我就可以把它们做成混音舞曲。”他告诉我，然后发出他那标志性的、类似汽车推销员的笑声。阿洛什还表示，每个政党都试图聘请他为自家候选人做混音歌曲，作为下一个选举周期的宣传工具。在以色列，混音已经成为激进分子和社会活动家最常用的武器之一。

但是，并非每一个向阿洛什发出合作邀请的人都心怀善意。阿洛什告诉我，他曾经拒绝了一个来自部长办公室的请求，后者希望他做一首混音歌曲打击政治对手。过去几年的经历告诉阿洛什，混音除了具有娱乐价值外，还可能会对周遭世界产生深刻的影响，改变人们对政治领导人乃至整个世界的看法，阿洛什必须谨慎行事。

混音作为一种视频种类，它的横空出世绝对不是偶然。要不是21世纪初网络技术的普及和发达，我们怎么可能有机会成为这种新兴交流方式的见证者和创造者呢？

在视频时代，人人都可以上网来发表观点甚至塑造文化，而混音是其中最有效和最现代化的工具之一。阿洛什的《巷巷歌》、罗伯特的《闪亮》，还有Pogo的《爱丽丝》都是从已有的流行文化获取灵感，从而不仅迸发出使旧文化回春的力量，还使观众跟作品之间发生了规模空前的互动。我们必须警惕这种力量。三位创作者跟我一样，都是在创作和发行娱乐节目非常昂贵的时代长大的。如果他们在网络还没普及的时候就开始做混音，必定做得相当费劲，而且根本不可能有传播的机会。技术改变了一切。莱辛在《混音》一书中写道："数字技术使得视频制作和传播的经济成本降低了。人们可以使用大量工具来表达不同的想法和情感，几乎花不了什么成本。因而，制作和消费混音的人数只会越来越多，至少在法律有效阻止之前会如此。"[20]

混音艺术和转瞬即逝的时尚不一样。作为一种有效的、广泛采用的表达形式，混音正在成为我们中许多人的第二人格。打着保护知识产权的名义去阻止混音的发展，这种做法即使不能用"不现实"或"缺乏社会责任感"描述，其难度也很大。"几个月前，我向一群三年级学生展示，视频中的每一秒会花费我多少工夫。"库迪曼告诉我，"我问孩子们，'你们能懂吗？'"这些孩子几乎秒懂。"这对他们来说轻而易举。你相信吗？他们就是熟悉这种语言。"库迪曼说。

现代社会，我们比以往任何时候都更愿意主动、频繁地参与各种流行文化。混音艺术有效地满足了这种需求，因而飞速发展，并且成为媒体形式当中一颗耀眼的新星。我们已经看到，混音作为一种创意形式，改变了我们与电视、电影、音乐、人物、图像和它们曾经代表的意义之间的关系，并且赋予了这些事物新的含义。通过混音，我们分享对每天接触到的各种事物的看法，这种分享同时也是一种自我表达。这种自我表达还特别简单，我们通过收集最熟悉不过的素材——照片、歌曲、人物等，就能表达自己的观点。人人都有机会，个个都能混音，因此，混音还是我们现在所在的这个视听世界力量的明证，同时，也蕴含着颠覆这个世界所谓的权威的力量。一个混音视频可以是单纯甚至愚蠢地搞笑，也可以深藏不露地讽刺。有时，它呈现的是希特勒抱怨他的比萨迟到了，但它总是能够连接你的个人经验。

混音迫使我们重新审视过去。那时候，我们无论是对大众娱乐的认知，还是对娱乐产品的认知都无法超越历史的局限。根据历史制定的每一条规则，《彩虹猫》根本不可能存在。然而，网络的普及和视频时代的开启无疑为新的艺术形式提供了滋生的土壤，于是我们才有了《彩虹猫》。在未来，我们必将拥有更多的《彩虹猫》。

第四章

网络歌曲如何引领流行文化

詹尼·“卢米纳蒂”·尼卡西奥（Gianni “Luminati” Nicassio）像往常一样关注着各个国家的音乐排行榜，尤其是那些可能在北美走红的歌曲。他在为自己的乐队寻找新鲜灵感和素材。这一天，他发现了一首歌，名叫《最熟悉的陌生人》（*Somebody That I Used to Know*）。这首歌是歌手戈季耶（Gotye）的成名作，当时在比利时和澳大利亚已经引发了不少关注，但在美国和加拿大还鲜为人知。詹尼立即被它迷住了。乐队成员之一莎拉·布莱克伍德回忆道：“詹尼走进房间对我说，‘你得听听这首歌，它跟电台播放的流行歌曲不一样，它真的很酷。这首歌一定会大红大紫，我们必须翻唱它’。”

2006年，詹尼和音乐人瑞恩·马歇尔在加拿大安大略省的伯灵顿成立了独立摇滚乐队——“走出地球”（Walk off the Earth），并在当地寻找有才华的成员加入。“我们和最常见的那种派对歌手没什么两样。”詹尼说。乐队成员都有丰富的演出经验，但每个人白天都还另有工作。瑞恩当时就在一家公司销售浴室和洗手间设备。

走出地球的主要表演形式是翻唱别人的歌曲。在YouTube上，已经有人通过这种方式成名。詹尼认识的一位歌手就是因为用重金属曲风翻唱Lady Gaga的歌曲，在YouTube上吸引了大量观众。但这样的作品一多，人们也就不再有新鲜感了。走出地球也做过类似的尝试，但反响平平。这位歌手告诉詹尼，人们喜欢听自己喜欢的歌曲的不同翻唱版本，以此和原版进行更加深入的互动。詹尼意识到，如果想让一首翻唱歌曲引人注意，就得进行创新。此后，乐队翻唱歌曲时越发大胆、突破常规。有一段时间，詹尼脑海里一直盘旋着一个奇特的想法：5个人同时弹一把吉他翻唱一首歌。

2012年，机会终于来了。詹尼兴奋地带着那首《最熟悉的陌生人》找到莎拉和另外几位成员，他们花了一个星期左右的时间编曲。随后，在一天之内，乐队成员便掌握了各自弹奏吉他的部分，开始创作视频。莎拉和瑞恩一人站一边负责弹奏主歌，詹尼则站在他俩之间演奏副歌。乔尔·卡萨迪轻叩吉他制造出打击乐的效果。迈克·泰勒，也就是后来人称“大胡子”的家伙，则面无表情地弹着琴头的弦。5个成年人同时玩儿一把吉他可不是一件容易的事。他们录了30多次，一直到凌晨两三点才结束视频录制。“过程相当煎熬。”詹尼回忆说，“我们互相挤着彼此，空气越来越热，那滋味别提了。”

按照詹尼的标准，最后的版本其实还不够完美。莎拉说，如果听得够仔细，在歌曲的结尾部分甚至依稀能听到有人打字的声音。不管怎样，他们还是把视频发到了YouTube上。6个小时后，乐队成员一觉醒来，发现电台里正在播放他们的歌。仅在当天，视频浏览量就将近100万次。不巧的是，乐队成员一心想着早点发布视频，还没来得处理版权问题。詹尼心急火燎地打电话给负责乐队发行的公司处理此事，同时马不停蹄地应付各种邀约：“是，是，我就是你刚刚看过的视频里的那个人！”这首歌很快登上了加拿大音乐排行榜第一名。一周多以后，它在苹果公司的iTunes商店上架了。发布首月，这首歌在YouTube的浏览次数提高了50倍，并且成为当年YouTube上最热门的翻唱歌曲和第二大热门视频。

这首歌走红后不到一个星期，乐队便收到原唱者戈季耶发来的一封电子邮件，他一面祝贺乐队做出了这么酷的翻唱版本，一面建议有时间的话一起合作写一首新歌。这位比利时裔的澳大利亚歌手马上就要开始一次短途旅行。接下来的几周，《最熟悉的陌生人》的翻唱版在20多个国家的排行榜上名列前茅，成为2012年最畅销的歌曲之一。

后来，《最熟悉的陌生人》又有了许多别的经典粉丝翻唱版，不过，无一能撼动走出地球版本的鼻祖地位。这些翻唱视频不仅捧红了像詹尼这样的音乐人，还将原唱以及粉丝一道，融入了这一网络音乐传奇。还是2012年，戈季耶发布了一个拼贴视频，将网友的翻唱制作成一个合辑发到了YouTube上，视频名字为《陌生人之YouTube合唱团》（*Somebodies: A YouTube Orchestra*）。

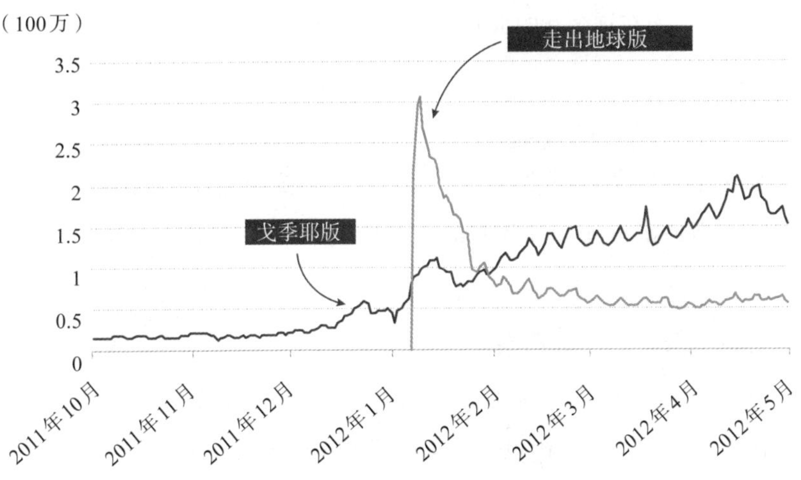

《最熟悉的陌生人》日浏览量

走出地球的翻唱作品不仅吸引了数以百万计的粉丝，还激发了更多人加入翻唱创作。越来越多的经典流行有了翻唱版本，使用的乐器更小众，创作概念也更天马行空。詹尼表示，他们乐队一直非常反传统。在大部分乐队背靠唱片进行音乐发行和推广的年代，走出地球却利用互联网建立自己的粉丝基础。“我们可以来一场说走就走的巡演。有时，我们在一个可以容纳2000人的场地表演。有时，我们表演的国家甚至连广播都没有。这些经历简直太棒了。”当我跟乐队成员通电话时，詹尼和莎拉正乘坐一辆豪华轿车赶往机场，前往加拿大魁北克做一场演出。事实上，乐队刚刚结束一次巡演，途经丹麦、比利时、法国和英国等国家。演出如此繁忙，大家不得不辞掉自己的本职工作。还记得瑞恩·马歇尔吗？他不卖马桶了。

在视频时代的大环境下，这支乐队已经改头换面，它既不像詹尼此前所谓的“最常见的那种派对歌手”，也不像最常见的主流摇滚乐队。虽然走出地球处于一种难以用语言界定的状态，但是它却在音乐的新世界如鱼得水。而在这个新的世界，粉丝和艺术家的界限本来就没那么清楚。

爱迪生发明留声机之前，音乐只存在于交响乐团、歌剧院、当地民俗舞会和周日教堂的唱诗班，人们想欣赏音乐，就只有亲临现场。爱迪生本以为人们会用自己的发明进行听写，从而提高写作水平，没想到却是听音乐。那时，坐在家里听唱片这种现代人习以为常的事，在那个年代不啻天方夜谭。19世纪，美国高产作曲家斯蒂芬·福斯特（Stephen Foster）的民歌十分流行。在当时，虽然人们很少有机会亲临现场欣赏专业人士演绎福斯特的作品，但《康城赛马歌》（*Camptown Races*）和《我的肯塔基故乡》（*My Old Kentucky Home*）这两首歌在美国却是家喻户晓。这是因为它的演奏很简单，一架钢琴、一把吉他，甚至轻声哼唱便足以重现其音容。这种类型的歌曲又被称作轻音乐（parlour music），是一种介于古典音乐和流行音乐之间的通俗音乐，曲子通常写在活页乐谱上，朗朗上口，非专业人士也能诠释得很好。

留声机的发明让人们足不出户也能欣赏美好的音乐。不过，并不是每个人都乐于见到这一点。1908年，约翰·菲利普·索萨（John Philip Sousa）发表了一篇相当精彩的论文——《机械音乐的威胁》（*The Menace of Mechanical Music*），宣称如果人们不再身临其境地去聆听音乐，音乐将会死亡。“音乐让我们感受着这个世界上一切最美的事物。”索萨写道，“让我们将音乐从机器的束缚中解放出来吧。机器发出的声音枯燥乏味、没有灵魂、没有欢乐、没有激情，而激情是大自然赋予人类独有的馈赠。”[1]

索萨的忧心忡忡没能阻挡技术改变生活的脚步。录音市场蓬勃发展，但同时也给音乐创作带来了新的枷锁。

当播放唱片的时候，无论是78转/每分钟的留声机，还是其45转/分钟的升级版，每一面都只能放送三分钟左右。因此，20世纪初的流行歌曲的长度往往不到三分钟，以确保收音机和自动点唱机能顺利播放。

我们对音乐的定义受到了来自几个方面的影响：所涉及时代的技术设备，制作成本，发行成本。如果我们把音乐定义为“时长约三分钟、可以不断重复的一种听觉体验”，这背后的原因是什么呢？是因为这恰恰就是欣赏音乐最理想的方式，还是由于我们摆脱不了百年前的技术限制做出的无可奈何的选择？答案尚无定论。今天，在YouTube这样的影音平台，创作者和用户不再受到过去的种种限制，技术再一次改变了我们体验音乐的方式。20世纪80年代，MTV流行起来，于是人们悟到一个道理，音乐所涉及的视觉体验和听觉体验不可分割。网络视频继承并发扬了这一洞见。但是，如果仅仅把数字时代的音乐变革归纳为MV从电视走向互联网，那就太过简化和笼统了。21世纪，我们制作和推广音乐的方式，还将观众从被动的体验者变成了主动的参与者。

停止自我怀疑

2002年，美国另类摇滚乐队OK Go开了巡回演唱会，并且发布了一首热门单曲《共渡难关》(*Get Over It*)，接下来他们要与著名音乐视频导演弗朗西斯·劳伦斯合作拍摄该单曲的MV（劳伦斯还是电影

《饥饿游戏》的导演)。“他硬挤了两天时间给我们……当时他还在和威尔·史密斯以及布兰妮·斯皮尔斯或Pink(粉红佳人)合作。”OK Go的主唱达米安·库拉什回忆说,“这事非同小可,跟劳伦斯合作不仅意味着巨额预算,还能提高乐队的地位。”果不其然,拍出来的MV很受好评,摄影还摘得了奥斯卡的一项技术奖。这是乐队首个引发关注的MV,然而OK Go最受追捧的音乐视频,并非这类大导演的“大制作”。

其实,乐队主唱库拉什早就担任过许多MV的“制作人”。他从小在华盛顿特区长大,有一个妹妹名叫翠西。兄妹俩从小就爱拿起父母的便携式摄像机,一起为他们喜欢的流行歌曲翻拍音乐视频。“我记得红辣椒乐队有一首歌叫《血糖性爱》(*Blood Sugar Sex Magik*)。”库拉什说,“我们拿着摄影机在城里到处转,对彼此发号施令,‘站到那个邮筒旁边,假装你在和它做爱’,我们其实就是在瞎折腾。”兄妹俩先按顺序把拍摄的片段拼成一个视频,随后,库拉什为视频配上音轨,于是一个MV 出炉了。库拉什还有一个拍摄搭档——他最好的朋友蒂姆·诺德韦德,他们11岁的时候一起参加了一个夏令营,因此认识对方。学校放假的时候,住在密歇根州卡拉马祖市的诺德韦德便会赶去华盛顿见库拉什,他们一起拍了很多奇奇怪怪的视频,包括一些音乐视频。

多年后,库拉什、戴眼镜的大胡子贝斯手诺德韦德、丹·科诺普卡,以及安迪·罗斯在芝加哥组建了OK Go。1999年,他们受芝加哥公共频道*Chic-a-GoGo*节目之邀,演出乐队当时唯一的单曲《肉桂红唇》(*C-C-C-Cinnamon Lips*)。无奈节目组条件有限,无法现场直播,乐队只能对嘴演唱。“我们决定,即便是假唱,我们也要震撼全场。”库拉什说。于是,他们开始在库拉什的公寓排练舞蹈,他们租来了超级男孩的

MV做参考，终于编排出了一支荒诞不经的舞蹈。[①]此后，他们在为首张同名专辑做巡演时，经常用这支舞结束演唱会，以此表明自己和其他的独立摇滚乐队不同，OK Go才不会故作深沉、惺惺作态。

2005年，当乐队为第二张专辑《噢，不！》（*Oh No*）进行巡演的时候，每位团员都想再现这种跳舞风格，但这一次，得选新专辑里面的歌。于是，库拉什找到当时已是专业舞者的妹妹翠西，帮忙为他们的新歌《百万种方法》（*A Million Ways*）打造“一支更荒诞不经的舞蹈”。他们花了一个星期的时间排练，原本只打算在演唱会跳跳。但就在那时，他们听说法国著名导演米歇尔·冈瑞也在芝加哥，为一个名叫坎耶·维斯特的说唱歌手制作“一个惊为天人的大型音乐舞蹈视频”。库拉什和乐队成员没听说过此人，当时就不服气了：“这个叫坎耶的人是什么来头？我们才是正经八百的舞蹈乐队！”库拉什回忆：“我们立即决定将新排的舞蹈录成视频，毫不夸张地说，《百万种方法》的MV就是为了米歇尔一人准备的。”乐队成员在库拉什家的后院放了一台摄影机，开始录制视频。“一开始并不顺利，但是录到第四次的时候，感觉来了。团员们纷纷表示，‘这下足以让米歇尔后悔找错合作对象了’。”库拉什说。他们把做好的视频发给朋友们，让他们帮忙宣传。然而，米歇尔究竟会不会看到这个视频，谁也不确定。

这个一镜到底、分辨率也很低的视频跟库拉什和翠西还是孩子那会儿拍的东西没什么两样。“我们从未把它看作一个MV，而是一串无厘头的镜头合集，娱乐大众而已。”库拉什说。乐队用电子邮件将视频发给朋友们，其中一位将它上传到视频托管网站iFilm.com。很快，视

① 乐队跳舞的时候，一些朋友在他们背后演奏假乐器。其中就有著名电台节目《美国人生》（*This American Life*）的主持人艾拉·格拉斯，他假扮一位鼓手。

频便蹿升为该网站的人气视频。“天啊！原来大家觉得这玩意儿还就是MV。”一开始大家都兴奋得慌了神，不知道下一步该做什么。想来想去他们将作品交给了所属唱片公司，却被告知这东西没法儿播放。库拉什回忆：“视频当中的很多元素不符合电视广播的要求，尤其是内容，太古怪了。”虽然没能上电视，但它在网络空间却吸引了大批观众。①

没过多久，《百万种方法》的粉丝模仿视频陆续出现在网上，人们在自家后院、车道和学校健身房等跳着乐队的舞蹈，这些人来自四面八方。“唱片公司收到数百人寄来的跳舞录像带，有的写着‘我在巴西，这是我的婚礼现场’，有的写着‘我们在怀俄明州，这是我们学校的才艺比拼大赛’。”库拉什回忆，“那就像一场大型线上与线下同时进行的互动模仿秀，当初我们怎么排舞蹈、怎么录视频，粉丝又跟着重复了一遍。”这种效应在今天看来相对普遍，但在当年可是闻所未闻。后来，网上出现了更多模仿视频，乐队还在YouTube举办了一场比赛，选出最佳模仿者。一个来自圣迭戈的四人少女组合摘得了桂冠。成员不禁自问：“我们漫不经心的创作都能爆红，认真做岂不更棒？”

荒诞不经的创作方式让乐队尝到了甜头，他们决定“变本加厉”。乐队成员跑到翠西位于佛罗里达州的家中，将自己和8台跑步机一起与世隔绝了10天。其间，他们创作出了《又来了》(*Here It Goes Again*)的MV。视频延续乐队一贯的耍宝作风，4个人在跑步机上跳了一连串怪异的舞蹈动作。跟以往一样，这个MV的制作成本很低，接近于零。

---

① 一天，库拉什收到一个名为查德的人发来的电子邮件。查德表示自己新推出了一个叫YouTube的网站，让库拉什把乐队视频上传到该网站。“当时我们没当回事儿，还以为又是一个搞什么愚蠢视频创业的家伙，你懂我的意思吧？”库拉什说。

当然，代价肯定是有的：他们一共拍摄了不下17次，一些高难度舞蹈动作还使成员受了轻伤。幸好，他们的努力没有白费。几个月后，该视频成为那时还很年轻的YouTube上面最受欢迎的病毒视频之一。成员们几乎不敢相信自己的眼睛，库拉什笑着回忆："几周之后，我们看着超高的浏览数字，惊呼道'天，今后我的墓志铭将是——这里葬着跑步机上的那些家伙'。那感觉就像走上了人生巅峰。"与此同时，唱片公司趁热打铁，说服了电视台播放这个MV。接下来，不可思议的事情发生了，MTV音乐录影带大奖（MTV Video Music Awards）邀请乐队在颁奖礼现场表演跑步机舞——对的，跟那些跑步机一起。"我记得彩排时，贾斯汀·汀布莱克在台上跳舞，我们则坐在观众席等待。这时，一个陌生人出现了，我猜他一定是贾斯汀那边的人。他坐下来俯身向前对我们说'我不知道该感谢你们，还是该揍你们，你们改变了整个行业'。MV就该像你们这么拍。"库拉什说。

OK Go的成名之路改变了游戏规则。粉丝们对《百万种方法》和《又来了》的热烈追捧也启发了一批艺术家：创作的作品一定要能与粉丝进行有意义的互动。也许，视频的意义并不在于传播歌曲，而是点燃作者和粉丝的互动之火。

《又来了》发布之后的几年，OK Go乐队制作了大量包含视觉错觉、机器人等元素的视频。有一个视频里出现了一台巨型的鲁布·戈德堡机械，该视频拍了60次才成功。在拍摄另一个视频《我不会让你失望》（*I Won't Let You Down*）时，乐队首次动用了无人机，还找来了2300位日本临时演员。他们的视频越来越像行为艺术了，每一个作品都吸引了大批观众，他们兴致盎然地讨论着每一个细节。我采访他们那会儿，乐队刚刚发布了歌曲《颠来倒去》（*Upside Down & Inside Out*），该视频在一架沿抛物线飞行的飞机中拍摄。当航空器以抛物线飞行并暂时抵消部分重力时，里面的人将体验到近似失重的状态。“10年来，每次我为音乐视频进行创意时，脑子里总会蹦出好几个点子，但我总是告诉自己‘没有什么创意比失重更牛’。”《颠来倒去》仍旧由库拉什和妹妹翠西共同执导，不过现在的他们可比小时候厉害多了。

事实上，OK Go不同时期的MV还反映了音乐视频制作方式的变迁。从《百万种方式》的意外成功开始，乐队便奉行这样一种美学：无论视频多古怪、视觉元素多复杂，必须坚持真人真事，要让大家看到，屏幕上的人就是库拉什、诺德韦德、科诺普卡和罗斯，他们在视频里所做的一切事情都是真的，不是特效。“我意识到，我们需要对自我怀疑进行彻底否定。”库拉什告诉我，“现在要保持自信已经越来越难了，因为数字技术越来越发达，计算机做出的特效越来越真实。我们经常要非常努力地制造一些元素去提醒观众，你们看到的是真的、真的、真的。只有这样，观众才会真心为我们点赞。”为此，库拉什甚至不顾摄影组的反对，允许类似灯光或者移动式摄影车之类的东西留在取景框内。在21世纪，只有你想不到，没有计算机特效做不到的。“如果没有原则地使用特效，还谈什么真正令人印象深刻的创作呢？”库拉什说，“如果我们能够帮助人们看清，有些所谓的电脑奇迹完全可以通过人工努力营造出来，我们就为奇迹的诞生提供了更加肥沃的土壤。”

还记得大导演劳伦斯2002年为乐队拍摄的《共渡难关》MV吗？即便是那样一个简单的作品，观众也能感受到导演刻意营造的宏大和距离感。尤其是当你拿它跟10年后乐队自制的许多视频做对比时，感觉就更是如此。2005年，乐队开启了他们的视频制作奇幻冒险之旅。一时之间，那些为了精致而精致的“高端”作品，反而显得曲高和寡。

其实，我们每个人都是OK Go。好吧，我知道他们是一支摇滚乐队，而我们不是。我的意思是说，粉丝特别喜欢OK Go的MV，很大程度是因为他们知道自己有条件的话，也完全做得出来，因此对这些MV特别感兴趣、特别容易产生共鸣。库拉什的《又来了》难道不是最好的证明？“找来8台跑步机不是那么容易的一件事，但重点不是我们找到了，而是如果碰巧你也能找到，你同样可以打造一个MV。”在视频时代，一支DIY（自己动手做）音乐视频的乐队与一个为自己喜欢的歌曲DIY音乐视频的粉丝之间，差别其实并不明显。这正是粉丝与艺术心心相印的原因所在。换句话说，OK Go的作品人人都做得出来，至少人们感觉是这样。唯一不同的是，乐队的创作力更高，同时能够搞定更加复杂的道具，但谁能说你不可以呢？“如果你能找到一架俄罗斯宇航员训练机，同样可以做出类似《颠来倒去》的东西。”时代不同，规则也已经变了。OK Go不经意地向音乐世界证明，MV不仅仅是歌曲的载体，还是粉丝体验音乐、与音乐互动的平台。

OK Go从一个典型的摇滚乐队，变为一个多媒体创作者团队，这也揭开了人类体验音乐的新模式。乐队为粉丝开拓的音乐体验，绝非一段3分30秒的音频可以实现的。当然，OK Go自始至终都保留着摇滚乐队这一身份，但他们让粉丝感觉亲切，远远没有以往摇滚巨星与粉丝之间的距离感。

技术革新迫使艺术家创新策略，以便跟观众保持步调一致。新技术也让我们重拾音乐活动的参与者身份，正是这种参与感才让音乐成为我们生活中不可或缺的艺术。

努玛努玛

2004年12月，在YouTube正式推出的近6个月前，新泽西州萨德尔布鲁克市的19岁少年加里·布罗斯玛（Gary Brolsma）录制了一个对嘴视频，歌曲名叫《椴树下的爱》（*Dragostea Din Tei*），布罗斯玛在一个论坛发现了它。《椴树下的爱》于2003年发布于罗马尼亚，其演唱者是来自摩尔多瓦的合唱团体O-ZONE，它第二年便传遍了欧洲。歌词是罗马尼亚语，但不会这种语言的网友都称其为《努玛努玛》（*Numa Numa*），因为这个发音在歌曲中出现了很多次。

事实上，在许多人的印象中，布罗斯玛的《努玛努玛》是互联网的第一个病毒视频。十多年后，我们仍会不时听见那个熟悉的旋律。要么是因为广告商偷懒，不想去找比它更酷、更流行的口水歌，于是干脆就它了；要么是因为人们回忆起互联网早期的现象级歌曲，脑海中总会浮现它。美剧《海军罪案调查处》（*NCIS*）中有一个情节，年轻的职员热情地向他们的上司、特工吉布斯介绍《努玛努玛》，还向他解释什么叫病毒视频，而吉布斯却毫无兴趣。这首歌就像一道门，隔开了两代人。2006年，道格拉斯·沃尔克在他的书《信徒》（*Believer*）中写道："每个人看到那个拿着光剑模仿绝地武士的胖男娃都会大笑，每个人都想成为唱《努玛努玛》的那个人，我们都向往那种来自心底、毫不遮掩的喜悦，我们都想在椅子上晃来晃去，对着口型模仿一首完全听不懂的歌曲。"

《椴树下的爱》从未登上过美国排行榜，但对于有些网龄的年轻人来说，它的旋律再熟悉不过了。这在很大程度上要归功于布罗斯玛，正是他的《努玛努玛》让这首歌火遍天下，火到连娱乐界的大腕儿也听过。当我第一次听到有“美国南岸说唱之王”之称的T.I.和天后蕾哈娜合唱的《做自己》(*Live Your Life*)时，几乎从椅子上跌了下来。《做自己》竟然使用了大段《椴树下的爱》的旋律！2008年美国娱乐圈最受瞩目的两个明星的合唱，其灵感却源于一个19岁男孩。当时的我觉得很不可思议，但现在早已恍然大悟。

《努玛努玛》之所以成为第一个病毒视频，并不在于视频里布罗斯玛的表现，而是人人都可以观看并且分享该视频。谁没在自己的卧室里声情并茂地唱过自己喜爱的歌呢？这可是乐迷的共同回忆啊。《努玛努玛》的火爆程度告诉我们，这种共同回忆极具价值，它将我们的经验上升为艺术。每当我们想起这首歌，脑海里就会浮现它的视频。《努玛努玛》获得成功还有一个原因，那就是它将流行音乐文化的创造权力交到了普罗大众的手里，它不再是专业人士的特权，因此观众、粉丝扮演的角色不容小觑。感谢YouTube的存在，粉丝也可以像布罗斯玛那样在自己的卧室演唱《努玛努玛》，然后上传到YouTube，从而把这种个人经验分享给整个YouTube群体，成为粉丝对这首歌的集体记忆的一部分。

诸如YouTube之类的网络平台，很早就在探索如何将个人的日常行为转变为视频艺术，对口型就是方法之一。多年来，在用户制作的音乐视频中，对口型视频占据王者地位，显然观众对其情有独钟。从技术角度讲，对口型类似于我们平常所说的假唱。不同的是，假唱需要歌手先录歌曲，然后再在现场进行唇型配合，对口型则无须预录。说到对口型，我们总会联想到一个设计精美的舞台，一组歌手轮流出现在镜头前，每人负责唱几句，动作、表情浮夸。这种类型的视频起源于2007年，当时风投公司Connected Ventures的员工（分别来自旗下两家子公司CollegeHumor和Vimeo）下了班没事干，便玩起老歌假唱，歌曲是哈维·丹吉尔的*Flagpole Sitta*。他们的视频让成千上万人跃跃欲试，其中有上班族，也有高中生和大学生。2011年，美国《新闻周刊》发表了一篇文章，将密歇根州的大急流城形容为垂死之地。①为了回应这一侮辱，该市关闭了市中心，以便拍摄一个5000多人参与的对口型视频。只见视频中，警察、消防员、体操运动员、一个婚礼派对里的所有人、冰雕艺术家、足球运动员、啦啦队和行军乐队等各行各业的人走上市中心的街头，他们一边游行，一边对口型哼唱唐·麦克林的名曲《美国派》（*American Pie*），共同展现这座城市丰富而美好的生活。有美国第一影评人之称的罗杰·埃伯特（Roger Ebert）将这个视频奉为“有史以来最棒的MV”。

在我看来，对口型这种娱乐方式实在太深入人心。我本人的对口型假唱历史则至少追溯到我9岁的那一年。那时我学会了嘻哈组合Tag Team的成名曲《呜呼！（就是它）》[“*Whoomp！（There It Is）*]，于是便在全班同学面前露了一手。[2]不知道那时的我有没有凭借此举打动哪位姑娘的芳心，反正我自己很陶醉。用喜爱的歌曲来搞笑给我一种很棒的体验。我承认我也可以真唱，但是我更偏爱用对口型的演唱方式表达自己。

YouTube这样的网络平台使得参与和制作对口型视频的人越来越多，这种娱乐方式在流行文化中的地位得到了进一步提升。我刚开始研究YouTube那会儿发现的第一批热门视频当中，就有一个对口型视频，作者是15岁的芝加哥男孩基南·卡希尔（Keenan Cahill）。卡希尔很喜欢“水果姐”凯蒂·佩里的成名曲《花样年华》（*Teenage Dream*），于

① 受2011年美国债务上限危机影响，大急流城的经济大幅下滑。——译者注

是在家用笔记本电脑的摄像头制作了这首歌的对口型假唱视频。视频中的他动作夸张，一双眼睛像是定格在眼镜上……原来，卡希尔生来就患有VI型黏多糖贮积症，但这种罕见疾病恰恰使他的热情和活力更具感染力。视频一炮而红，最后，连水果姐本人都在推特上@基南·卡希尔："给你比心。"随后，艺人纷纷给卡希尔发信息邀他一起合作。说唱歌手50美分（50 Cent）就与卡希尔一起制作了《在我之上》（*Down On Me*）的对口型视频，这首歌的原唱是50美分和歌手杰瑞迈·费尔顿（Jeremih Felton）。接下来的几个月，对口型男孩卡希尔的创作之路一发不可收。他在卧室、客厅和酒店房间里创作了许多对口型视频，合作对象包括贾斯汀·比伯、著名电子舞曲组合LMFAO、全能歌手杰森·德鲁罗（Jason Derulo）、嘻哈歌手里尔·乔恩（Lil Jon）、法国歌手大卫·库塔（David Guetta）、牙买加裔传奇歌手肖恩·金斯顿（Sean Kingston）等，甚至还有传奇性棒球队旧金山巨人队。在卡希尔跟电视真人秀《泽西男孩》（*Jersey Shore*）的知名嘉宾DJ保罗（DJ Pauly D）合作对口型假唱视频后，卡希尔的创作终于成为流行文化的一部分。

对口型假唱连同其他粉丝音乐视频，成为不那么精致的网络音乐世界和精雕细琢的主流音乐世界之间的一座桥梁，这一特殊的形式将两个世界的距离拉得越来越近。

在对口型男孩卡希尔爆红差不多5年后，美国有线电视频道斯派克（Spike）推出了连续剧《对口型假唱大赛》。话说吉米·法伦的《今夜秀》有一个经典环节是邀请大牌明星对口型"演唱"流行歌曲。这个单元太受欢迎，以至于被斯派克相中，单独拎出来做成了连续剧，一问世就取得了成功，成为史上获评最好的剧集，之后陆续出现了十多个海外改编版本。[3]

这个节目的创意其实源于一个司机——一个正在开车的明星司机。一天，著名演员约翰·卡拉辛斯基（John Krasinski）开车载着他的妻子——同为演员的艾米莉·布朗特（Emily Blunt），还有他们的朋友——英国喜剧演员斯蒂芬·莫昌特（Stephen Merchant）。那时，卡拉辛斯基正准备上吉米的《今夜秀》，他便和妻子、朋友一起讨论一些上节目可以用到的搞笑桥段。“要不我们用对口型的方式表演电影《8英里①》（*8 Mile*）中的一个片段？”卡拉辛斯基问莫昌特。[4]后者说：“好啊！不如咱们现在就在车里试试吧！”于是，三人随着莱昂内尔·里奇的《那一夜》（*All Night*）、威尔·史密斯的《轰！震动房间》（*Boom! Shake the Room*），以及黑街合唱团的《不要犹豫》（*No Diggity*），开始在车里表演，肢体动作很夸张。上节目的段子就这么搞定了。那么效果究竟如何？“虽然这个桥段有些老套，可效果依然很好。”卡拉辛斯基在接受《纽约时报》采访时说，“吉米跟我说，‘哦，天，这东西要火’。”[5]

卡拉辛斯基的想法确实谈不上新颖，他只不过利用自己的明星效应将网络流行搬上了电视荧屏。正如《今夜秀》的执行制片人卡西·帕特森在接受《娱乐周刊》采访时所说：“网上掀起的对口型视频流行文化现象，并不是《今夜秀》的杰作。人人都热爱用这种方式表达自我，我打赌泰勒·斯威夫特也会一边开车一边对口型假唱别人的歌。这已经成为当今流行文化的一部分。”[6]

感谢布罗斯玛、卡希尔和卡拉辛斯基将对口型假唱艺术分享给大众。这种艺术形式乍听可能有点儿缺乏原创性，但事实上却极具表现力，也很个性化。这种艺术使我们和音乐之间产生更深刻的互动，这种互动几乎和音乐作品本身一样重要。对口型的重点不在假唱者，也不在

① 1英里=1609.344米。

音乐作品，而是两者之间的互动。它使我们能够将自己钟爱的音乐深深融入日常生活。一个好的对口型视频，口型和画面必须做到完全同步。这意味着，你需要反复听、反复练。正因为如此，这种艺术形式是人们与音乐之间深入互动的真正体现。

从宏观层面看，人们对这种视频的追捧揭示了一种趋势——网友越来越喜欢用自己热爱的音乐来表达自我。YouTube再次满足了这种需求，网友自我表达的中心从卧室、教室、街坊邻里和歌舞厅悄无声息地转移到互联网流行文化的阵地。人们和音乐之间的互动越来越重要，它甚至可以决定一首歌曲的成败。

热门视频的定义

舞蹈老师蒂安奈·金（Tianne King）在教课时发现，学生的目光经常不自觉地被她两岁的女儿希文·金（Heaven King）吸引。原来，当妈妈在教课时，小希文便在一旁边看边学，并由此掌握了所有的舞蹈动作。后来，蒂安奈开始在她的YouTube频道发布和女儿一起跳舞的视频。网友和她的学生一样，也特别爱看小希文跳舞。这些视频越来越受欢迎，母女俩甚至受著名脱口秀主持人艾伦·德詹尼斯之邀，在《艾伦秀》秀了一把舞艺。这个视频在网上的浏览量近一亿次。但说起蒂安奈和小希文在流行文化中真正值得称道的一笔，则是几年后与亚特兰大一位17岁说唱歌手里奇·霍克（Ricky Hawk）的合作。

霍克还在读高中的时候便因能歌善舞而小有名气。2015年1月，他和制作人发行了单曲《看我跳舞》[*Watch Me*（*Whip / Nae Nae*）]，歌词涉及很多舞蹈动作的名称，比如，歌词当中的Whip和Nae Nae在英语俚语中都是嘻哈舞步的意思。霍克用艺名Silentó发行了这首单曲，与其他歌手的惯例不同，此后长达6个月的时间，他都没有为这首歌制作MV。其实，他也完全不需要亲自上场，因为网友已经为他制作了无数个版本。

原来，霍克以独立发行人的身份和舞蹈网站DanceOn一起，推出了活动“#看我在DanceOn跳舞”（#WatchMeDanceOn）。DanceOn成立于2012年，由活跃在YouTube上的1200位舞者联合建立。[7]这一活动号召网友根据霍克的单曲录制自己的舞蹈视频。很快，这首歌蹿红了，无数专业舞者和草根人士纷纷加入制作大军，他们创作的视频吸引了数以亿计的浏览量。2015年6月，霍克和他的团队终于发布了这首单曲的官方MV，摘录了很多网友创作的舞蹈视频片段，其中就包括当时已经5岁的小希文，她的舞蹈是妈妈为她特意编排的。小希文还出现在霍克的片段里，和他一起热舞。最终，母女俩的合作作品成为2015年YouTube最热门的视频之一。一年之后，霍克公司发行的官方MV在浏览量超10亿次的视频排行榜中仅仅名列第29位。不过，霍克认为，这首歌的流行的确离不开DanceOn的活动，网友的作品使这首歌成为一种文化现象，它不再是一首默默无闻的嘻哈舞曲。

尽管舞蹈类的娱乐形式在主流媒体上早已占据一席之地，但是YouTube这样的网络平台似乎将这种艺术形式推向了新的高度。为什么？每个人都可以通过互联网秀出自己的舞步，随后被其他网友分享、模仿、超越。从这个意义上讲，网络平台上的竞争程度相较于传统媒体其实更加白热化，只有真正有才华的人才能从竞争当中脱颖而出。更为重要的是，像YouTube这样的网站让我们与流行音乐互动的方式更加多样化、更积极主动。“#看我在DanceOn跳舞”及其衍生出来的一系列文化艺术成果便是很好的例证。[1]在视频时代，一支欢快的流行舞蹈不仅可以使歌迷以一种更加积极的互动方式融入一首新发布的歌曲，它们还真正打响了歌曲的知名度。

2011年，欧美流行音乐排行榜的龙头老大《公告牌》(*Billboard*)针对YouTube推出了一个排行榜。2013年2月，《公告牌》又将YouTube的流媒体数据引入其著名的百强单曲榜。这一举动意味着百年老牌音乐排行榜也不得不重视影响力日益增大的流媒体，在衡量歌曲的受欢迎程度时，将其在网络空间的反响也纳入考量标准。

时间倒回到2013年2月的前几个星期，19岁的大学生、YouTube红人“肮脏的弗兰克”(Filthy Frank)和几个朋友在一块儿玩，其中一人开始播放一首舞曲，创作者是纽约布鲁克林某个不知名的DJ。当节拍响起的时候，几个人开始随着音乐疯狂摇摆。于是，弗兰克想制作一个视频重现当时的场景。画面里，他们全都身着五颜六色的连体紧身衣。澳大利亚一群年轻的滑板运动员看到这个视频后不久，便制作了一个新版本。第一个镜头里，一个戴着摩托车头盔的人站在房子中间，向前抽送着臀部，而其他人则坐在周围，静静地看着他表演。突然，节拍响起，镜头跳转，一个只穿内衣的人正在跳舞，还有一个人站在一把椅子上甩动他的屁股。一时间，全世界的人都开始模仿这段舞蹈，这就是席卷全球的“哈林摇”(Harlem Shake)。罗恩·埃里克森(Rawn Erickson，迪士尼公司旗下Maker Studios的创始人之一)和他的同事，也录制了一个“哈林摇”视频，拍摄地点选在洛杉矶公司的巨大办公室

---

[1] 此外还有酱爆弟弟的《就酱跳》(*Crank That*)和巴西里约热内卢放客组合MC Federado & Os Leleks的神曲*Passinho Volante*(*Ah Lelek Lek Lek*)。这首游弋在主流媒体之外的神曲，其走红全是许多住在贫民窟的人上网传播之功。

里。为了搞怪，罗恩用塑料袋和胶带把一个同事五花大绑，此人随着音乐的扭动看上去格外令人不适。一个星期后，几乎每家硅谷的公司都有了自己的“哈林摇”视频，其舞蹈动作一个比一个“不堪入目”。[①]

“哈林摇”在YouTube爆火，我也成为它的观众（这里需要说明一下，绝大部分的人跳的都不是正宗的“哈林摇”，这让我的纽约同胞有些失望）。到2013年2月中旬，每天会出现一万个“哈林摇”视频，参与者包括大学的游泳队、陆军和海军军官学校的学生，还有婚礼派对上的来宾。乐队“马特和金”（Matt and Kim）在他们的演唱会上和粉丝一起贡献了一个“哈林摇”视频。最受欢迎的版本由挪威军队的一群军人拍摄，它的观看次数已经破亿。就连迈阿密热火队球星勒布朗·詹姆斯（LeBron James）、德怀恩·韦德（Dwayne Wade）连同其他队员也来凑热闹，在球队的更衣室拍了一段“哈林摇”。每一个大洲都被卷入了“哈林摇”的热潮（有一个视频拍摄于南极洲沿岸的南冰洋，姑且把它划分到南极洲吧）。还有人因为拍摄“哈林摇”视频丢掉了工作，一群矿工因为拍摄视频违反了安全生产协议，被起诉了。截至目前，YouTube上已经有超过200万个“哈林摇”视频，累计观看次数30多亿。

对整件事情感到最莫名震惊的人恐怕就是“哈林摇”的原曲作者、布鲁克林的那位DJ——鲍尔，真名哈里·罗德里格斯（Harry Rodrigues）。他23岁，是一位迷幻风格音乐制作人。鲍尔在其位于威廉斯堡的公寓里创作了这首曲子，他将这次创作形容为一次“愉快的意外”，之后把它发布到网上。随后，美国著名说唱歌手、DJ、制作人迪

① 其中一个视频是YouTube在加利福尼亚州圣布鲁诺的总部拍摄的，但它实在太污了。我花了很长时间游说众人不要将它发到网上，我真怕他们难堪。

波洛（Diplo）的唱片公司Mad Decent买下这首曲子的版权，它在一些特定人群中火了一把。这首舞曲只有两句歌词，其中的一句便是“跟我一起‘哈林摇’”。它的曲调选录自说唱乐队Plastic Little10年前的一首老歌，鲍尔想不通为什么这句歌词能像圣旨一样，让无数人跟着音乐“哈林摇”。虽然鲍尔是舞曲作者，但他却拒绝“哈林摇”，他不想靠这种方式走红，他也不想上节目《早安美国》。“现在，我总算体会到作为一首爆红网络歌曲的作者是什么滋味了。说实话，这鬼经历我再也不想有第二次了。”鲍尔在接受小众音乐网站Pitchfork的采访时说。[8]

虽然鲍尔不想搭乘“哈林摇”的顺风车，但这并不能阻止“哈林摇”前行——《公告牌》发布YouTube百强单曲榜的当日，他的作品便出现在榜首，这使鲍尔成为《公告牌》史上第一位不被大众熟悉的榜首艺术家。这首歌在榜单上停留了整整36周。《公告牌》杂志的编辑部主任比尔·韦尔德在公司声明中说：“如今，流行的定义随时都在改变。”为了更好地判断何为流行，《公告牌》才将流媒体数据引入排行榜，然而就在第一个星期，它就揭示了一个惊人的发现：人们与音乐之间的互动，已经改变了流行的定义。

无论是《看我跳舞》，还是《哈林摇》，它们的走红并不在于歌曲本身，而是它们引发的观众和歌曲之间的互动。与其说它们是歌曲，还不如说它们是一个平台。在这个平台上，粉丝可以在歌曲的基础上进行再创作。[①]

这种流行文化趋势向我们透露了什么？视频在我们和音乐互动的过程中，看似微不足道，其实潜力巨大。我们正在创造新的音乐体验

---

① 2016年《公告牌》百强单曲榜的前40名中，至少有三首歌曲的上榜都是因为扮演了和《看我跳舞》或《哈林摇》类似的角色。

（也许同时也在回归原始的音乐体验）。在这种体验中，跟着歌曲唱歌或跳舞已成为核心环节，不再是人们欣赏音乐时的助兴。今天，全世界最红的明星们也开始利用互联网，发布视频、分享图片、和粉丝对话，并将这种体验融入自己的艺术创作。

单身女郎

视频时代，有5位天后级巨星（倒不一定是单身）巧妙地利用了艺术家、粉丝、音乐和艺术作品之间的关系，为她们所处的时代创造了最棒的音乐体验。她们的故事各有不同，但都离不开粉丝的创意以及与粉丝的互动。

Lady Gaga

2004年最火单曲是亚瑟小子（Usher）的专辑主打歌《耶！》（*Yeah!*）。在这首歌里，亚瑟反复唱着“耶”，背景则传来合作人嘻哈巨子里尔·乔恩的喊声——“啥”“好”。在那时，流行歌手和前卫歌手很难存在于一人身上。然而几年之后，Lady Gaga却做到了，她发动了社交媒体工具和她的粉丝军团“小怪兽”的力量。

2008年，Lady Gaga的首张单曲及专辑的销量开始下滑。于是，她召集了一帮好友集思广益。“我打电话叫了我所有最酷的艺术家朋友。”[9]Lady Gag回忆说，“我告诉他们，我想让我的脸颊发亮，或者我的手杖发亮，或者特制一副超炫的太阳镜。”这些朋友后来成为Lady Gaga的创意团队，取名“Gaga之家”（Haus of Gaga）。这些设计师、造型师和艺术家包揽了Lady Gaga的各种演出，从世界巡回演唱会到2010年MTV音乐录影带颁奖礼（当时，Lady Gaga穿了一件侧腹牛排制成的战服）。

2009年的MV《罗曼死》（*Bad Romance*）是“Gaga之家”第一个真正意义上的杰作，它将视觉元素和音乐完美结合。发布当月，便成为互联网点击量最高的音乐视频。“2008年夏，我刚刚完成了高一的学习。我在一个家庭派对上听到了《舞力全开》（*Just Dance*）这首歌。”2016年，一位铁杆“小怪兽”对杂志《尼龙》说，“虽然当时我就喜欢上了这首歌，但是直到我看到它在YouTube上的MV，才爱上它。”这些作品的影响力已经超越了普通的MV。“Gaga之家”制造的一切创意变成了一种精神食粮，滋养了活跃在社交媒体上的粉丝，也滋养了社交媒体平台。粉丝一遍又一遍地分享、解剖、重播这些视频，他们变成了Lady Gaga的合作人，社交媒体主页上全是关于Lady Gaga的最新创作（值得一提的是，Lady Gaga的许多粉丝本来就特别喜欢艺术）。他们还将她的美学和音乐融入自己的视频、艺术、设计之中。这样一来，Gaga精神似乎无处不在。2011年，Lady Gaga在接受采访时谈到了她的“Gaga之家”：“我从很多角度看待我的作品，它既像一部时尚合辑，又像一部没有故事的电影。其实，有没有故事根本不重要，因为我的粉丝自会创造故事。”[10]

在Lady Gaga的号召下，“小怪兽”迅速成长为互联网最有影响力的粉丝团之一。这群“小怪兽”跟我学生时代那些痴迷男孩团体的狂热粉丝不同，他们并不是简单地崇拜她，而是以她、她的创意、她的艺术观为中心建立了一个创意社群。歌迷和“Gaga之家”一道，将音乐、视觉艺术以及社交媒体的力量结合起来，挑战传统，拥抱前卫。如今，想要复制Lady Gaga缔造的文化现象几乎是不可能的，然而粉丝和艺术家通过在线视频和社交网站等进行的互动却从未停歇，正是这种互动让那些很可能只是昙花一现的作品成为流行音乐界的一个永久烙印。不知是否为了强调这一点，Lady Gaga在她的手臂上文上了“小怪兽”这几个字。

凯蒂·佩里

说到如何创作人们喜爱的音乐视频，娱乐圈大概很少有人能与“水果姐”凯蒂·佩里争锋。自2008年以来，凯蒂的官方音乐视频已经累积了超过100亿的观看次数。她不仅真正懂得如何运用线上媒体和粉丝互动，而且是第一批这么做的大明星之一。凯蒂喜欢用她自己的社交媒体账户分享幕后时刻，回复粉丝或者讨厌自己的人，为有意义的事情发声，分享自己喜爱的音乐和视频，还喜欢开玩笑。难怪她成为推特上受关注人数最多的名人。

2010年，凯蒂推广了一种非常重要的视频形式：歌词视频。这种形式的视频可以让粉丝与音乐更深入地互动。顾名思义，歌词视频就是以歌词为视频内容的音乐视频，它往往最先由歌迷发布，作为与他人分享自己所爱音乐的手段，尤其是当某首歌还没有官方音乐视频的时候。有时，歌迷也会自制这种视频表达他们对某个歌手的崇敬。最早使用这种视频的专业人士往往是宗教乐队和歌手，而凯蒂是第一个发布自己歌曲官方歌词视频的流行明星。自2010年初开始，她陆续发布了单曲《花样年华》和《加州女孩》的唱片公司官方歌词视频。[①]这些视频产

---

① 当然，你也可以说1965年鲍勃·迪伦（Bob Dylan）为《隐秘的乡愁布鲁斯》（*Subterranean Homesick Blues*）这首歌创作的标志性短片才是第一个广为人知的歌词视频。对，就是迪伦将提词卡一张一张地往地上扔的黑白视频。该视频的创作灵感源于彭尼贝克的电影《别回头》（*Dont Look Back*）的开场，被认为是传统MV的先驱。

生了不小的后续效应。脸谱网上有一个搞笑动画的灵感就是源自《如梦初醒》(*Wide Awake*)的歌词视频。而《恶搞周五》(*Last Friday Night*)的歌词视频则戏谑了凯蒂粉丝爱使用绘文字(emoji)表情符号。凯蒂及其团队将歌词视频发展成了一种别出心裁的娱乐方式,更重要的是,它们成为粉丝融入音乐的一个重要工具和通道。

唱片公司官方发布的歌词视频正好迎合了活跃在互联网的歌迷的需求,它在流行单曲的推广中扮演着重要的角色。艺术家及其唱片公司首先为歌曲制作一个官方版的歌词视频,然后发布到YouTube这样的网络平台,当它成功获取一定的关注度后,才会制作音乐视频。歌词视频还能保持歌曲的流行度,歌迷可以轻松分享视频,和他人讨论歌曲。2015年,不少歌手还会在发布歌词视频之前,来一个预告片为其造势。贾斯汀·比伯为他的单曲《你是什么意思?》(*What Do You Mean?*)发布了5个视频,其中包括预告视频、歌词视频和正式的音乐视频。

当然,歌词视频还有一个作用大家都知道——帮助歌迷学歌词。不然,你以为那些对口型假唱视频是怎么做出来的?凯蒂曾在一则发给歌迷的消息中表达她对歌词视频的看法:“嘿!好好学习歌词,亮瞎你派对上的所有朋友。”她说得没错。[11]

歌词视频就是为了方便粉丝与喜爱的歌曲进行互动而存在的,这种互动既存在于线上,又存在于线下。从前,只有歌迷才会去做歌词视频,而现在它已成为流行音乐不可或缺的一部分。多亏了凯蒂,要不是她敏锐地察觉到歌迷需要什么样的流行音乐体验,我们恐怕看不到那么多精彩的歌词视频。

碧昂丝

碧昂丝的音乐及其席卷全球的影响力几天几夜也说不完，从史诗般的蓝调专辑《柠檬特调》(*Lemonade*）到经典单曲《单身女郎》(*Single Ladies*)，太多的传奇难以一一尽数。坦白说，连我都对《单身女郎》MV的舞步了如指掌。我的意思是，我可以准确地告诉你这支舞该怎么跳，而不是……我来跳。不过，我最想关注的是碧昂丝如何成为视频时代当之无愧的创意女王。YouTube等网络平台储存了来自世界各地的创意资源，如果善加利用，我们可以塑造流行文化，影响最知名的艺术家。

2011年，碧昂丝和她的编舞指导小弗兰克·盖特森（Frank Gatson Jr.）花了两个多月的时间寻找她在YouTube上发现的一个莫桑比克舞蹈团——Tofo Tofo。功夫不负有心人，她找到了舞蹈团的两名成员科维拉和萨维陀，并在两位的指导下完成了《运转世界》[*Run the World*（*Girls*）] 的MV中那惊为天人的"潘苏拉"（Pantsula）风格舞蹈。①第28届MTV音乐录影带大奖现场，盖特森领取了最佳舞蹈设计奖，他发表了感言："常言道，予人玫瑰，手有余香。我们希望和更多有创意的新人分享创意，分享光芒。我觉得，这一次我们真的做得很好。再一次向Tofo Tofo舞蹈团致敬，他们是独一无二的。"[12]

碧昂丝最杰出的MV，至少在我看来，是2014年的单曲《7/11》。这个视频跟《运转世界》完全没法儿比，后者由弗朗西斯·劳伦斯执

① Pantsula一词是祖鲁语（南非第一大民族语言），意为"如鱼得水地摇摆"。这种风格的舞蹈特征是飞快地踢腿、扭动、交叉、旋转，同时严格遵循节奏。——译者注

导，在加州莫哈韦沙漠取景。《7/11》也无法和《单身女郎》比，后者的制作团队就有40人。《7/11》的亮点在于它是用智能手机——三星Galaxy Alpha拍摄的。在这部音乐视频中，碧昂丝褪下女神华丽的外衣，和她那群天才御用舞者在位于洛杉矶的一座公寓的阁楼嘻哈打闹。这种一改常态的风格，从本质上说，体现了女神对YouTube的敬意。

2014年早些时候，碧昂丝看到了音乐家加里·瓦伦西亚诺（Gary Valenciano）的儿子、菲律宾专业舞蹈演员加布里埃尔·瓦伦西亚诺（Gabriel Valenciano）拍摄的一个短片，并为其所吸引（老实说我也是）。加布里埃尔在自家拍摄了一组傻兮兮的镜头，他称之为《超级自拍》（*Super Selfies*），它们完美展现了他的个性和舞蹈风格。这个视频在YouTube和Instagram（社交软件“照片墙”）上走红了。碧昂丝的团队看到后很感兴趣，便与加布里埃尔取得了联系。碧昂丝看过这些视频以后，表示她也想尝试这一风格，于是加布里埃尔成为碧昂丝团队的顾问，随后《7/11》诞生了。在许多音乐专业人士的心目中，《7/11》是2014年最好的MV之一。

尽管《7/11》是从加布里埃尔的视频当中汲取灵感，但是碧昂丝利用自己的风格和个性对其进行了创新。所以即使你可以在《7/11》中找到《超级自拍》的些许影子，但它依然让人耳目一新。这个视频的创意虽然人人都可以模仿，但是它永远不可能被复制。在碧昂丝众多的MV中，《7/11》独树一帜，但它和其他作品一样，让你感觉这就是百分之百的碧昂丝。

麦莉·赛勒斯

麦莉·赛勒斯从一开始就知道如何扮演一个横跨电视、网络等多媒体平台的名人，也许因为她是伴随着YouTube这一代年轻人成长起来的第一个流行明星。早在2008年，麦莉就试图摆脱迪士尼时期电视剧《汉娜·蒙塔娜》(*Hannah Montana*)为她塑造的清纯美少女形象，但那个时候的她也还不至于把头发漂白，成为一个彻头彻尾的金发疯婆子。她和好友曼迪·吉鲁克斯在YouTube上开了一个名为《麦莉和曼迪秀》(*The Miley and Mandy Show*)的系列播客。就像当时其他的青少年视频播客一样，两个人经常在卧室里拍摄视频，内容包括讲笑话、回答网友问题、跳舞等。那一年，《舞出我人生2》(*Step Up 2*)的导演朱浩伟和演员、舞者亚当·塞凡尼向两位美少女发起了尬舞[①]挑战。于是双方你来我往，制作并发布了许多舞蹈视频。渐渐地，关注这场挑战的青少年粉丝越来越多，他们编排的舞蹈也越来越精细。最后，这场小范围的尬舞演变成为一场舞艺竞赛，许多当红艺人，如查宁·塔图姆、亚当·桑德勒和林赛·罗汉等，都纷纷加入。

麦莉如此轻松地便成为一个潮流的引导者(这场尬舞原本是想宣传一部电影)，她的故事告诉我们，作为视频时代的明星，他们无须学习使用一种新媒体，但必须适应它。你可能已经预测到了，在未来几年，麦莉将继续对互联网产生巨大的影响。麦莉确实制造了许多轰动一时的话题，有一阵互联网上风行的电臀舞也有她的参与，这一点可能出乎你的意料。2013年3月20日，麦莉发布了一段黑白录像。视频里，她身着一套独角兽连体睡衣，随着饶舌歌手弗洛·里达和J.达西的歌曲《意大利佬》(*WOP*)，对着镜头狂甩臀部。短短几个月之后，麦莉再一次向世人示范了如何在互联网掀起轩然大波。在《爱情破坏球》

① 尬舞指的是源于美国的街舞对抗，是闽南话“较舞”的变音。——编者注

（*Wrecking Ball*）的视频里，她全裸坐在一个大铁球上。视频在其发布的24小时内便引发了超过2000万次的浏览量，成为当时最热门的首发视频之一。我记得很多同事都说，麦莉似乎要全力以赴去提高自己在互联网世界的知名度，我完全同意！无论好坏，麦莉受到的关注噌噌上涨。从她身上，我们可以看到互联网主流名人（还有独角兽连体睡衣）的影响力。

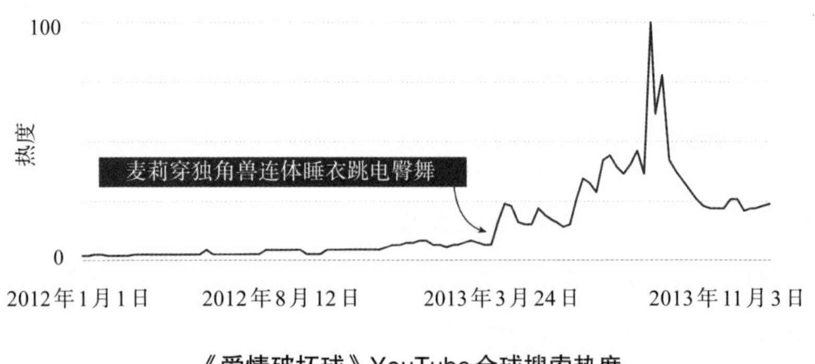

《爱情破坏球》YouTube全球搜索热度

卡莉·蕾·吉普森

尼克国际儿童频道（Nickelodeon）播出过一部美剧叫《与梦随行》（*Big Time Rush*），捧红了参演的同名男子组合。2012年2月，组合成员卡洛斯·贝纳在他的YouTube频道发布了一个清晰度较低的对口型假唱视频，似乎是用笔记本电脑的摄像头在厨房拍的。画面里出现了贝纳和一起玩的三位朋友——贾斯汀·比伯、赛琳娜·戈麦斯和阿什丽·提斯代尔。他们的对口型歌曲叫《有空电我》，演唱者是加拿大歌手卡莉·蕾·吉普森（Carly Rae Jepsen），26岁。这首歌当时在美国还没走红，不过比伯说这是他听过“最朗朗上口的一首歌”。[13]比伯的经纪人斯库特·布劳恩也注意到了卡莉，于是后来成了她的经纪人。

多亏这几位的对口型视频，《有空电我》开始在美国走红。在正式MV发行之前，那群年轻的当红明星通过DIY假唱视频传达出这样的意义：这首歌就是要跟朋友一起唱。多亏了视频时代，跟好友一起唱歌成为一种具有社交性质的创作方式。贝纳和三位好友亲自向粉丝示范①：找你的朋友一起，拿起相机，对口型唱《有空电我》。接下来的几个星期，世界各地的网民——美国橄榄球迈阿密海豚队的啦啦队、美国奥林匹克游泳队、美剧《生活大爆炸》（*The Big Bang Theory*）的主演、阿富汗的一群士兵、水果姐和她的朋友们——都加入了假唱大军。其中有一个版本，是春假期间哈佛大学棒球队在去比赛的途中制作的，视频里几个大男生发出了少女的声音，在网络疯传。

贾斯汀·比伯说得没错，《有空电我》真的很上口，全世界都在唱它，很快它便出现在美国各大音乐排行榜。在2012年《公告牌》发布的榜单上，它名列第二（第一名是戈季耶的《最熟悉的陌生人》）。[14]有这么多巨星加盟，《有空电我》不火才怪。除了《有空电我》之外，还有不少歌曲也是被粉丝捧红的，然而卡莉却是最早尝到甜头的那几个人之一。《有空电我》为粉丝打开了一道独特的文化大门，如今，从这道门里走出来的明星越来越多。原来，在视频时代，朋友之间简单的玩耍逗乐都可以丰富音乐文化。

作为一名流行歌手，卡莉也想参与到对口型潮流之中。她打算请一位男演员为她的下一张专辑的主打歌《真心喜欢你》（*I Really Like You*）拍摄对口型假唱视频。她的经纪人在和一位朋友吃晚餐时提起了

---

① 他们本来就是青少年偶像，估计做什么都会被青少年模仿。

这件事。“为什么不问问我呢？”这位朋友说，“我愿意一试。”这位朋友说到做到，他的名字叫汤姆·汉克斯（Tom Hanks）。[15]

在国际空间站执行了5个月的任务后，太空员克里斯·哈德菲尔德（Chris Hadfield）准备返回地球。在他离开之前，他发布了一个MV，翻唱了戴维·鲍威（David Bowie）的《太空怪人》①（*Space Oddity*）。这是史上首个“飞”入太空的MV，视频中，这位加拿大宇航员在国际空间站里唱着歌，看着他的那颗蓝色星球，还时不时地弹奏一下吉他。这个画面和鲍威的《太空怪人》配合得十分完美，如果鲍威那时候能制作MV，大概就是这个样子。“这是最能打动我的版本。”鲍威在脸谱网上分享道。这个视频在2013年5月发布的时候便引起了很大轰动。2016年1月11日，鲍威去世了，它又被观看了100多万次。克里斯曾经写道：“他（鲍威）定义了外太空、内在自我和一个迅速变化的世界，这三者一起影响了整整一代人。我在国际空间站翻唱《太空怪人》，就是为了它能去它本该属于的地方——太空。我想让人们体会到，我们的文化已经超越了我们所生活的星球。”

克里斯的翻唱视频赋予了《太空怪人》新的意义。虽然这个例子比较典型，但不可否认，类似的案例每天都发生在我们身边。约翰·菲利普·索萨如果还活着，应该会

① 克里斯的儿子埃文在地球上完成了视频的编辑。

拒绝体验假唱或者“哈林摇”，但即便如此，他恐怕不会再用“枯燥乏味、没有灵魂”这样的字眼去形容网友创作的这些视频。视频时代，任何人都可以在任何地方分享自己的音乐体验（无论我们是在海底，还是在外太空，无论我们是做假唱视频，还是做Lady Gaga的脸部化妆教程），这具有重大的意义。艺术家如果想要与时俱进，就必须适应潮流，在预测受众将会如何体验音乐的基础之上，将声音与视觉有效结合。

我并不是说纯粹的、听觉意义的音乐体验已经死亡，事实上，它正在蓬勃发展。尼尔森数据显示，2016年美国人在音乐领域的消费创下历史新高，这个数字背后的主力是收费音频。超过90%的美国人，也就是说，几乎我们所有人，每周花费超过25个小时听音乐，其中大部分都是音频。[16]但是，视频已经从单纯的宣传手段变为现代音乐的重要组成部分，每个粉丝都可以参与其中并贡献自己的创意。在这一过程中，音乐的定义再次被扩大，受众的体验被纳入其中。不过，音乐行业可不是唯一从YouTube汲取灵感的媒体产业。

第五章

广告的最高境界是娱乐大众

克雷格·艾伦和埃里克·卡尔曼是一对年轻的搭档。在广告文案界，他俩凭借古怪刁钻的喜剧风格闯出了一番名堂。就拿艾伦在2007年为玛氏彩虹糖（Skittles）策划的一个广告来说吧，糖果在大多数人的想象中是甜蜜的，他却偏偏写了一个忧伤、幽默的文案。[①]后来，他们在俄勒冈州的波特兰开了一家广告公司Wieden + Kennedy（简称W+K）。2009年，日用品巨头宝洁公司（P&G）请W+K为旗下男士身体护理系列“老香料”（Old Spice）打造一个电视商业广告。根据宝洁当时的市场调查，购买身体护理产品的大多数是女性，而非男性，因此，宝洁要求做出来的广告一定要非常吸引女顾客，但又不能让男顾客排斥。

艾伦和卡尔曼有且只有两天时间创作老香料文案，而且宝洁公司

---

① 艾伦和卡尔曼甚至还想为NBC的王牌节目《周六夜现场》创作段子，以此进军娱乐圈。当时卡尔曼有一个搞即兴表演的同学名叫威尔·福特，在《周六夜现场》做新人，二人便找到福特咨询意见。福特觉得这两个人疯了，写广告比写喜剧段子赚钱。此外，像《周六夜现场》这样的深夜电视节目需要嘉宾具有犀利的观点，而广告界则更需要聪明、幽默的创作人。

很可能将它投放在2010年的超级碗比赛中。在构思的时候，两人发现了一个问题：所有的广告基本都是在向观众灌输产品信息，这种交流是单向的。他们想创作一个互动性更强的电视广告。他们冥思苦想，直到艾伦写出了一行广告词："你好，女士们。看看你的男人，再看看我。再看看你的男人，再看看我。"卡尔曼觉得这个点子不错，于是写了下来，只做了一些小改动。第二天，他们就把初稿交给了创意总监。

2009年的冬天，那个后来被人津津乐道的老香料广告——《闻起来像个男人》（*Man Your Man Could Smell Like*）正式开拍了，主角是名不见经传的演员、前足球运动员以赛亚·穆斯塔法（Isaiah Mustafa）。拍摄过程一地鸡毛，艾伦回忆说。虽然穆斯塔法的表现很棒，但现场出了无数幺蛾子。有一次，搭建的浴室突然倒塌，站在附近的艾伦还差点因此丢了小命。为了剪辑出一个32秒的广告，他们在两天之内拍摄了60多个镜头，可技术问题实在太多了，一会儿道具出现的时间不对，一会儿镜头里面的马又没表现好，最后只有三个镜头可以用。

对于许多人来说，《闻起来像个男人》绝对是那一届超级碗最令人印象深刻的广告。尽管宝洁公司选择在开赛前的休息时间就播出了这支广告，但是它仍旧以势不可当之势从电视一路火到网络。艾伦告诉我："我们一直都有把广告发布到网上的习惯，但是从没想过广告视频也可以成为病毒视频。倒不是我们不愿意，而是，你知道，这只是一个广告。人们不会专程跑去上网看广告。"他们预估错了。事实证明，人们很喜欢这个广告，在发布后的最初几个星期，数百万人上网搜索这个广告，观看并且分享了它。《闻起来像个男人》最终成为2010年的YouTube浏览次数最多的视频之一。

除了专门上网搜寻并收看该广告，观众还做出了另一些出乎制作团队意料的事。他们制作了无数《闻起来像个男人》的恶搞视频。这些视频当中的主角有大学生、职业运动员，还有《芝麻街》里的卡通角色葛罗弗。“这个结果大家都没预料到。”艾伦说，“我们、广告公司、客户，谁都没有遇到过这种情况，大家都不知道怎么应对。”从某种意义上讲，这些恶搞视频扭曲了品牌形象，侵犯了知识产权，还故意将广告的注意力从核心信息转移到别的地方。但艾伦和W+K说服大家要对这种现象采取包容和鼓励的态度，而不是去打压。“我们看得很开，千万别跟互联网瞎较劲儿，否则有你生不完的气。”艾伦告诉我，“无论我们怎么解释、怎么抗议，都敌不过强大的互联网和众多的网民。”

广告发布后的几个月，老香料的男士沐浴产品以及体香剂的销量一路上涨，上涨率从个位数跳到十位数。[1]由于销售势头实在喜人，因此，当W+K向宝洁提出做一个相关的网络营销活动时，宝洁高层想都没怎么想就同意了。根据策划，W+K将为广告男主角、穆斯塔法扮演的那位黑人帅哥开设一个推特账号，名叫“老香料猛男”（Old Spice Guy）。活动期间，猛男将在推特上与网友互动，收集网友提出的各种问题。如果网友的问题被选中，猛男将在推特上发布一段小视频作为回复，由穆斯塔法真人出镜。这个活动蕴含了不小的风险：一方面，团队无法预测是否会有网友前来提问，活动可能会落入无人问津的尴尬境地；另一方面，保洁公司的人没有时间审核猛男的回复内容，因为必须即时回复，不能让网友等太久。不过，这个活动的成本很低，另外，即使失败了，人们很快也就忘了。“一开始我们觉得能有15个人提问就不错了。”艾伦说。网络营销活动的开展方式与传统的广告完全不同。“在创作《闻起来像个男人》时，从创意到拍摄完成一共用了一个月，然而这一次，我们在两天之内制作了183个回复视频。”艾伦笑着说。虽然这183个视频不必像电视广告那样精益求精，可噱头必须得足。活动期间，卡尔曼和其他文案人员围坐成一个圆圈，互相传阅彼此针对网友提问写出的回复，一旦某个方案得到了某一个人的认可，这段文字就会马上被输进穆斯塔法面前的提词器，随后穆斯塔法便会根据文案进行表演。通过这种方法，有时一个视频从构思到拍摄完成仅花5~7分钟。活动上线第一天，反响平平，但第二天，很多名人、知名博主和大量粉丝纷纷向老香料猛男抛出各种各样的问题。当著名新闻网站"掘客"（Digg）的创始人凯文·罗斯在推特上抱怨自己生病了的时候，猛男通过视频回复他："你好，凯文。你怎么样了？希望你快点好起来。我从来没有发过烧，因为我的身体98%都是由肌肉组成的，肌肉不会生病。还有1%是我的耳朵，它们是软骨。"[①]虽然老香料广告已经很成功了，但是这个互动型的网络营销活动却实实在在得到了观众的真心关注。今天，类似的案例已经屡见不鲜，但在2010年，它就是一个神话。

艾伦发现，猛男网络营销活动之后，许多广告客户转变了态度。以前，一些客户不敢冒险尝试网络营销，如今他们开始认可这种新的营销渠道。他们认识到，网民越来越多，人们花在网上的时间也越来越多。随后，老香料又推出了不少非正式营销活动，其中最古怪的要数《迪肯贝·穆托姆博之四周半拯救世界》（*Dikembe Mutombo's 4 1/2 Weeks to Save the World*），这是艾伦的又一杰作。这是一个16位元像素风格的电子游戏，NBA前明星、人称"穆大叔"的迪肯贝·穆托姆博（Dikembe Mutombo）作为第一人称角色肩负保卫地球的重任，他进行了一系列荒谬的通关挑战，每一个关卡都加入了网络段子。

① 我也注意到98%加1%不能凑成100%，但我很快意识到，用严谨的数学或者科学定律来解释这位猛男是行不通的。

该游戏由欧美著名的独立游戏开发者亚当·萨尔茨曼（Adam Saltsman）牵头制作，他读完游戏任务书后给员工发了这样一封邮件："大家好，我看完任务书了。我们要制作的这款游戏，其风格类似于《忍者蛙》（*Battletoads*）。想象你背着一个喷气式背包，在一个喉咙里做自由落体运动。这个喉咙通向美国之心，也就是民主。你会看到喉咙壁上有许多突起，上面站着跳舞的人。他们都是受到《江南Style》的蛊惑，只顾跳舞而不关心国家大事的人。你要用随身携带的选票砸向他们，同时避免被沿途掉下的舞厅闪光灯球砸中。在美国之心，你将决战这一关的Boss——俄亥俄州，历史上最著名的摇摆州。好了，有什么问题吗？"

这样的视频游戏还有不少，它们的诞生都得感谢老香料。其实，老香料改变了整个广告界的行业观，广告人纷纷认识到网络在营销活动中的地位。"这是我们第一次看到，广告的最高境界并不是销售商品，而是娱乐大众。"艾伦回忆，"基本上，老香料广告改变了一切。"

这次活动还反映出消费者和产品生产商之间关系的变化。在YouTube和其他社交媒体平台上，许多品牌想方设法地与消费者进行真诚、有意义的沟通。"但我认为，很多人，特别是品牌方，并不尊重互联网。"艾伦说，"这样的例子不胜枚举。当一个品牌试图把目光转向互联网并跟网民进行互动的时候，那种感觉不像是平等的沟通，倒像一个40岁的父亲居高临下地对待他那读中学的孩子。"对艾伦来说，尊重网络意味着把互联网看作合作的平台，一个激发创造力的互惠互利的地方，而不仅仅是一个销售渠道。"卡尔曼和文案人员围成一圈进行创作的方法之所以奏效，是因为他们相互尊重，他们相信群策群力。我们同样尊重互联网，不会只把它作为投放广告的场所而粗暴对待。"

根据2014年的一项研究，美国人平均每天会接触大约360个广告，约150个能引起我们的注意，这个比例可不算小。[2]很多公司迫切希望自己的广告被消费者注意到，于是他们投入了大量人力、物力制定市场营销战略，以接近目标消费者，提高产品的关注度。比如，家政日化类产品广告发布的时间段集中在晚饭后的7点左右，就是为了直击家庭主妇这个群体。与传统的艺术和娱乐形式相比，商业广告其实从宏观层面体现了我们的集体心理和社会规范。看看20世纪50年代福爵咖啡（Folgers）的一些商业广告吧，虽然里面的性别歧视让人不寒而栗，但那的确就是当时社会风气的写照。不过，这些广告如何诞生，如何影响消费者，又如何与消费者进行互动，这三个问题的答案其实很明显。

然而，就在不久之前，许多网络广告使用的手段依然太过简单粗暴。比如，很常见的前置式广告（视频播放之前的广告）和弹出式广告（又叫覆盖式广告，由网页或弹出框遮住全部或部分屏幕，一般有按钮可关闭窗口），它们都以一种强势的姿态出现，观众不得不看。然而，在视频时代，人们对广告产生了新的期待。艾伦指出，现在的消费者期望广告成为一种艺术、成为一种文化，而不是那种看到就想快进的讨厌鬼。无论是产品生产商，还是专业广告人士，都必须认识到这一点。

无论是品牌方，还是其雇用的广告公司，要想博取消费者的眼球，就得敢于尝试，甚至尝试一些牛头不对马嘴、看似与产品无关的策划。他们必须换位思考，去体会作为独立个人的消费者会如何观看广告、理解广告、分享广告。让消费者注意到广告是一回事，但让消费者将这种注意力深化下去，甚至进行更多更有意义的互动则困难得多。

无从跳过

在YouTube平台上，第一个浏览次数突破百万大关的视频不是《彩虹猫》，不是恶搞，也不是蠢人蠢事，而是一个广告。2005年夏末，耐克公司推出了一个线上活动，旨在推广其传奇系列铆钉鞋。他们请来当时最有国际知名度的运动员之一、足球明星罗纳尔迪尼奥（Ronaldinho，人称“小罗”）拍摄了一段视频，名为《耐克足球特献：罗纳尔迪尼奥射爆横梁》（*Nike Football Presents: Ronaldinho Crossbar Remastered*，以下简称《射爆横梁》）。画面中，小罗暂停训练正在场中休息，有人送来耐克公司为其特制的“黄金触手”（Touch of Gold）——传奇1代白金R10球鞋。穿上这双“战靴”以后，这位巴西队的中场球员仿佛开了挂。他站在离球门足足20米开外的地方，不断将球踢进。不仅如此，他还能在足球弹回时用脚将其钩住，绝不让球落地。这到底是令人瞠目结舌的运动能力，还是电脑做出来的特效？互联网的大小论坛上，人们对此的讨论炸开了锅。

我给几个朋友看了这个视频，他们一半说这是真的，一半说这是假的。

它肯定是假的，这有什么好争论的？

好吧，换成其他人有可能作假，但这可是小罗啊。

像罗纳尔迪尼奥这样全世界最会控球的足球运动员之一，大概拍个10次或15次的样子，就能得到这样一个超赞镜头。

正常人都知道这是假的，他在视频里完成的动作在现实生活中根本不可能做出来。

一时间，网上论坛、BBS留言板（其实还有酒吧、办公室和学校），人们对此视频的讨论铺天盖地。这正中耐克的下怀，广告就想利用这一看上去不可思议的足球动作引起全民热议。从一开始，在《射爆横梁》还停留在策划书上的时候，创意组就已经预料到了这一结果。观众各持已见，讨论进一步激化。《射爆横梁》看上去一点也不像广告，倒像耐克的某个工作人员拿着“战靴”让小罗试穿时，被某个碰巧经过的路人用手机拍了下来。广告的营销手段可以说是不露痕迹，巧妙的构思极具说服力。然而，这个看上去不像广告的广告，却比大多数广告存留在人们记忆中的时间更久。这段视频从来没有在电视上播出过，这使得它的真实性更加扑朔迷离。[①]作为第一个由专业广告人士设计、针对YouTube这样的网络平台推出的广告，《射爆横梁》可以被称为业界第一个真正意义上的网络广告。它精准地抓住了网络平台相对于传统媒体平台独一无二的优势——观众或消费者可以在网络平台随时随地发表意

① 我找到耐克公司的相关人员，打算跟他们讨论一下这一互联网神话，然而被礼貌地回绝了。即便十多年过去了，耐克公司依然想保持它的神秘。

见。在观众的激烈争论下，产品一次又一次地进入人们的视线。这是一个噱头，没错。但是，和当时很多靠狗血和猎奇等吸引观众的流行广告不同，耐克对“黄金触手”球鞋的营销手段是由人们观看、分享、讨论视频中的内容而自然形成的人际传播，这便是耐克公司营销手段的高明之处。

随着《射爆横梁》的成功，许多广告开始模仿它的营销策略，试图在网络掀起一场真假讨论大战。这种新的广告模式打破了消费者与广告之间旧有的关系。厂家和广告公司终于意识到，引起消费者注意的最好的方式并不是强迫他们观看广告，而是利用广告自身的创意和魅力吸引消费者主动为之。

随着YouTube等线上平台的兴起，企业失去了对其所发布信息（如广告、视频）的绝对掌控权。此话怎讲？在过去，当广告公司在电视或者杂志上投放广告时，对于广告的受众、最佳播放时间，以及同时段其他广告，都了如指掌。如今，和传统媒体相比，数字平台提供的广告位有更强的针对性、更易接近目标受众。即便如此，广告商仍可无视这些广告位，另辟营销蹊径，推广自己的产品。感谢个性化平台和社交媒体，广告视频也可以成为人们激烈讨论的热点话题。这一机遇（或挑战）迫使许多公司重新思考自己的长期发展战略。

超级碗是美国收视率最高的电视节目，而且据调查，有20%的观众是专门来看广告的。[3]多年来，超级碗吸引了许多大品牌和公司投放广告，这些广告往往也是一整年最受重视、吸睛度最高的，它们不到比赛那一天绝不揭开面纱。在电视时代，斥巨资在超级碗之类的直播盛事上投放广告无可厚非，因为这样做能够最大限度地让产品家喻户晓。

2011年，大众公司10年来首次准备在超级碗上发布广告。大众购买了两段30秒钟的广告时间，分别宣传帕萨特和捷达。两个广告都是由全球广告巨头IPG旗下的多伊奇广告公司（Deustch）制作的。帕萨特的成品广告十分精彩，但有一个问题，它长达60秒。超级碗的要价极高，当年平均每30秒就是300万美元，而且主办方对广告时间有严格限制，绝不允许一丁点儿超时。无奈之下，大众公司准备赌上一把，提前在网上发布了帕萨特60秒钟完整版广告《原力》（*The Force*），或许你还有印象。广告中，一个装扮成黑武士达斯·维德的小孩试图用心灵感应发动停在家门口的帕萨特汽车——他成功了！原来，孩子的父亲悄悄使用了帕萨特的远程点火功能。这个广告在一周之内被观看了数千万次。尽管当年其他汽车公司也斥巨资拍了不少精彩的广告，但《原力》却是当年最令人难忘、话题度最高的广告。5年之后，《原力》仍然是互联网有史以来分享次数最多的超级碗广告。[4]

2010年，老香料猛男网络营销案例表明，超级碗的广告可以作为一场大规模营销活动的序幕。在它之后，广告商可以趁热打铁，进一步在网络推广产品。2011年，大众帕萨特《原力》广告颠倒顺序，先在互联网造势，然后借助超级碗达到其营销活动的最高潮（非终点）。“我不会把超级碗的广告等同于电视广告。”[5]多伊奇广告公司北美首席执行官迈克·谢尔登在接受《时代周刊》采访时说，“超级碗是一个大型社交媒体，是一种公关现象，它由许多元素组成，电视广告只是其中之一。”对于广告商来说，以往的超级碗是一年仅此一次的电视直播盛会，削尖了脑袋也得挤进去。而现在，网络的存在使得超级碗的精彩片段分散到多个网络平台（比如YouTube），在这些平台上会产生更细微、更深入的互动。广告商不必寄全部希望于超级碗的那几十秒钟，可以像大众公司那样，在网络展开营销活动。这样一来，广告不仅能在超级碗上一鸣惊人，而且还能在决赛前后的几天当中，通过互联网与消费者进行互动。越来越多的厂商在1月总决赛开赛前就将品牌广告率先发布到互联网上，随后这些广告的搜索次数开始上升，这说明网络发布起到了聚集人气的作用。一项行业研究发现，提前发布整支广告的厂商，其广告的总收视率比那些在比赛当天才发布的广告的收视率高2.5倍，广告的分享次数也明显更多。[6]通过网络，一些买不起超级碗广告时间的小公司也有了可乘之机，它们在超级碗当天发布自己的品牌广告，狠狠地蹭了一把热度。要知道以它们的资金实力，其广告即使能上电视，也只是一些小型的、不火的栏目。

人们越来越喜欢泡在类似YouTube这样的在线平台上，这一事实迫使广告商重新思考其营销策略。虽然超级碗是最突出的案例，但类似的情况其实每天都在发生。时代变了，以前我们通过电视看广告，现在则变成了上网看广告。因此，广告的设计也应该随之改变。

当厂商放弃了对广告投放环境的控制权，也就意味着它们接受了网络时代的新法则，以适应新时代的观众。网友已经习惯上网分享彼此的兴趣与感悟，广告商需要调整自身，制作适应这种互动方式的广告。广告商还必须放下架子，像对待朋友那样对待网民，与网民亲切、平等地交流。在这个年代，某些艺人之所以更受欢迎，是因为他们更亲民、更真诚。现在，我们期望从大公司那里得到同样真挚的东西，而不是虚情假意。

2012年6月，我注意到加拿大麦当劳的一个视频在YouTube上的关注度节节攀升，引起了我的好奇心。我一边点进那个名为《麦当劳“食物化妆”的内幕》（*Behind the scenes at a McDonald's photo shoot*）的视频，一边心想“估计又是什么宣传汉堡的套路”。事实却出乎我的意料，这个视频虽然也是广告，却是站在消费者的立场上制作的。画面中，来自多伦多的伊莎贝尔女士责问麦当劳：“为什么你们的食物在广告上看起来跟在店里买的不一样？”这是一个好问题，我们中的许多人可能都曾有过这样的疑惑。我立刻意识到自己应该放下成见，好好看看这个视频。只见，加拿大麦当劳市场总监霍普·巴戈齐在麦当劳某餐厅买了一个汉堡，整个过程大约只花了一分钟。然后，镜头转移到了公司的创意部，在那里我们看到了食物造型师诺亚和摄影师尼尔。诺亚用相同的食材制作一个“广告汉堡”，然而，这一过程却花费了好几个小时。视频中可以看到，为了使汉堡看上去更诱人，每一片腌黄瓜都要切成完美的形状，每一丝洋葱都要精心修剪。诺亚像外科医生一样，用加热过的调色刀融化奶酪，用注射器给汉堡添上漂亮的番茄酱。甚至，从视频中我们还可以看到图片编辑斯图尔特如何用修图软件美化汉堡的照片。

显然，广告的拍摄环境受到了麦当劳的绝对控制。广告里伊莎贝尔提出的疑惑，其实也是所有顾客的疑惑，麦当劳通过这条广告予以了回应。尽管广告中的每一个画面都是精心设计过的，但是消费者依然感受到了麦当劳的真诚。麦当劳拒绝了套路，进行了换位思考。它承认了消费者的疑惑，给予了消费者充分的尊重，这种创新是广告界从未尝试过的。

2015年，美国第四大汽车保险公司Geico推出了一个系列广告，理念简单，却横扫多个奖项，其中就包括享誉广告界的《广告时代》（*Ad Age*）评出的年度最佳营销活动奖。这些广告在YouTube上作为前置式广告进行投放。不过，你可别想“跳过”它们，因为广告在5秒钟之内就已经播放完了。换句话说，当你想点击“跳过广告”时，你已经看完了。“无从跳过”系列广告一共有4个，我想着重介绍其中一个。画面从一个典型的美国家庭开始，一对夫妻和他们的两个孩子围坐在餐桌前吃意大利面。这时，母亲说："不要感谢我，感谢这笔储蓄。"随后画外音响起："别想跳过这个Geico广告，因为它已经播完了。花15分钟买份汽车保险，为自己节省15%或更多。"这时，"跳过广告"的按钮弹出来了，演员们变成了木头人一动也不动，很是蹊跷。突然，一头巨大的圣伯纳犬跳上了餐桌，狂吃主人们盘子里的食物。现场一片狼藉，演员们却依旧定格在那里，只有双手在颤抖、眼珠转来转去。《广告时代》写道："'无从跳过'系列将创新注入了一向缺乏想象力的前置式广告，从而使无聊的日常生活有了看点，显得十分有趣。这些广告之所以脱颖而出，还因为它们清楚地认识到观众的存在，并且含蓄地跟观众想跳过广告的心情开了一个小玩笑。就好像广告在对我们说，'嘿，我知道这是一个广告，你也知道这是一个广告。我们知道你想跳过——现在被我整到了吧'。"[7]

现在的广告不再搞强拉硬塞那一套，而是牵起观众的小手，欣然跨入视频时代，用更符合观众收看和体验的方式来传递信息。这样广告的感觉更像是在说人话。不过，要做出既贴近老百姓，又独具创意的广告，营销高手不仅得让广告说人话，还得说些不一般的人话。

2012年，澳大利亚墨尔本的地铁运输系统想拍一个公益广告，提醒大家注意安全，减少愚蠢行为造成的安全事故。他们将目标受众定位于年青一代，而传统的公益广告根本没办法引起年轻人的注意。于是，他们找到全球著名的4A广告公司之一麦肯·光明广告有限公司（McCann Erikson）。麦肯制作了一个长约三分钟的音乐视频——《蠢蠢的死法》（*Dumb Ways to Die*）。这首歌的曲风无比小清新，歌词却很暴力。视频主角是一个个萌萌的卡通人物，然而它们却相继因为自己的愚蠢丢了性命。《蠢蠢的死法》几乎一夜成名，愚蠢的死亡方式、粗暴的歌词、可爱的动画人物和朗朗上口的歌词加在一起，营造了一种极具冲突的幽默感。用唱歌的方式提醒大家注意安全，这种宣传方式绝对突破了任何传统意义上的“安全须知”。欣赏一下它的歌词吧：“吃一堆过期的药片，用私处去钓食人鱼，蠢蠢的死法，好多种蠢蠢的死法。”随后几年，这个MV及其后续作品在YouTube上的观看次数超过了2.5亿，甚至还出了一本儿童读物和一个电子游戏等周边产品。

《蠢蠢的死法》的古怪离奇成就了它。它不像广告，反而像朋友之间那种口无遮拦的嬉笑打闹。“技术最大的优势在于，如果我们使用得当，它会让我们变得更加人性化，去分享更加人性化的东西。”2013年，麦肯全球执行创意总监、《蠢蠢的死法》策划人、歌词作者约翰·梅斯卡尔在采访中表示：“如果你认为可以充分展现科技之发达、技术之伟大的创意才叫好创意，那你就错了。如果你这样想，我会认为你还不够人性化，你需要回归人性。当你创作的时候，别去想技术，什么高保真、什么高科技，统统一边去。你应该想想你的观众，想想他们的立场和感受。”[8]

以这种方式创作出来的广告才能体现人性，才能摆脱广告公司的宣传套路。这些广告的结构也趋于相同。2014—2015年，登上YouTube广告排行榜的所有广告的长度都超过了一分钟（2014年的平均长度为三分钟）。[9]事实上，我们很难仅凭标题、描述、标签或者长度将广告视频和非广告视频区分开来，广告创作的基本原则、制作方式都变了。

将广告塞进搅拌机

2014年的冬天异常寒冷，那记得那年的极地旋涡吗？当时，一个摄制组在曼哈顿四处游荡，从哈林区、下东区到中城区再到西部的肉库区。每到一处，摄制组便将一辆婴儿车“遗弃”在街上，静待好事发生。“那次拍摄感觉是有史以来最糟糕的一次。”制片人萨姆·佩佐罗告诉我，“我们一整天都待在户外，在寒冷、冻雨和冰雪之中工作。简直太可怕了，不过总算收获巨大。”那是一辆精心设计的遥控婴儿车，可以自动行驶，里面躺着一个五官狰狞的仿真婴儿。一辆被遗弃在闹市区的婴儿车足以引起路人驻足。一旦路人靠近，工作人员便会操纵遥控器，将“婴儿”弹出车子。这个婴儿不仅面目狰狞，还能口吐液体、发出尖叫。可是那天实在太冷了，“婴儿”有些不听使唤，导致摄制时间比预想的多出好几天。但是，一旦“婴儿”恢复正常，拍摄效果简直完美：好奇的路人纷纷上前一探究竟，无一例外收获了惊吓。摄制组把这些镜头剪辑成了一个两分钟的视频放到网上，立刻走红，还挤进了当年YouTube浏览量排行榜前十。“无论我走到哪里，人们都在谈论这个视频。”佩佐罗说。听上去是不是很像某个YouTube恶搞大师的杰作？然而，《鬼娃的袭击》（*Devil Baby Attack*）实际上是一家名为Thinkmodo的公司为即将上映的电影《恶魔预产期》（*Devil's Due*）造势而制作的宣传片。

佩佐罗将Thinkmodo定义为一个创意机构——毕竟大多数时候它在为客户做广告，但互联网新闻博客Mashable则更愿意称其为“狂妄黑客、视频创作者、营销人员”。还有一些人把Thinkmodo的作品称为“恶告”（恶作剧广告），我觉得这个合成词妙不可言。佩佐罗解释说：“在创作时，我们首先找到电影或者产品中的独特元素，然后将它放大，随后把它带进真实的生活环境。”每次当我看电视广告的时候，很少能成功辨别出制作公司，但Thinkmodo的作品却是一个例外。2011年，作家兼电影制片人詹姆斯 · 珀西雷（James Percelay）和迈克尔 · 克里维卡（Michael Krivicka）共同创办了这家创意机构，它以精致的道具和真实的拍摄场景闻名。Thinkmodo的有些作品看上去更像是疯狂道具的展示视频，而不是广告。Thinkmodo制作的最复杂的道具是一个自拍杆，它能自动伸缩，还带外部镁光灯和小风扇。虽然这些功能都是假的，自拍杆只是个道具而已，但当观众看到这些疯狂道具出现在真实的生活场景中时，还是会被它们立刻吸引住。Thinkmodo总是在制造人们看得见、摸得着的创意，而传统广告所宣传的产品和目标人群之间总是存在距离感，这一点也大大提升了Thinkmodo作品的辨识度。

Thinkmodo采用的策略其实就是一种非常高效的内容营销。作为一个专有名词，内容营销早就存在，但是直到2011年左右才真正开始在创意界流行起来。那时，凡商务会议大多都在各地的万豪酒店举行，会议室长得千篇一律。根据著名智库——弗雷斯特研究公司（Forrester Research）的定义，内容营销包括“制作、策划和分享某种内容，它既能满足客户的需求，又能显著体现产品的价值”。在YouTube上，根据这种方式炮制出来的广告数量翻了一倍，它们融娱乐于广告，以这种方式和我们互动。

跟大部分直接宣传品牌的电视广告不同，Thinkmodo的视频能制造话题。“你看不出它是一场营销。”佩佐罗说，“这些视频看上去不像是广告，更像是一个从未见过的体验，媒体自然会被吸引过来，帮助我们增加曝光率。”这种不像广告的广告，让知名博客和电视新闻放松了警惕，纷纷讨论、转载，把它们当作又一个病毒视频对待。

Thinkmodo的许多客户都试图利用爆红于互联网的图片或视频进行营销，以引起观众的共鸣。这种方式使得生产商能够充分利用互联网的社交平台，拉近产品和观众的距离。这种策略已经有不少成功的案例，但不知道是否可以将整个营销行业建立在这一营销理念之上？

1975年，汤姆·迪克森成立了搅拌技术股份有限公司Blendtec，其王牌产品是一款家用破壁料理机。2006年，公司新招聘的营销人员乔治·赖特偶然发现老板正在折腾料理机。只见迪克森往里面塞进各种奇奇怪怪的东西，好像不把破壁机弄坏绝不罢休。于是赖特灵光一闪，他花了50美元买来弹珠、耙子、6包苏打水、一只烤鸡，还有一件印有"迪克森"名字的实验室制服，于是广为人知的系列病毒视频《它会被搅碎吗？》（*Will It Blend？*）就此诞生。该系列由每段长约30~60秒钟的视频组成，风格有点儿像游戏节目。每一期，迪克森会把不同的东西塞进Blendtec的料理机，然后把它们搅碎。视频的本质当然是为了展示料理机的性能，但观众之所以喜欢看，则是因为猎奇心理，因为那些被搅碎的物品根本就不该被塞进家用料理机。视频推出以后，破壁料理机的销售量猛增。突然之间，一家从未在营销上花过一分钱的公司，却首次品尝到了在线营销的甜头。截至2016年，《它会被搅碎吗？》播出了100集，订阅用户有100万，大家都想看看料理机是如何搅碎苹果手机、记号笔、高尔夫球等物品的。

《它会被搅碎吗？》系列视频很有意思，也很真诚，主角迪克森不是什么大明星，就是一个普通人，所以该系列视频如此受欢迎。视频时代极其重视真实的沟通，一款节目的走红有时并不需要大明星的参与或者精湛的制作技巧，真实的沟通、互动才是关键。而镜头里的迪克森，像我们一样都是普通人，这使互动的效果更好了。

Blendtec和Thinkmodo之类的公司，为大众提供了充满娱乐性和互动乐趣的营销视频。它们脱下了广告的外衣，吸引了更多的受众。而互联网也没有亏待它们，这些企业不仅炒热了产品，有的甚至还建立了品牌效应。

有些公司在这条不寻常的道路上越走越远，它们进一步推动娱乐与广告之间的结合，甚至引发人们重新定义广告。

我以为我真的懂广告

2012年10月14日，星期日上午，YouTube基础设施团队和直播团队的工程师纷纷从自己的家中打开了一个直播链接（我也在位于皇后区的公寓里点开了这个视频）。当时，有800万人同时在看这个直播，我们从来没有遇到过这种情况。老实说，谁也不知道接下来会发生什么。当时，我正在管理平台的“Ticker”提醒功能，一旦YouTube有大事发生，Ticker便会以链接的形式出现在每个页面上，提醒用户赶紧去围观。但一旦涌入某一直播视频的流量太大，我就必须关闭Ticker，以防服务器崩溃。如果遇到直播出岔子，比如一个正准备从高空往下跳的人不小心自己摔死了，我也得赶紧关闭Ticker。

那一天，所有工程师和YouTube数百万的用户一起，见证了一个奇迹的诞生：奥地利极限运动员菲利克斯·鲍姆加特纳（Felix Baumgartner）以每小时1287千米的速度从3.9万米的高空自由落体，成为以自由落体方式超越音速（每小时1224千米）的第一人。谢天谢地，他活了下来（系统也没有崩溃）。这就是“红牛同温层计划”（Red Bull Stratos），由红牛维生素饮料有限公司（Red Bull）赞助的超高空跳伞计划。它花了5年时间筹备，聘请了许多科学家。“红牛同温层计划”究竟是一次极限挑战、科学研究，还是……广告？

作为一家能量饮料公司和一家竞技体育媒体公司，红牛向我们展示了原来广告还可以这么做。它一边贩售难喝无比却销量奇好的咖啡因饮料，一边设计、制作和推广互动性强、娱乐性强的营销活动。红牛不必苦心接近目标受众，他们自会找上门。红牛经营着自己的数字娱乐业务，其中就包括YouTube上最受欢迎的体育频道之一，该频道已经累积了数十亿的观看次数。

红牛的“广告”实在太受欢迎了，如果别家公司想要自己的产品出现在红牛的广告中，就得给钱。原来钱还可以这么赚?！红牛成功实现了无数营销人士梦寐以求的目标：品牌超越产品。“我们的努力没有打水漂，红牛的品牌形象已经深入人心。”2012年，当红牛营销总监沃纳·布雷尔（Werner Brell）接受《福布斯》（*Forbes*）采访时说，“建立品牌效应是我们的终极目标，我们所做的一切努力都是为了给品牌赋予生命。”[10]

为了与顾客进行更有意义的互动与交流，红牛决定采取融广告于娱乐的营销模式，并且努力将其发挥到另一个高度。公司内部成立了一个营销部门，其首要目标是，让“红牛”二字从饮料上升到品牌。于是，这个部门策划了“红牛同温层计划”，这个营销活动也许是它最得意的作品。那个星期日的早上，一堆YouTube工程师和数百万来自世界各地的YouTube用户坐在自己的电脑前，共同见证那个历史性一跳，没有人关心那是不是一个广告。

当一家公司成功将娱乐融入广告，它的努力便会得到对等的回报。观众从广告中得到了娱乐，于是从理论上讲，他们也成为产品的潜在消费者。如果一个视频不能快速体现自己的价值，精明的消费者才不会浪费时间。但是，一旦做到了这一点，消费者便不会介意这个视频的广告属性了。

显然，对于大厂商创办的极限挑战运动等娱乐活动，作为消费者的我们是喜闻乐见的。还有一些广告，它们和娱乐无关，却让我们将目光投向健康、幸福、理财等领域，又或者促使我们探讨社会事业和政治问题，我们又该如何看待这类广告呢?

大多数公司没有能力创造具有自己公司特色的娱乐营销，它们不得不寻求其他途径接近消费者——通过广告引出一个有意义的话题，然后和观众一起探讨，从更加个人化的层面吸引我们的注意。你可能还记得联合利华旗下的品牌多芬（Dove）的广告《真实之美的素描》（*Real Beauty Sketches*）。多芬找来一位素描画家为一些女性画肖像。在作画的过程中，画家无法看到模特的容貌，只能通过聆听对她们样貌的描述来创作。这些描述一方面来自模特本人，另一方面来自见过这些模特的第三方。画家通过两方面的描述为同一个模特画两幅画（基于模特自述画出来的肖像比起那些基于第三方描述画出来的肖像更缺乏吸引力）。这个广告引出了一个非常有意义的话题——外在形象和自我认同，然而全程没有提及任何多芬的产品。宝洁公司旗下的品牌护舒宝也用类似的策略制作了获奖广告《像一个女孩》（*Like a Girl*），探讨性别歧视和刻板印象等话题，它成为2015年最受欢迎的广告之一。这两个广告采取的策略叫“讨巧营销”（meaningful marketing），它越来越受到品牌的青睐和重视，已成为广告界的一股流行趋势。现在的消费者已经疲于暴力营销，对于将产品吹得天花乱坠的广告越来越没有耐心，而“讨巧营销”则通过唤起那些触动我们内心的话题，让我们静下心来思考。这样一来，品牌与客户之间建立了心灵上的沟通，营销目的也就达到了。

一个问题出现了：我们真的需要一家销售女性卫生用品的公司来为性别平权问题摇旗呐喊吗？或者让一家生产电池的公司唤起我们对听

障者的同情？厂家不是应该专注于制造好的产品，然后告诉我们它们好在哪里吗？

站在观众的角度，这不是一种需求，而是一种要求。今天，我们寻求的是更加直接、更加个人化、跟我们的日常联系更加紧密的娱乐体验。为了迎合这种口味，公司必须改变营销内容才能靠近我们。在某种程度上，从广告诞生的那刻起，它就是其所处社会文化的一种反映，视频时代的广告也是如此。

真实、诚恳的沟通很难，能够带来双赢的沟通更是难上加难。然而我们都期待自己的关注能够换来有意义的回报，所以厂商必须迎难而上。

过去，公司和品牌主要通过砸钱买广告位与消费者进行有限的交流。现在，视频时代开启了一个无限宽广的网络平台，于是品牌纷纷建立自己的YouTube频道，开通自己的社交媒体账号。如今，公司及品牌用来与消费者沟通的平台，和消费者之间用来相互沟通的平台已经合二为一。当一个品牌拥有讨人喜欢又有亲和力的YouTube账户或者社交媒体账户时，它便完成了赢得消费者注意力的第一步。消费者对这些账户发布的内容有所期待，那么发布的视频与文字越真诚，越能引起消费者的情感共鸣。

但是，真诚的沟通并不意味着公司一定要模仿我们的方式讲话。天知道互联网埋葬了多少拿无知当个性的官方账号，它们妄图使用低俗词汇与消费者快速拉近距离，结果却搬起石头砸了自己的脚。事实上，我们的社交媒体上充斥着太多的推文和所谓的热门话题，到头来不过是些财大气粗的营销账号发布的广告信息罢了。年轻的网民出于对这种内容的反感，越来越抗拒与品牌进行交流。2016年，互联网上掀起了关于辛辛那提动物园被射杀的大猩猩哈兰贝[①]（Harambe）的讨论，还有一股恶搞“9·11”阴谋论者的热潮[②]，然而各大营销号却一片沉默。部分原因在于这些话题都十分敏感，没有品牌敢碰，生怕自己说错话、表错态。《纽约客》（*New York*）杂志曾经指出，对于许多年轻人和青少年来说，这些话题是“少有的、互联网上还未被广告商或赞助商污染的文化产品”。

作为互联网时代成长起来的一代人，他们并不希望厂商装模作样地说着网络流行语，强势插话每一次讨论，甚至玷污我们在乎的文化。相反，他们希望企业以一种自我、率真的态度加入与消费者互动的平台，无论是花钱打

① 2016年5月28日，美国辛辛那提动物园的17岁雄性银背大猩猩哈兰贝倒在了枪下，因为一个4岁的小男孩爬过了围栏掉进了猩猩园的壕沟。动物园的突发事件处理人员认为哈兰贝对小孩的生命构成了严重威胁，为了保护小孩选择射杀了大猩猩。事件发生后，网上出现了各种各样的争议。有人认为动物园没有必要为了小孩而射杀哈兰贝，有些人自发组织了对大猩猩的哀悼活动，还有人联名声讨孩子的父母，希望还哈兰贝一个公道。——译者注

② “9·11”阴谋论认为2001年9月11日发生在美国的恐怖袭击是一场政治阴谋。支持者宣称该袭击由美国政府自导自演，以巩固其统治的合法性、维护美国的国际地位、实现霸权主义。——译者注

广告，还是申请一个我们都有的社交媒体账号。

或许，在某种程度上，我们都曾希望广告能为我们的生活和文化做出一些贡献，而不只是一味地索取。对于那些雄心勃勃、试图影响未来的广告来说，这已成为一种必要条件。

第六章

10 亿目击者正在改变历史

2006年夏，共和党参议员乔治·艾伦（George Allen）似乎正在走上自己政治生涯的巅峰。艾伦是弗吉尼亚州的前任州长，南方人，保守派，看上去一脸和气。自2001年开始，艾伦就在弗吉尼亚州当参议员，所以这次参选，连任似乎没什么悬念。

2006年8月11日，星期五，艾伦在弗吉尼亚州的布利克斯州际公园发表竞选演讲。公园位于一个小镇上，毗连肯塔基州。那天阳光灿烂，艾伦身穿一件蓝色牛津布衬衫，袖子挽得高高的。当演讲进行到一半时，艾伦对观众说："朋友们，我此次竞选是建立在积极正面、富有建设性的竞选理念之上的。我们力求给美国人民带来新的鼓励、新的启发。"观众中有一位弗吉尼亚大学的学生，他叫斯达萨，印度裔美国人，20岁。斯达萨是艾伦的竞选对手、来自民主党的吉姆·韦布（Jim Webb）团队的志愿者，已经追踪艾伦5天了。韦布的竞选团队手段老练，他们派斯达萨务必全程跟踪艾伦的竞选，并用摄影机拍下他的一言一行（这一职业在政治界被称为"追踪者"）。这可是个苦差事。

演讲中途，艾伦突然用手指着斯达萨手中的摄像机说："那个家伙，对，就是站在那里、穿黄色衬衫的那个家伙，我不知道他叫什么，也许叫'非洲短尾猿'吧，谁知道呢。这家伙是我竞选对手派来的，一直在跟踪我们。不过，这是一件好事。我们要走遍弗吉尼亚州的所有地方，而他会把我们的行程拍下来。很高兴你能来，然后拍给我们的对手看，这样他就能见证我们是如何把共和党的旗帜插遍弗吉尼亚州的。"说到这里，观众开始欢呼起来，艾伦接下来的几句话被淹没在声浪之中。随后，艾伦继续攻击对手韦布，称他为"业余候选人"，又补充说："欢迎！让我们以热烈的掌声欢迎'非洲短尾猿'。"观众开始鼓掌，有人喊道："欢迎来到美国，欢迎来到真实的弗尼吉亚！"

"我想我听得出他（艾伦）在暗示什么——他对我的侮辱证明了他是种族主义者。"斯达萨后来回忆说，"我知道'非洲短尾猿'是指猴子，这是对美国移民的侮辱性称呼。"[1]25年前，斯达萨随父母从印度移民到美国，在弗吉尼亚出生并长大。事发几小时后，斯达萨给韦布的竞选团队总部打了个电话汇报此事，但总部的人也不确定这件事该怎么处理，索性先去酒吧喝酒，关于视频的决定则拖到周一。几天之后，《华盛顿邮报》的一个记者问起此事，韦布的竞选团队才将视频上传到YouTube。艾伦辩解说自己并不知道"非洲短尾猿"还有这么多延伸意义，他绝无种族歧视之意："外界是在曲解我的本意。"有人猜测，艾伦和他的团队可能本来给斯达萨起了个"莫霍克人"的外号，因为斯达萨的发型和莫霍克人很像，结果"莫霍克人"（Mohawk）变音成了"非洲短尾猿”（Mocaca）①。最终，艾伦还是顶不住压力道歉了，觉得自己被故意针对的斯达萨也登上了美国报刊的头条。

随后，这个事件改变了艾伦的竞选局势。在竞选之初的几个月，民意调查显示，艾伦一直以10~20个百分点的优势领先于韦布。“非洲短尾猿”事件发生后的第一次民意调查中，韦布首次反超艾伦。最终，韦布以领先艾伦9329票（仅占总选票的0.4%）的极微弱优势当选弗吉尼亚州参议员。艾伦的失利造成了巨大的影响，它直接改变了民主党和共和党在立法机构——美国国会中的实力对比。[2]共和党不再是老大了。在新成立的国会中，民主党占据51个席位，而共和党占据49个，共和党失去了对国会的控制。悲剧发生的9个月前，《国家期刊》曾请某个共和党的知情人罗列最有希望成为2008年总统选举的共和党候选人，艾伦位于名单之首，甚至超过了参议员约翰·麦凯恩以及马萨诸塞州州长米特·罗姆尼。[3]脱口而出的“非洲短尾猿”将艾伦踢出了名单，其政治生涯也岌岌可危。②

此前，也有不少政客祸从口出，然而艾伦失利的事件却首次向我们表明网络视频可以成为政客攻击对手的武器。2009年，共和党的国会议员曾经碰头商讨如何扳回一局。据说当时就有人提出以牙还牙，同样采用视频作为回击手段。[4]

---

① Mocaca有三种解释：第一，一种类称，包括20种以上的猴子，其中一种是我们大家都知道的猕猴；第二，葡萄牙语，意为“母猴”；第三，派生词，殖民者曾用其源词称呼比属刚果（刚果旧称）的非洲人，后来该词在一些文化中成为对黑种人的侮辱性称呼。这三种解释，无论艾伦取哪一种，都是在引火烧身。

② 2011年，艾伦在又一次州参议员竞选中输给了来自民主党的蒂姆·凯恩。让所有人意想不到的是，艾伦居然是通过YouTube视频宣布自己参选的，好像之前发生的一切都已成过眼云烟。

2007年，民主党全国大会代表鲍勃·埃瑟里奇（Bob Etheridge）成为第一个炮灰。两位学生“武装”着摄像机向他发问：“你是否举双手赞同奥巴马的政策？”埃瑟里奇带着些许尴尬（也许恼怒）的口吻转移话题反问道：“你们究竟是谁？”不仅如此，埃瑟里奇还蛮横地抓住其中一位学生。视频随后曝光，埃瑟里奇登上各大头条，媒体纷纷报道他“欺负甚至暴力攻击两名大学生”。随后，埃瑟里奇召开新闻发布会道歉，随后在竞选中以1400票的差距败给竞选对手。其实，约翰·麦凯恩和米特·罗姆尼也曾经沦为“视频武器”的炮灰。2008年，麦凯恩现身南卡罗来纳州，为竞选活动筹款。活动上，有人故意问他“是否应该向德黑兰发出航空信号给予警告”，他开玩笑地说：“摇滚乐队‘海滩男孩’（The Beach Boys）不是有首歌叫《轰炸伊朗》（*Bomb Iran*）吗？轰炸、轰炸、轰炸。”麦凯恩说的这首歌其实叫《芭芭拉·安》。[①]2012年，罗姆尼在一次非公开筹款活动上对一群富有的赞助人说，47%的美国选民会将选票投给他的对手，因为这部分人觉得自己对奥巴马政府负有义不容辞的责任。罗姆尼说：“我绝不会去说服他们，不会去提醒他们，作为美国公民，国家和老百姓比政府更重要。”两个人的视频都在互联网疯传，关于这些视频的博客和报道也是层出不穷。

艾伦的失利还预示着美国政坛的权力平衡将被打破。美国知名网络杂志《沙龙》评选斯达萨为“2006年年度人物”。《纽约时报》专栏发表了一篇文章，题为“2006年：‘非洲短尾猿’之年”。作家弗兰克·里奇（Frank Rich）写道：“艾伦事件之所以成为今年美国政坛的标志性事件，是因为韦布的竞选团队将斯达萨的视频上传到了YouTube。

① 《芭芭拉·安》（*Barbara Ann*）和《轰炸伊朗》（*Bomb Iran*）的英文发音相似。——译者注

可笑的是，绝大部分政客都还没有机会从自己孩子那里了解这个如此受欢迎的网站。”[6]

斯达萨拍摄的“非洲短尾猿”视频向我们传递出一条信息：我们当中的每一个人都可以记录自己的生活经历，然后把它分享到互联网，而我们的分享很有可能改变这个世界。21岁的斯达萨不就是通过自己手中的摄像机改变了美国政坛吗？通过他的视频，观众可以感同身受，亲身体验他的遭遇，从而产生情感共鸣。

记录事件的方式有很多，但视频确实是一个新手段，因为历史上的重大事件鲜有影像资料。有时候，手写的历史资料可以抓住某次著名战役的重要细节或者某个暴君惨无人道的统治，但是通过手写的历史资料，我们无法与历史建立一条情感上的纽带。再比如，名家的油画可以为我们描绘历史上重要转折点的某个场景，这是一种视觉信息，但是油画作为一种媒介，其功能的确有限。纽约大都会艺术博物馆里陈列了许多油画作品，我最喜欢的一幅油画是《华盛顿横渡特拉华河》（*Washington Crossing the Delaware*），作者是伊曼纽尔·戈特利布·洛伊策（Emanuel Gottlieb Leutze）。很多人觉得这幅名画向我们再现了美国历史上著名的领导人、开国元勋华盛顿的英姿，但很多人不知道的是，洛伊策是在这一事件发生后40年才出生的。评论家认为画中描绘的场景不可能在真实世界中发生，一是因为无相关的历史记录，二是违背了物理学原理。我得申明一下，我很尊敬、爱戴华盛顿将军，但是一个人真的能够笔直地站在一叶小舟上吗？如果真是这样，华盛顿将军以及跟随他的11个人肯定会纷纷掉进特拉华河冰冷的河水里，指不定会互相骂出什么难听的话。事实上，很多画家都未曾目睹历史事件，便画出了相关画作，甚至不少画家在事件发生时还没有出生。

直到20世纪，采用摄影技术记录历史事件才渐渐成为主流。但一开始的绝大多数时间，由于摄影器材笨重而且昂贵，只有个别转瞬即逝的历史事件被拍摄下来。那时，大众不得不依赖摄影记者，靠着他们在正确的时间出现在正确的地点，才能看到重要事件的宝贵瞬间。自然，主要依靠摄影记者，以及他们身后的媒体来记录、传播影像资料，必然有其局限性。一来，摄影记者未必总能及时赶到现场；二来，摄影师、记者、制作人、编辑始终夹在观众和事件之间，拉开了我们和事件之间的距离。

1963年11月22日清晨，亚伯拉罕·赞普德（Abraham Zapruder）来到其位于美国达拉斯市的服装厂，但是他把一件重要物品——贝尔–霍威尔（Bell & Howell）摄像机——落在了家里。在其秘书的督促下，赞普德才回家取了回来。赞普德万万没想到他的摄像机将记录下20世纪最骇人听闻的谋杀：时任美国总统约翰·肯尼迪（John F. Kennedy）遇刺身亡。23日清晨，赞普德为美国特工处的两位特工以及《生活》杂志的理查德·施托莱（Richard Stolley）放映了自己的8毫米电影。通过赞普德的镜头，三位观众感受到了前所未有的震惊。施托莱后来回忆说："当子弹射中肯尼迪总统的时候，我们三个——两个白发苍苍的特工和一位头发还未花白的媒体人——不约而同地发出一声惊呼，似乎子弹射中总统的同时，也射中了我们。这个片子我后来又看了不下100遍，但是它带给我的震惊却从未减弱。"[7]

后来，当赞普德出席总统遇刺的调查委员会时，他崩溃了。"这件事太恐怖了。我很爱肯尼迪总统，却不得不目睹子弹穿过总统的身体……它在射中总统的同时，也射中了我的心。真的太可怕了。"[8]赞普德拍下的画面几乎让每一个看过它的观众都产生了类似的反应，不管是在事件刚发生的那几天，还是在之后的几十年里。它变成魔鬼纠缠着赞普德，也纠缠着每一个美国公民。"每当美国人回想起总统遇刺，脑海中就会自动回放这个时长26.6秒的无声电影。"50年后，科技杂志《主板》的亚历克斯·帕斯特纳克写道，"对许多人来说，尤其是未曾生活在那个时代的人来说，我们通过赞普德的影片目睹了悲剧的诞生。"

21世纪初期，由于智能手机的发展，镜头已经不再是奢侈品。于是，很多人都能记录发生在身边的重大事件，通过这些镜头，我们可以记住每一个重要的历史时刻，这将颠覆传统新闻界的报道模式。更为重要的是，这还将改变我们与历史事件的关系。我们不再是远观者，我们与历史事件的距离被镜头大大缩短了。我们摇身一变，成为旁观者和目击者。

聚光灯下的世界

当艾伦登上美国各大头条时，史蒂夫·格罗夫（Steve Grove）还在哈佛大学的肯尼迪政府学院读硕士。“艾伦把YouTube推到了美国政坛的聚光灯下，当然更引起了我的关注。我猛然意识到YouTube可不是一个单纯的娱乐网站，它还具有一些政治意义。”2007年，格罗夫加入了YouTube，就在他加入前的几个月，YouTube被谷歌收购了。格罗夫被任命为新闻和政治频道的编辑，他的工作主要是为YouTube在整个互联网寻找潜力视频。

格罗夫加入YouTube 6个月之后，缅甸仰光爆发大规模示威游行，群众走上街头抗议缅甸军政府，这就是番红花革命（Saffron Revolution）。面对老百姓的抗议，缅甸军方采取了武力镇压，当时成千上万的佛教徒也加入了这场革命。由于缅甸政府对外媒的审查相当严格，外国记者基本无法入缅报道。好在仰光的居民用手机摄像头拍摄了很多视频上传到互联网，它们都被格罗夫成功网罗。“从缅甸流出的视频是我们了解番红花革命的唯一渠道。”格罗夫说。

2008年，格罗夫邀请奥利维亚·马①（Olivia Ma）加入了YouTube，协助格罗夫管理新闻频道。奥利维亚与格罗夫主要和一些大型新闻机构合作，争取为一些想在YouTube新闻视频里发表时政观点的普通老百姓增加曝光率。

2010年，格罗夫做出了他在谷歌职业生涯的初级阶段最关键的一个决定——雇用了我！我加入公司之后的一年半时间，格罗夫都是我的顶头上司。我们和奥利维亚一起几乎包揽了那个时期YouTube的所有爆炸性新闻，其中就包括“阿拉伯之春”、日本海啸，以及伊朗总统选举。

2015年的热点事件由一个坏掉的刹车灯拉开序幕，主人公为50岁的黑人沃尔特·斯科特（Walter Scott），育有4名子女。4月7日，在美国南卡罗来纳州的北查尔斯顿市，斯科特驾驶着一辆1991年产的奔驰正准备驶进一家汽车零部件商店的停车场。[9]奔驰车的尾灯坏了，斯科特被白人警察迈克尔·斯莱格（Michael Slager）勒令靠边停车。被截停后，斯科特弃车逃跑。斯莱格立刻上前追赶，追至一块草坪后拔出电枪电击斯科特，两人扭打在一起。斯科特再次挣脱逃跑，此时斯莱格拔出手枪瞄准斯科特连开8枪，斯科特倒地身亡。随后，斯莱格向警方报告：“目标已被击中，他试图抢走我的电枪。”就在斯科特被射杀之前，美国国内已经发生了几起类似的种族敏感事件。然而，悲剧再次发生在一位手无寸铁的黑人公民身上，射杀他的还是一个白人警察，这让许

① 从哈佛大学毕业之后，奥利维亚本可以去《新闻周刊》这样的大型新闻机构工作，但是自从她的一位同学建立了一个网站后，奥利维亚觉得新媒体技术很有潜力，决定迈入这一领域。这位同学就是脸谱网的创始人马克·扎克伯格（Mark Zuckerberg）。

多人难以接受。“北查尔斯顿市警察局发言人斯宾塞·普赖尔（Spencer Pryor）今天发表的一份声明称，一名男子在被警察截停后弃车逃跑，警察为了阻止他逃跑，使用了警方为其配备的电枪。”[10]《信使邮报》报道说，“然而，该警察称电枪没能成功拦截该男子，他仍想逃跑，双方扭打起来。警察继续解释说，在扭打过程中，该男子抢走了电枪并且试图用它攻击警察，于是警察不得不拿起配枪对准该男子。”事发后，斯莱格迅速聘请了一个辩护律师，这位律师说：“斯莱格认为自己的生命受到了威胁，所以才拔出警察局提供的配枪对该男子开枪。”斯莱格和他的律师的描述，似乎暂时平息了公众的愤怒，与此同时，斯科特的死登上了各大头条。

可是，有一个人知道斯莱格在撒谎，这个人名叫菲丁·桑塔纳（Feidin Santana），当时23岁。事发时，桑塔纳刚好经过那块草坪，准备去理发店上班。桑塔纳看见斯莱格追着斯科特跑，命令斯科特“站住”。随后，斯莱格制服了斯科特。桑塔纳躲在一旁观继续观察，斯莱格掏出电枪电击斯科特的侧身。“我记得那个警察已经控制了局面，”桑塔纳后来描述道，“他已经制服了斯科特，斯科特拼命挣脱想躲开电击。”当他终于摆脱斯莱格后，又继续逃跑。[11]警察掏出了配枪，朝着已经跑出20英尺外的斯科特的背部开了几枪。斯莱格一边对着对讲机说“目标已被击中”，一边靠近斯科特，给他铐上手铐，然后把一个看上去很像电枪的东西丢在斯科特的身体旁边。桑塔纳继续躲在角落，随后他看到很多警察和一个医疗救护小队在几分钟之内赶到现场。警官命令桑塔纳留在原地别动，但是他很担心自己的人身安全，于是偷偷跑掉了，因为桑塔纳不仅目睹了整个过程，还用自己的手机把一切录了下来。[12]

事发时，桑塔纳并不知道斯科特的身份，更不知道他是死是活。

然而，桑塔纳后来从媒体的报道中知晓了一切。他立刻明白自己用三星手机拍下的视频有多么重要。桑塔纳很担心自己一旦公布视频可能会带来意想不到的麻烦，但他同时也深知，如果受害者换成自己，他将多么希望家人知道真相。那就是，斯科特根本就没有碰过电枪，警方在声明里撒了谎。“我看过警方的报告，我知道他们在撒谎，这是不对的。我被气疯了。”[13]桑塔纳说。在他看来，斯科特不应有此下场，于是，通过社交媒体联系到了斯科特的家人，还私下和斯科特的兄弟见了一面，把视频交给了他。随后，斯科特家人的律师将视频交给了《纽约时报》，该报将视频挂在了自己的官网上，全国上下为此震怒。

所有看过视频的人无一不谴责警方。最终，北查尔斯顿市的市长凯斯·萨米（Keith Summey）宣布：“因为这个视频，因为警方犯下的错误，斯莱格将以谋杀罪名被起诉。”随后，FBI（美国联邦调查局）、南卡罗来纳州的美国律师协会，以及美国司法部对此事展开了联合调查。该州议会还用斯科特的名字命名了一项法案，这条新增的法案为当地警方新增了2000台执法记录仪。[14]2017年，斯莱格在联邦法院认罪，承认自己侵犯了斯科特的公民权。

几乎就在同一时期，美国还发生了几起类似事件，目击者拍下的视频最终将全国人民的目光聚焦在黑人公民和美国执法部门之间的紧张关系上。斯科特事件发生的6个月前，拉姆齐·奥尔塔拍下了黑人公民埃里克·加纳在纽约市史坦顿岛区的整个死亡经过。当时警方怀疑加纳非法贩卖香烟，在试图制服加纳的过程中，用手臂卡住其颈部，导致其无法呼吸。在视频中，加纳急促地叫道“我不能呼吸”整整11次，但涉事警察的手臂依然紧紧地扼住了他的脖子，加纳最终因为心脏病突发而死亡。在一次纪念加纳的仪式上，奥尔塔因为拍下了揭露警察非法执法的视频而接受了全场人士的掌声致敬。加纳的女儿在采访中说:“奥尔塔向全世界揭开了我父亲的死亡真相。”[15]

1965年,美国历史上最著名的民权运动领袖马丁·路德·金向美国人民宣布:“我们要将种族歧视曝光于电视屏幕之上!”[16]50多年过去了,马丁口中的电视机已经不再局限于放在客厅的那个笨重的小盒子,它延伸到了电脑、笔记本以及手机。这一变迁赋予了每一个人记录世界,甚至撼动世界的机会和能力,正因为如此,在21世纪,一场文化运动已经悄然拉开序幕。

10亿目击者

在21世纪,我们可以用自己随身携带的摄像头拍下发生在身边的奇闻逸事。但你可能有所不知,其实有些摄像头是不需要随身携带的。例如在俄罗斯,行车记录仪非常流行,几乎每车必备。有了它们,谨慎的驾驶员就可以提防乱开罚单的腐败警察或者故意碰瓷的骗子。不仅如此,通过这些行车记录仪,世界各地的人不仅可以看到发生在莫斯科马路上的奇闻逸事,还可以目睹发生在西伯利亚地区乡村小道旁的自然奇观。①要在以往,恐怕只有生活在那里的极少数人才能有幸见到流星撞地球这样稀罕的自然事件。行车记录仪、手机、安保探头,甚至植入我们眼镜镜片的摄像头……虽然,这些高科技因为侵犯了人们的隐私而引发了一连串争议(很可能未来几十年都不会有定论),但我们不得不承认,人们的容忍度也在慢慢提高。就拿一些世界盛事来说,我们理所当

---

① 2013年2月,一颗流星坠落在西伯利亚地区的车里雅宾斯克。这颗流星是100多年以来穿过地球大气层到达地球表面的、体积最大的陨石。这个罕见的自然景观就是被当时经过车辆的行车记录仪拍下的。[17]

然地认为摄像机应该从多个角度拍下画面，并且分享给全世界的人。但是一心指望把视频上传到YouTube就能在互联网掀起波澜，这可能只是一种妄想。要想让某个视频走出你的社交媒体，进而被整个互联网分享，你还需要一定的传播技巧。

用户想要让自己拍下的视频直击观众的心灵、在互联网引起轩然大波，那么首先，这个视频就必须具有真实性、可靠性。如何做到这一点？如何扩大普通老百姓手中视频的影响力？这一方面，专业的新闻挖掘记者起到了关键作用，他们在验证视频真实性的同时，也能帮助观众理解视频拍摄的背景。如果没有第三方的参与，很多热门视频很可能不会进入我们的视野。如果没有第三方提供背景知识，例如，某个视频是什么时候、在哪里拍的，拍摄者的动机是什么，我们便很难抓到视频的意义和精髓。“新闻挖掘记者在这些视频中扮演的角色，类似于编辑在新闻中扮演的角色。”奥利维亚告诉我，“普通老百姓拍摄的视频是原始的、未经过加工的，它们的真实性有待验证，它们的拍摄背景有待解释。也就是说，这些视频也是需要编辑的。”

爱尔兰人大卫·克林奇（David Clinch）在CNN工作了20多年。2010年，他成为CNN亚特兰大总部的高级国际新闻编辑。克林奇和新闻界的其他同事注意到了互联网在新闻发布以及新闻搜集方面的巨大潜力，也就是他所谓的“社交媒体的起义”。这场起义在2010年1月达到高潮。当时，一场7级地震袭击了海地，夺去了超过15万海地人的生命。“当时，人们对互联网的关注胜过以往任何时候。所有的媒体都在互联网上——YouTube以及其他平台——搜寻地震实况。但是，他们却忽略了一些棘手的问题，例如，网上流传的相关视频是否真实，版权又归谁所有。”克林奇告诉我，“对互联网来说，那是最好的时代，也是最混乱的时代。”记者可以在互联网上找到无数海地地震的相关视频，但是没有人知道如何验证这些视频的真实性。“视频的作者和最终观看视频的网民之间存在层层屏障，以致验证视频的真实性难上加难。”克林奇回忆道，“CNN和其他很多媒体经常尴尬地发现，那些自称自己就是目击者的人其实根本就不在事发现场。”

为了解决这一混乱局面，每拿到一个视频，克林奇会问如下三个问题：（1）这个视频是真的吗？（2）视频的版权归谁？（3）媒体有权使用视频吗？2010年初，如何找到这些问题的答案还没有一套标准程序，所以每当新闻工作室争相报道某一热点时，混乱便不可避免。那时，YouTube和传统媒体之间的关系很紧张，后者担心前者会抢走自己的赞助商，导致整个产业没落。然而，这种担心是多余的。事实上，各种大事的发生在两者之间建立了一种共生关系。但是，由于新兴媒体和传统媒体在基础设备方面的差别实在太大，即便共生，矛盾也实在无法消除。为什么会这样？因为，YouTube的主要目的是接收并呈现视频，平台并没有一个编辑团队核查视频真实与否。而传统媒体则拥有完整而又庞大的编辑团队，不仅会追踪视频来源，还经常会派记者去现场报道，新闻视频发布之前还得走完全套内部流程。YouTube等新兴媒体的出现迫使传统媒体来到一个转型端口。

通往情感共鸣的阶梯

那些深入我们脑海的视频，能够在大脑里引起神经化学反应，从而影响我们今后的行为。科学证据已经证明视频确实能影响我们的大脑，引起共情反应。2009年，克莱蒙特研究大学的两位学者乔治·巴拉萨和保罗·扎克就自己的实验发表了一篇论文。在这个实验中，受试者要玩一个由实验人员设计的小游戏，目的是测试他们的慷慨程度。游戏开始前，部分受试者看了一个为了引起情感共鸣而专门设计的视频。该视频时长两分钟，镜头里一个父亲正在诉说他那患有癌症的两岁儿子，已经是脑癌晚期。看完视频后，研究人员发现这部分受试者大脑里的后叶催产素上涨了47%。后叶催产素是一种激素，在帮助人类建立社会纽带方面发挥着至关重要的作用。实验结果发现，这部分受试者在玩游戏的时候，也表现得更加慷慨，从而证明了共情、后叶催产素以及慷慨程度这三者之间存在正相关关系。

在我们所生活的视频时代，先进的技术能够记录并保存每一个重要的历史时刻。这些视频能够通过唤起情感共鸣促进社会的改变。它们能够在观众和创作者、观众和创作者的经历，以及观众之间建立一种纽带。视频具有如此大的潜能，所以我们得更加小心地运用。

目击者的苦衷

运用现代技术拍摄视频，再将视频分享到社交平台，这样做不仅可以在人们之间建立共情，还可以让更多的人知道真相。遭遇了可怕或者不公正经历的受害者可以记录下自己的悲惨经历，并分享给生活在世界其他地区的人。作为观众的我们在看完视频后，便会产生情感共鸣。这种情感将把我们连接在一起为受害者鸣冤，从而多多少少帮助受害者。对于这一点，我绝不否认。但是，这些视频也会给其中的涉事者带来负面影响，其中的缘由特别复杂。互联网一方面赋予了网民表达自我的权利，另一方面又会引发一些伦理问题。

“我深信视频在鼓动人们行动方面的巨大力量。”山姆·格雷戈里告诉我。格雷戈里是“目击者”公益组织的一个项目主管。该组织成立于1992年，创始人之一是彼得·盖布瑞尔，它致力于训练、帮助人们学会使用视频维护人权。在此之前，美国警察暴打黑人公民罗德尼·金（Rodney King）的丑闻引起了全国轰动，多亏了路人乔治·霍利迪（George Holliday）用手机拍下的证据。“目击者”公益组织在成立之初，将工作重心放在购买、发放摄像机上。后来，随着手机的普及以及网络科技的发展，该组织有了新的发展方向。2006年，盖布瑞尔在进行TED演讲时告诉台下的观众：“我们希望在这个世界上，每一个遭遇不公的人都可以拍下他们的遭遇，然后上传到互联网，让全世界看到他们的经历。我希望他们相信自己的声音能够被世界听到。”

现在的“目击者”已经将工作重心转移到即时发现涉及人权的社会事件，同时训练受害者在不违背道德的情况下安全、有效地使用视频记录他们的遭遇，呼吁当权者做出改变。该组织的具体工作包括：训练受害者使用基础设备，设计开发软件，游说网络技术公司提供支持，帮助扩大受害者拍摄视频的影响力。据组织工作人员估计，总计2.5亿人次观看了他们制作的视频。与此同时，格雷戈里也及时指出了一个隐患：并不是观看视频的人数越多越好。在许多情况下，将视频送到利益相关方的眼前才是上策。有时候，只有当一个视频被某个社会活动家、人权律师或者政策制定者看到之后，才能触发真正的改变。这就是为什么该组织向来反对无选择性地盲目宣传视频，因为这样做存在很多风险和隐患。

当我们被某个视频触动，迫切想和他人分享的时候，我们会思考要分享给谁。通常我们会选择那些富有同情心的人，因为这样才能引起情感共鸣。然而，观看视频的可不止善良人士，还有一些用心险恶的人。根据格雷戈里的解释，很多上传视频的人都觉得自己才是视频的主人，有能力左右事态发展，然而事实并非如此。视频很可能因为强大的影响力而被一些居心叵测的人利用。即使一个视频清楚地揭露了当权者滥用职权的丑闻，由于里面涉及多个利益相关方，如违法分子、受害者、抗议组织甚至反政府团体等，情况也会越来越复杂，导致这个视频不仅不能引起积极的变化，反而会被别有用心者当枪使。

乔治·霍利迪拍下的警察殴打罗德尼·金的视频引发了一场全国抗议，于是警方展开内部整顿。但是在接下来的庭审中，三位涉事警察却被法庭宣判无罪，让美国人民气愤不已。霍利迪自己开了个小店，经营水管业务。他用录音摄像机拍下视频后，第二天清早便把视频卖给了美国洛杉矶KTLA电视台。本以为事情到此结束，没想到自己却落得在CNN被民主党员帕特·布坎南（Pat Buchanan）考问的下场。过去25年间，霍利迪从未对美国的电视新闻行业有过好感。同样不幸的人还有拍下警察扼杀黑人公民加纳的视频的拉姆齐·奥尔塔。奥尔塔说，之后他总是受到警察的骚扰，其中一位还叫嚣道："你不是喜欢拍我们吗？我们也要拍你。"奥尔塔告诉《时代周刊》："有时候我真的很后悔自己拍下这段视频，我应该考虑一下后果。"之后，奥尔塔因为其他问题被捕入狱。

2015年1月，住在巴黎的工程师霍尔迪·米尔（Jordi Mir）拍了一段时长42秒的视频，他以为自己拍摄的是银行抢劫，没想到却是一次针对法国杂志《查理周刊》①（*Charlie Hebdo*）办公大楼发动的恐怖袭击。视频里，戴着面具的恐怖分子在逃跑过程中开枪打死巡逻警察艾哈迈德·梅拉贝特。随后，米尔将视频分享到了脸谱网。尽管15分钟后米

① 《查理周刊》是一本讽刺漫画杂志，经常刊登辛辣大胆的政治甚至宗教漫画。——译者注

尔便后悔了，将视频删除，但是为时已晚。未经他本人授权的视频已经被无数网友复制、播放、截屏，成为那场恐怖袭击的象征。一个小时后，视频上了电视直播。事后，米尔觉得自己太冲动、太愚蠢。纵然一些人觉得多亏了这个视频，巴黎人才能心连心谴责恐怖主义，但还是有一部分人发出了不同的声音，觉得这个视频造成了很大的伤害。梅拉贝特的兄弟当着记者的面斥责米尔："你怎么能把它放到网上？我能清晰地听见我兄弟的声音，我能认出视频里的人就是他。我不得不看着他被残杀，不得不每天听见他的哀叫。"对此，米尔很内疚，他说："如果时光能够倒流，我绝对不会把视频传到脸谱网。"

此外，记录政府暴行的视频也很容易被政府反利用。2009年，据媒体报道，伊朗政府建立了一个众包网站，目的是辨认、逮捕各种视频和照片里面的反政府分子。这也是为什么格雷戈里及其团队总是小心谨慎地利用视频推进人权运动。"目击者不是那么好当的。"他说，"我们怎样才能帮助其他人在不违反道德的情况下安全、有效地用视频记录社会事件呢？"这个问题不仅仅是视频创作者应该考虑的，也是视频时代的每一个人都应该思考的。

"我把视频上传到了脸谱网，这样才能让更多的人了解真相。"戴蒙德·拉维希·雷诺兹对着站在明尼苏达州政府大楼外的一群记者说，"我想让大众来判断谁对谁错。我想让大众也成为目击者。我想让他们亲眼看见鲜血从我的男友的身体里流出、流淌不止。你们唯一错过的便是警察开枪的画面。当时我坐在座位上不敢动弹，否则我也会成为警察的枪下鬼。"就在两天前，戴蒙德的男友菲兰多·卡斯蒂利亚被一个叫杰洛米诺·亚涅斯的警察开枪打死。当时，菲兰多正准备伸手掏包取证件，却被警察误认为要拔枪。在视频里，戴蒙德详细讲述了整个经过，她无比镇定，这个视频引起了美国上下的愤慨。

戴蒙德的视频无疑是2016年最具影响力的视频之一，它发人深省。人们开始思考，将个人的惨痛经历分享到网络，这样做真的合适吗？如今，先进的通信技术让人们彼此之间的联系和交流比以往任何时候都密切，那么在交流沟通之余，我们对彼此应该承担什么样的责任呢？

很多人对网络视频如何影响世界非常感兴趣，但是随着视频时代的到来，我们，特别是年青一代也应该仔细反思自己应该承担什么样的责任。当我们看到一个揭露不公平的视频时，我们总是不假思索地进行评论或转发，从未从道德伦理的角度思考自己的行为。格雷戈里举了一个例子，2013年，俄罗斯的一群新纳粹分子围堵了一个20岁的年轻小伙子，随后以各种侮辱性的话语攻击他的性取向，长达整整20分钟。目击者拍下视频上传到俄罗斯的一个社交平台，随后迅速蔓延到各大网站，激起了民愤。几个LGBT[①]组织和一家国际媒体也转发了这个视频。一时间，呼吁人们一定要提防对LGBT群体的仇视的声音席卷了整个俄罗斯。“你怎么看待这个事儿？”格雷戈里问我，“一方面，你希望人们能看到这个可怜小伙子的遭遇，但是这同时也意味着你成了那群新纳粹分子的帮凶，你给这个小伙子带来了二次伤害。”

在现实生活中，我们中的许多人都曾有过好心办坏事的经历。鉴于互联网松散的管理制度，互联网上好心办坏事的案例则更多。互联网如何问责这一话题原本只是大学课堂和公司董事会上才会讨论的，但是如今，我们每一个人都应该清楚自己在网络空间肩负的责任。

① LGBT是Lesbians（女同性恋者），Gays（男同性恋者），Bisexuals（双性恋者）以及Transgender（跨性别恋者）这四个英文单词的词首字母缩略词。——译者注

每一天都有人将自己的悲伤、痛苦、绝望分享到互联网，每一个这样的视频都值得我们关注，都能引起我们的情感共鸣。虽然诸如“目击者”之类的公益组织会训练网民如何在不违背伦理的情况下记录社会事件，但是作为互联网的公民，我们的每一个评论、每一次转发都会对事态产生正面或负面的影响。有影响力的不仅仅是视频，还有我们对视频做出的反应。所以，我们一定要谨言慎行，明白自己的责任，否则，可能会带来灾难性的后果。

政府早已注意到网络视频对其所管辖公民的影响力，所以一旦爆发群众抗议，政府便会屏蔽YouTube的入口。

其实，让政府担惊受怕的并不是某个视频被公民看见，而是公民看见视频后会做出什么样的反应。有时，这些反应要么将政府置于国际舆论的压力之下，要么促使愤怒的公民走上街头抗议，要么损害政府形象、威胁政府的统治，这些都让执政者夜不能寐。

YouTube建立的初衷并不是发布政府滥用职权的视频，又或者播报自然灾害。YouTube的服务器刚刚投入使用时，谁也没有想到它会成为斯科特视频或者海地地震等视频的传播平台。短短几年之内，网络视频平台的技术不断发展，存在于喜剧、美妆、热舞视频等之间的目击者视频引发了政治运动，将我们与受害者紧密相连，甚至成为革命的导火线。

“目击”本就是一个意味深长的行为，它可能带来积极或者消极的影响，或给观众留下心理创伤，或让观众顿生敬畏之心，或令人感动得一时无语，或让人气愤得怒火中烧。有时候，这些视频激发的反响之大，可以进入世界人民的视野，比如肯尼迪遇刺或者警察暴打罗德尼。试想，如果没有现代技术，这些目击者拍下的视频还能引起整个世界的情感共鸣吗？当然不能。正是得益于科技的进步，人们才能够克服地理位置和贫穷的限制，将自己的经历分享给全世界。这些视频的真正影响也许只有在几十年后才能尘埃落定。

照相机会越来越先进。新的视觉媒体会进一步放大那些愤怒、悲伤以及反抗的时刻。虚拟现实设备和360度摄影机将进一步深化我们的视频体验，从而赋予视频更强大的力量。除此以外，手机直播，这一开发了数年的技术终于成熟，这一方式使得视频拍摄和分享几乎同步。我们理所当然地认为，每一件重要的事都不会逃过世界人民的双眼。

现代科技不仅能够记录发生的大事，还能将人民联系在一起。“我按下拍摄键，斯科特也许能感觉到有人在身后默默给他打气。”桑塔纳告诉NBC，“当时，我也不知道究竟发生了什么，我只想用这种方式告诉他，我在和他一起反抗暴行。”在我们看完一个视频之后，我们的身份发生了转变，从观众变成了目击者，这意味着我们可以用微薄的力量去影响事态。按格雷戈里的话说，这是一种不可推卸的责任，只做双手抱臂的旁观者是可耻的。

第七章

知识的盛宴

22岁的本·布伊（Ben Buie）是耶稣基督后期圣徒教会（LDS）的一名传教士。一次，他在韩国传教时发现那里的领带非常便宜。“你知道，我的商业脑筋开始转起来了。领带在美国可不便宜。”他告诉我。布伊并非领带方面的专家，只是由于工作关系常常需要佩戴而已。不过，他还是买了2000条领带并带回犹他州，挨家挨户地推销。就这样，“我的领带”品牌诞生了。后来，布伊转做线上销售。为提升销售业务，2008年初，布伊在YouTube发布了一个视频，教人如何正确地打双重温莎结（当时布伊只知道如何打这种结）。这种打结方法很流行，适用于不同材质的领带。

布伊悄悄地在家拍摄了视频。如果说布伊对领带知之甚少，那么对于制作视频，他可以说是一无所知。“我花了差不多整整一星期才做好第一个视频，因为我完全是从零开始学习如何制作视频的。”布伊说，“我把做好的视频上传到YouTube上，心想，嗯……应该没人会喜欢吧。”

布伊认定这次在视频界的小试牛刀终将失败，然而随着时间的推移，视频的观众越来越多。发布后的两年，他的视频被浏览了75万次。又过了两年，这一数字达到了450万次。今天，视频《如何打领带——双温莎结》在YouTube的浏览量已经超过2500万次。有时，它的日均浏览量甚至可以达到4万次。对于一个已经上线好几年的教程视频来说，这个成绩已经很不错了。

原来，“如何打领带”是YouTube“如何……”类搜索词中出现频率最高的，而布伊的视频之所以有这么高的浏览量，其中有超过一半都是使用关键词搜索的用户贡献的。在YouTube上，每周经由关键词搜索而产生的视频浏览量有数十亿次，许多风格偏实用的视频正是通过这种方式被用户发现的。不过话说回来，YouTube上关于“如何打领带”的视频有不少，为什么偏偏布伊的视频经受住了时间的考验呢？布伊说，这一点要归功于该视频那不紧不慢的节奏。随着视频的展开，观众只需看一遍便可轻松掌握打双温莎结的方法，而不必在看的过程中一会儿后退、一会儿又快进。细心的布伊还为前来复习的观众制作了节奏加快的版本。此外，自从开始制作教别人打领带的视频以后，布伊自己也学会了许多新的打结法，其中还包括很少见的三位一体结。

“我的领带”每年捐赠20%的销售额，用于资助非营利私对私小额贷款机构Kiva①。这是布伊在杨百翰大学教授商务课时做出的决定。布伊告诉我，为慈善做一份贡献让他感觉自己的事业更有意义了，这也是他最引以为傲的一点。就在我们聊天的当口，布伊已经在世界各地发放了600多笔慈善贷款。有时候想想，类似于布伊的公司这样的小企业之所以存在，全因我们连领带都打不好，真是不可思议。

① Kiva是非洲班图语系、斯瓦希里语中的一个单词，意思是“成交”。——译者注

可是，为什么打领带这么一件小事对于我们来说却那么困难呢？“原因有点复杂。其实，人们真的很少打领带，所以每当打领带的时候，他们就得重新复习一次。”布伊解释说。据统计，若非工作需要，到2007年，每天或大部分时间都打领带上班的男性还不到10%。[1]可是，领带在某些特殊的场合又是不可或缺的着装礼仪。数据显示，美国人搜索“如何打领带”的频次在每年的5月（舞台演出季）都会上升。布伊的视频则通常会在新年前夜达到一个浏览高峰①。

每当我们需要帮助，每当我们在生活中遇到搞不定的事，总有一款YouTube视频适合你。好比说不会打领带，上YouTube点击布伊的视频就行了。YouTube上有成千上万像布伊这样的创作者，他们制作了无数方法类（如何……）教程。每当我们提起网络视频，好像总与娱乐消遣脱不了干系。线上教程却并非如此，它代表了互联网的另一面，由我们的好奇心、我们的迫切需求，甚至我们对未来的憧憬驱动。

1961年，时任美国总统约翰·肯尼迪任命牛顿·米诺为联邦通信委员会（FCC）主席。随后，米诺在全国广播协会会议发表讲话，对当时电视行业的风气进行了一番毫不留情的痛斥。“我请你们每个人花上一天的时间坐在电视机前，看看你们自己做的节目。”米诺对各大电视台的负责人说，“我麻烦你们集中注意力、全神贯注地看，直到节目结束。我敢肯定呈现在你们眼前的将会是一个庞大的垃

① 我认为，如何打蝴蝶结的视频的观看次数和正式晚宴的高峰期和低峰期也存在类似的联系。

圾场。"[2]米诺对于电视台严重依赖娱乐节目的现象十分不满，直指那些节目空洞乏味。那一季收视率最高的节目是西部电视剧《荒野镖客》和《篷车西征记》，难道就不能有点别的？难道就没有具有教育意义、传播正能量、开拓人们眼界的节目？"我也爱看西部片，但如果一打开电视就全是西部片，显然对公众无益。"他略带一丝嘲讽地表示，这就是所谓专业人士做出来的节目，只会用西部片和牛仔情结来提高收视率！"我们都知道与教育或者新闻类节目相比，大众确实更爱看娱乐节目。但是，你们又不是在给演艺圈打工，如果仅仅把流行作为评判节目好坏的唯一标准，你们就愧对了自己的职责。作为电视台负责人，你们有权制作一些娱乐节目，但是可别忘了，你们对公共广播事业的健康发展负有义不容辞的责任。"米诺最后警告这些电视台，如果再不增加"有利于公众利益"的节目，可能面临电视执照无法更新的风险。①这位新任委员会主席发誓要尽一切努力发展教育电视台，去他的收视率！

跟电视相比，YouTube是一种完全不同的媒体。YouTube的用户不计其数，其创建的频道也多到数也数不

① 在美国，《宪法》保护言论自由，严禁对广播电视节目进行内容审查和直接控制。1934年的《传播法》和《宪法》第一修正案都明确规定禁止任何机构审查广播、电视节目的内容，但联邦通信委员会可以通过颁发、续检执照来实现变相的节目内容审查，以确保广播台、电视台符合特定的节目内容标准。——译者注

清。谁都没有权力，也没有能力审查每个频道。这是一个名副其实的自由市场。如果教育、新闻类的节目真的那么不受欢迎，这些节目的数量自然就会少一些。那是不是任何教育类视频的点击量都很难超越那些席卷全球的流行视频（比如《彩虹猫》）呢？

未必。事实上，我们花在观看“教育”类视频的时间是“宠物和动物”类的10倍，我总是乐此不疲地将这一数据分享给其他人，[①]然后欣赏他们露出的惊讶表情。过去做采访和演讲时，我也总爱拿它说事，以此去挑战他人的认知。我们竟然花了这么多时间来观看“有益”视频？！难道不应该是“垃圾”视频吗？！少安毋躁，仔细想想，你是否也曾因为不会用某款软件，或者不会做某道菜向YouTube求助过呢？这样一来，你是不是能够理解了呢？

所谓的“有益”视频究竟是何方神圣呢？正是那些能够帮助解决生活中一些反复出现的最基本的问题的视频，比如如何修理房屋、如何完成某一道家庭作业。还有一些视频，看上去没什么用，没有观看的意义，但是一旦遇到

---

① 我承认这样分类有过分简化的嫌疑。一方面，“教育”类别可能包含了过多跟儿童和家庭有关的视频，比如家长可能会一遍又一遍地与孩子们一起观看的ABC字母歌视频。另一方面，“教育”类别又排除了我们所谓的“非正式”培训，例如“如何修好水槽”或者“Adobe Photoshop教程”，因为这些视频通常被归为“方法”类或者“科学与技术”类。但无论是以上哪种情况，我都可以保证，人们花了更多的时间用YouTube视频来学习，而不是观看好笑的狗狗视频。

了它的伯乐，便会成为黑马。

本·布伊一语中的："YouTube成为学习新事物的代名词。"然而，这并非YouTube创始人的初衷，而是用户赋予它的使命——我们毕竟是对生活充满了好奇和热情洋溢的人类啊。正如我提到过的，YouTube平台一直在向用户靠拢。短短几年间，人类天生天化的好奇心就把YouTube变成了获取知识的资源库。

一切始于切水果

我对YouTube视频类教程的记忆最早可以追溯到《如何切杧果》（*How to slice a mango*）。如果你切过杧果就知道，它真是一种难搞的水果。它愚蠢的形状致使它无法像别的水果那样乖乖地立在桌子上，更别提它那巨大的核了。在某种程度上说，它的皮很薄，可以被轻易地穿透，但让你直接下口的话，你又会嫌弃皮太厚。杧果的设计者究竟怎么搞的？但是后来，我在YouTube上发现一位父亲上传的视频，他在厨房的桌子上熟练地削开了一个成熟的杧果。那以后，我再也不为削杧果烦恼了。在高科技满天飞的21世纪，我们可能会把这样的视频定义为没什么用，但我不这样看。在我看来，通过这个视频，一个陌生人凭借其生活的智慧改变了另一个人的生活。尽管切水果只是生活的一隅，但是我再也不会为这种热带水果发愁了。

每天，数以百万计的YouTube搜索关键词当中包含了"如何"，这还只是在美国。以下则是全球范围内最受欢迎的方法类视频一览[①]：

“如何画……”

“如何做……”

“如何打领带”

“如何接吻”

“如何在3分钟内练出6块腹肌”

“如何做蛋糕”

“如何做啫喱”

“如何拼魔方”

“如何画玫瑰”

“如何做冰激凌”

“如何折一个纸飞机”

“如何快速减肥”

“如何画漫画”

“如何跳电臀舞”

“如何使用卷发棒”

这些关键词可能是有史以来人类好奇心最集中的体现，它们绘制出了一幅众生相：人们在努力适应社会规范的同时，也在努力寻求自我表达。

---

① 注意：该列表以2015年的全球搜索数据为基础。同时，我排除了一些不完整的关键词，以及过于具体的关键词，比如“李尔·韦恩（Lil Wayne）的歌《如何爱》（*how to love*）”，再比如“怎样打基础”（how to basic，这是一个频道的名字，看上去信息量很大，其实就是看一个男人扔鸡蛋、砸东西，但我强烈推荐）。

方法类视频总是你方唱罢我登场，就比如“彩虹编织”①，该类视频曾经一段时间霸占了教程类视频的榜单前列，之后才逐渐淡出人们的视线。诚实地讲，YouTube的用户多少有些喜新厌旧。

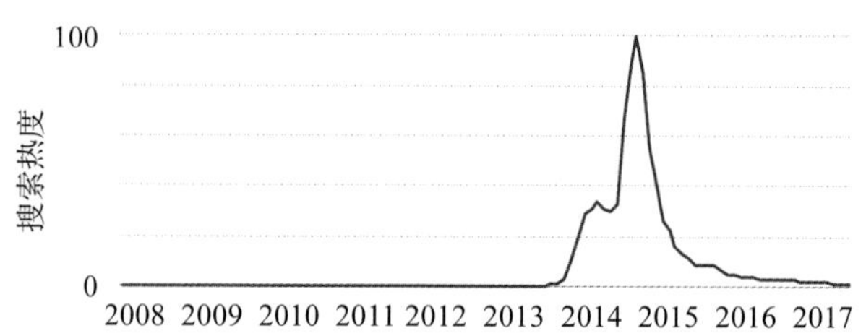

YouTube全球范围内“彩虹编织”相关主题的搜索热度

还有一些视频的热度似乎能够持续更久，这其中就包括“如何跳电臀舞”（但是目测已经开始走下坡路了）。另一些视频则具有历久弥新的力量，比如，多年后，人们又重新热衷于“如何拼魔方”了，我对此深表欣慰。观察人们向YouTube求助时所使用频率最高的关键词，还会发现一些很有意思的小秘密。例如，我们好像总在摔坏各种东西。人们在YouTube搜索栏输入“如何修理……”的频率实在太高了，尤其是如何修好划伤的游戏光盘、摔坏的手机屏幕，紧随其后的是如何修好只有一侧能收音的耳机。此外，还有坏掉的拉链、漏水的水龙头、墙上的洞、破损的防风罩和断掉的钉子。

接下来是食谱。除了甜点，排名最靠前的是煎饼、比萨、寿司、烤宽面条和鸡肉。数据告诉我们，人人都有一颗热爱甜食的心。在食谱教程中，浏览量长期名列前茅的主要都是各种甜点教程，比如日本频道

① “彩虹编织”（rainbow loom）是一种手绳编织方法，用它可以把彩色橡皮筋做成手链、护身符或者其他首饰。——译者注

“美食家麻琐”（Mosogourmet）制作的《如何做气球巧克力碗》（*How to make Balloon Chocolate Bowls*）：先给气球充好气，然后在上半球面（较鼓的半球面）抹上一层刚刚融化的巧克力液，待巧克力液冷却后，便凝固成了一个巧克力碗。当我发现这个视频的时候，它的浏览量已经高达1.33亿次。此外，还有刨冰、果冻冰棒、冰激凌蛋糕等烹饪教程。这些视频之所以受欢迎，大概不仅仅因为它们很有趣，更因为甜点往往具有一副人见人爱的长相。这种长相不仅孩子们和他们的父母无法抗拒，就连我这样的成年人也会禁不住诱惑而偶尔放纵，顾不得它含有大量卡路里。

化妆和美发视频是最受欢迎的教程类视频，其次是钢琴、图片处理软件Photoshop、吉他和头巾。人们搜索这些视频可能是想培养一个新的爱好，或者……成为一位国际战地记者。2011年，哥伦比亚广播公司新闻部门（CBS News）著名的“毒舌”记者克拉丽莎·沃德（Clarissa Ward）写过一篇文章，讲述自己如何根据YouTube的教程学习像穆斯林妇女一样包裹头巾，以便隐藏她的一头金发潜入叙利亚。[3]

2015年，我们每天花费300多万小时观看烹饪视频、600多万小时观看DIY或教程视频。虽然我们的兴趣爱好会不断改变，但我们通过网络视频来进行学习的热情却丝毫不减，打开YouTube看视频这种学习方式已经开始渗透到我们生活的许多领域。

对于我们中的许多人来说，这些线上教程能够即时满足我们的一个具体需求。我想学什么，上网搜索相关教程就好。如果我对电臀舞感兴趣，跟着视频里的教练猛练一下就行，学成后，和视频创作者的交集也就到此为止。但是，总有一些非常聪明的视频创作者，他们不仅能依靠独特而新奇的创作方式去吸引观众，还能留住观众

若不知，宁可死

还记得我之前提到过的一个统计数据吗？人们花在“教育”类视频上的时间是“宠物和动物”类的10倍。这一数据只揭示了一部分真相。下图对比显示了在全球范围内，“动物和宠物”“教育”“科学和技术”“方法和造型”4类视频的浏览量。

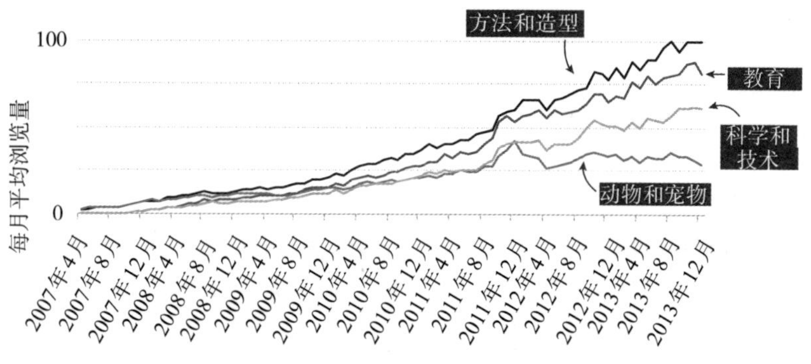

每月平均浏览量对比

如上图所示，这四类视频的浏览量在2011年开始猛增。原因很多，其中最重要的一点是，那时候，有问题找YouTube已经不再是新鲜事儿，而是人们在生活中遇到难题时的普遍反应。全球最大的市场调查公司之一益普索（Ipsos）在2016年的一项研究中发现，X世代[①]每月至少上网一次的网民中，有73%会观看YouTube的教程类视频。几乎同时，YouTube上涌现了一大批服务于这些需求的频道，它们的开发者往往是精力充沛、颇有魅力的……书呆子。

---

① 又叫X一代，指出生于20世纪60年代中期到70年代末的人，其特征为个人主义、潇洒自信、消费至上等。——译者注

YouTube的爆红兄弟组合汉克·格林和约翰·格林创立了两个互动型教育频道——“速成班”（Crash Course）和“科学秀”（SciShow）。“我们的目标是把速成班打造成最有趣的学习频道。”约翰在频道成立之初时说。德里克·穆勒在获得悉尼大学的物理教育专业博士学位后，创立了频道“真理元素”（Veritasium），它由有趣的实验、科学家访谈和一系列专题组成，比如天空为什么不是蓝色的、未来宇宙是什么样的。YouTube早期也有一些这样的频道，比如维多利亚·哈特的“维哈特”（ViHart），里面既有数学原理，也有如何在记事本软件上涂鸦等有趣话题，科教的同时不忘娱乐，粉丝越来越多。

这些频道的成功激发了更多的同好。格雷戈里·布朗和米切尔·莫菲特在多伦多城外的圭尔夫大学生物科学专业读本科时，发现彼此对科学拥有同样的热情，于是便经常在一起玩儿。尽管他们是理工科学生，但都对艺术创作充满向往。后来，布朗学习了艺术，莫菲特则开始专心研究视频制作。毕业后，布朗成为一名教师，而莫菲特则成为一名编辑。

离开大学校园以后，浑身是劲的布朗和莫菲特总觉得胸中对科学的一腔热情无处发泄。如果哪天晚上你跟他们一块出去玩儿，多半会被他们灌输科学知识。“我很喜欢给别人讲科学知识，然后来一句‘这就是为什么你会喝醉’或者‘这就是为什么你会宿醉’。”莫菲特告诉我说。“呃……应该是我们。”布朗插话说。话说，他俩还真挺擅长在酒吧跟朋友聊天的时候顺便传播科学知识，他们已经成为朋友圈子中的准科学家。身为教师的布朗发现，YouTube对他所教授的初中和高中学生有较大的影响力，很多孩子会带着“真理元素”频道的视频来上课。与此同时，莫菲特在工作中认识了不少YouTube的视频创作者。于是，他俩想："我们也可以做一个频道。"

2012年，年仅23岁的他们在YouTube推出了频道"科学来了"（AsapSCIENCE），简介为"每周学一点科学知识，给生活增添一点乐趣"。二人计划每周发布一个视频，先坚持一年，看看效果。"我们的视频基调是白板动画，这样一来，一些严肃的科学问题便不会显得那么高深莫测。"莫菲特解释说，"因为卡通人物和可爱的小插图会带走人们的恐惧。"两个人都没有动画专业背景，但是布朗凭借在艺校学到的一些技巧绘制了白板底稿，而莫菲特则负责配音、音乐和剪辑。一开始，他们会围绕一些已经跟朋友们解释过的话题制作视频，比如《什么，宇宙大爆炸就在我们身边?！》（*How to SEE or HEAR the Big Bang*），以及紧随其后的《为什么咖啡和酒精会让你想尿尿？》（*Why do coffee and alcohol make you PEE more？*）。之后，布朗和莫菲特会询问身边的朋友或频道的观众对什么话题感兴趣，然后从中筛选最佳主题。据说，布朗的妈妈功不可没。

他们第一次品尝到一夜成名的滋味得归功于视频《教你科学地解宿醉》（*The Scientific Hangover Cure*），它的浏览次数有数十万，一些流行网站也纷纷进行转载。"我们分享次数最高的视频是《小睡的科学力量》（*The Scientific Power of Naps*）。"布朗笑了起来，"那是在频道开播4周后，我认为这个视频是第一个按照自己想法做出来的作品，它近乎完美。"第一年，所有视频中有28个的浏览次数突破了100万。那时，布朗还继续在学校当老师，但是莫菲特希望他辞职，全心打理他俩的YouTube频道。2016年，我采访了他们，那年，他们的频道已然成为一个名副其实的企业，拥有5亿的浏览量和超过500万的订阅用户。最终他们都辞职了，一起专心做视频。他们给频道定了一个目标：只做和日常生活息息相关的趣味科学。他们不愿意把频道搞成一本教科书。“我们（频道）谈论的是人人都经历过的事。”莫菲特告诉我，“睡觉、喝咖啡、喝醉、金钱，还有心情……我们每天都在跟这些事情打交道，反倒忽略了里面包含的科学。”看看频道上最受欢迎的视频，就知道布朗和莫菲特的点子奏效了：《如果你不睡觉会怎样？》（*What if You Stop Sleeping*?），《感冒真是冻出来的吗？》（*Does Being Cold Make You Sick*?），《我们能否阻止小行星撞地球？》（*Could We Stop An Asteroid*?）。这些视频的风格颇有美国科学教育家比尔·奈[①]（Bill Nye）的特点。

在“科学来了”的众多视频中，有些视频会立刻走红，而其他视频则会花上相当长的一段时间积累人气。有一次，我们在一家酒店的会议室谈论他们最火的视频《这条裙子到底什么颜色？》（*What Colour is this Dress*）。2015年，该视频在互联网掀起了持续数周的激战，网友们都在争论这条裙子到底是白色或金色还是黑色或蓝色（交谈过程中，一个女人不知何故拿着吸尘器鲁莽地在我们脚下拖来拖去）。这个视频的浏览次数有2000多万，其中大部分都来自视频发布的第一周。他们的频道上第二流行的视频——当你阅读这一页的时候，它的浏览量一定已经超过了裙子颜色的视频——《先有鸡还是先有蛋？》（*Which Came First—The Chicken or the Egg*?），在发布三年后的今天，每周仍然吸引2.5万次浏览。布朗和莫菲特真的很有前瞻性，他们常常能准确判断某

---

① 比尔·奈是美国科学教育家、喜剧演员、电视主持人、作家和科学家，因主持《比尔教科学》节目而成名。还有一位以从事科普闻名的天文学家名叫尼尔·德格拉斯·泰森（Neil DeGrasse Tyson），曾担任过许多科学节目的嘉宾。有趣的是，随着“科学来了”的走红，比尔和尼尔的人气也大幅回升。看来，YouTube将两位电视名人变成了社交媒体偶像。

一个视频的流行潜力。当然，偶尔也有失手的时候。比如，搞怪视频《你跑得过屁吗？》（*Could You Outrun a Fart*?）反响就不如预期。布朗说："我们费了好大劲儿才完成这个视频，真是一场艰苦的挑战。""是啊，确实挺不容易。"莫菲特表示同意，"气味动力学虽然有趣，但十分深奥。"

如今回过头看，两位小伙子当年在吧台为朋友们科普的经历奠定了他们如今的事业。"我们很幸运，因为我们的朋友不是科学家。"布朗解释说，"这迫使我们去思考怎么把这个问题解释给那些没有科学背景的人听。"布朗和莫菲特选择的一些热门话题可能是你在课堂上听不到的禁忌，比如手淫和阴毛——按说它们是生活中的寻常事，但如果我们不喝上两杯，恐怕很难启齿。此外，他们的视频的风格也相当适合注意力难以持久的现代人，每个视频都只有几分钟时间，不但节奏快，还充满视觉刺激。

YouTube刚开始流行"解释"类视频，"科学来了"便脱颖而出。这类视频会使用动画或其他视觉辅助工具解释某个科学现象，长度较短。最受欢迎的"解释"视频经常会揭穿一些常见的错误观念，抑或回答那些在你脑中迟迟未解的日常问题。在YouTube早期制作解释类视频的先驱中，用户名"CGP Gray"的作品无疑最受欢迎，比如《英国、大不列颠和英格兰之间的差异》（*The Difference between the United Kingdom, Great Britain and England Explained*）、《什么是夏令时》（*Daylight Saving Time Explained*），这两个视频都是YouTube早期的热播视频。2012年，TED[①]集合了一些教育家和动画师，推出了频道"TED

① T代表technology，技术；E代表entertainment，娱乐；D代表 design，设计。TED是美国的一家私有非营利机构，其宗旨是"传播一切值得传播的创意"。——译者注

教育”（TED–Ed），致力于“分享有意义的课程”，以此达到传播知识的目的。

YouTube上最受欢迎的教育和科学频道（包括“科学来了”），可以在一个月内累计100万小时的观看时间。为什么这样的频道在YouTube如此成功呢？为什么解释类视频在网络平台上如鱼得水，在电视上却举步维艰呢？

布朗和莫菲特很早就认识到视频标题的重要性。例如，发问式的标题就比陈述式的标题更具吸引力。布朗说：“这是因为问句更能激起人们的好奇心。”莫菲特回顾了二人很早以前讨论过的一个话题：“当时我们想做一个关于维生素D的视频，因为它是维生素家族最酷的成员，给我们的身体带来了许多惊人的影响。太阳对于促进维生素D的发挥起了很大的作用。但我们觉得，如果将视频标题定为《维生素D的科学》或《阳光维生素》，估计没人想看。那什么样的标题既能反映主题，又很有吸引力呢？最终我们想出了《如果长期不出门身体会怎样？》（*What If You Stopped Going Outside?*）。”迄今，已经有600多万人次观看了这个视频。这个案例并不是在告诉我们给视频标题加个问号有多重要，而是与生活相关的视频主题才是用户真正感兴趣的。想要做出符合用户口味的视频，布朗和莫菲特就必须从用户以及他们的日常生活出发。“在日常生活中，每个人都会跟科学打交道，我们需要让用户知道，我们的视频就是在讲生活中的科学。”布朗和莫菲特说。

“解释”类视频之所以流行，是因为受到人类好奇心的驱动。标题中那个大大的问号会在我们心中引起巴甫洛夫条件反射[①]。正如莫菲特解释的那样，在互联网时代，“一旦你被带入一个充满疑惑的语境中，不找到答案你就会浑身难受”。我们已经习惯了遇到一个问题就得立刻得到答案，于是当我们看到一个问句标题时，便会立刻点开视频寻求解答。但是布朗和莫菲特发现，他们最受欢迎的视频之所以成功，并不是因为揭开了某个谜题，而在于为观众创造了一次互动机会。他们发现观众不仅喜欢包含谜题、视觉或听觉测试的视频，还喜欢能够制造互动的视频，如流行文化事件（比如，裙子的颜色），或者令人讶异的科学事实。

我们不仅爱看“解释”类视频，还热衷于分享它们。因为这些视频跟我们一辈子可能只看一次的视频（比如，《如何把掉进游泳池的iPhone晾干》）不同，前者和我们的兴趣爱好紧密相连，跟我们的日常生活无缝对接，完美解答了我们在生活中常常遇到的困惑。于是，一个新问题浮出水面——这些视频作者可以被称为新时代的教育者吗？“我们不是老师的替代品。”莫菲特跟我强调，“我们的视频只有三分钟，只是在松散地谈论一些有趣的话题。如果你真的想明白背后的科学道理，你必须花时间去深入了解和掌握。”

不过必须看到的是，布朗和莫菲特与我们生命中遇到的好老师具备相同的素质：他们让学习基本抽象概念的过程变得生动有趣。看完视

---

① 巴甫洛夫条件反射（又称经典条件反射）是指个体通过模仿、学习，在无条件反射的基础上形成的反射。例如，巴甫洛夫在每次给狗吃食物之前都给它一个灯光，经过灯光和食物的几次结合之后，灯光一亮，狗就要流口水。这时，灯光成了食物的信号，也就是说，这时狗已经形成了对灯光的条件反射。——译者注

频后，我们会评论、会分享，这使我们跟这些视频之间建立了一种互动关系，不管我们是否意识到。通过讨论，我们能够进一步理解、深化从视频中学到的知识。在视频中，布朗和莫菲特采取的教学模式，和人们多年来形成的认知模式相吻合。

视频时代改变了我们发现知识、与知识互动的方式。我们每一次搜索、观看、分享以及评论，都会使更多的人了解这些视频以及背后的创作者。“我不确定互联网是否拥有颠覆人们学习方式的魔力。”莫菲告诉我，“但我认为互联网的平等和开放对现代教育的革新确实具有重大意义。”

通往知识的小径

1800次——这是每天人们在YouTube搜索关键词“标枪”的次数。对于YouTube平台每日整体搜索量而言，这个数字并不是很惊人。然而，这并不意味着这些视频就没什么影响力。事实证明，有时候，仅仅一个人的坚持不懈就能将一个视频的潜力发挥到极致。

尤利乌斯·耶格（Julius Yego）在肯尼亚中西部长大。小时候，耶格的梦想是成为一名田径运动员，但跑步并非他的强项，在赛跑健将辈出的肯尼亚，这等于输在了起跑线上。在肯尼亚近百名田径项目奥运金牌得主中，没有一位来自田赛项目，全是径赛项目[①]。耶格有一双强壮、灵活而有弹性的手臂，随着年龄的增长，他越发喜爱标枪。尽管父亲反对，但他还是没有放弃。

---

① 田径运动由田赛运动和径赛运动组成：田赛可分为跳跃、投掷两类项目，以高度或远度计算成绩；径赛则是在田径场的跑道或规定道路上进行的跑和走的竞赛项目的统称，以时间计算成绩。——译者注

由于耶格连教练都没有，只好经常到当地网吧上网观摩著名运动员的标枪比赛视频，比如简·泽莱兹尼（Jan Železný）。这位捷克标枪运动员不仅是三届奥运会的金牌得主，还是男子标枪历史最好成绩前五位的保持者。耶格根据视频研究前辈的投掷动作和训练方法。“我觉得，如果像这些人一样训练，自己也能得到提高。”他后来告诉CNN，“（看完视频以后）我开始改变自己的训练方式。我开始去健身房锻炼，同时加强灵活性训练。随后，一切都变了，我的投掷距离一直在增加。我的教练正是YouTube视频和我自己。”[4]耶格摘得了2015年世锦赛标枪项目的金牌，他的成绩在标枪史上排名第八。回到家乡肯尼亚，他成了“YouTube先生”。在2016年里约奥运会上，耶格又摘得一枚银牌，成为史上第一个获得奥运田赛奖牌的肯尼亚人。

你可能已经发现，YouTube就像一个超大型多功能平台，人们前来各取所需。有些人收看在线视频是出于某种特殊需求（比如耶格），而有些人则纯粹为了消遣娱乐。对于YouTube来说，它只负责维持平台的运转，确保用户能顺利观看每个视频。至于视频的隐含价值，则要等到那个“对”的人出现。就拿标枪视频来说吧，它的观赏价值一目了然，但是它的训练价值则要等到耶格的出现才被挖掘出来。YouTube所做的，则是尽力撮合用户与视频之间的缘分，让相遇的一刻早些到来。

在大多数情况下，对于大多数人来说，YouTube上的教育视频只是高科技为我们提供的一种方便获取信息的渠道。然而，假如在对的时间，这些视频遇到了对的观众，其结果可能会改变我们生活的这个世界。一起来看看下面的例子。

一天，生活在北拉斯维加斯的一位8岁女孩劳伦·拉赖·柯林斯（Lauren LaRay Collins）得知自己最好朋友的妹妹正在接受癌症治疗，她内心很难受。“后来我才知道，因为化疗，这个小女孩的头发全都没了。”劳伦对当地报纸说，“我想帮助这类患者，让她们找回做女孩的感觉。”劳伦告诉父亲她要自制假发。父亲怀疑劳伦在开玩笑，毕竟她以前从来没有做过假发。然而，劳伦说干就干，开始在YouTube观看假发制作教程。“她很轻松地便做好了第一顶假发。”劳伦的母亲说。不久，这对父母便发现桌子上已经摆满了劳伦自制的、看上去挺专业的假发，它们静静地等待着劳伦把它们送到癌症患者手里。后来，北拉斯维加斯市为了表彰劳伦的精神，市长将2016年5月14日这一天命名为“劳伦·拉赖·柯林斯日”（Lauren LaRay Collins Day）。

出生于南非的英式橄榄球选手斯坦德（CJ Stander）现在效忠于爱尔兰国家队。他曾向公众坦白，自己一直在通过YouTube视频学习盖尔语，以便能唱爱尔兰国歌中的“Le gunna scréach faoi lámhach na bpiléar, Seo libh canaídh amhrán na bhfiann”①。我完全理解他的勤奋，毕竟盖尔语真的很难模仿。[5]

在YouTube这样的网络平台上有各种各样的视频教程，不经意间我们便扩大了自己的知识储备。这种学习模式是随机的、偶然的，知识的力量有时可能不会立竿见影，但是一旦它们派上用场，你便会大吃一惊。在泰国兰塔岛，有人在一个女人家门口的长凳下发现了一条近31.5公斤重的眼镜蛇，当地政府对此束手无策。这时，56岁的瓦拉兀·朗萨拿起一根棍子和一根绳子，用一种他从网络视频中学到的捕蛇技术抓住了那条眼镜蛇，整个过程沉着冷静。也许在世界上的一些国家和地区，捕蛇是生活中的必备技巧。不过，我想当朗萨在收看《必看的眼镜蛇最

① 此句的中文大意为：为爱尔兰不顾一切，在大炮的吼声和枪声之间，我们将歌唱战士之歌。——编者注

新捕捉技巧》（*Must see new cobra capturing trick*）时，他也不曾想到有一天居然会派上大用场。

在线教程正在以一种令人难以置信的速度增长。知识不再止于黑板上、书籍中，而在我们的指尖跳跃——只需鼠标轻轻一点，你便能享受一顿知识盛宴。互联网提供了人们自学成才的机会。YouTube这样的网络平台构建了一个宏大、有序的知识集合体，它对于人类社会未来的意义可能远远超出你我的想象。

人类与生俱来的好奇心不仅能满足人性对知识的渴望，还能创造未来。2015年，来自斯坦福大学和康奈尔大学的计算机科学家通过联合研究发现，人类制作的教育类视频其实有规律可循。该研究小组开发出一款名为Robowatch的电脑程序，它能够观看YouTube视频，还能分析视频中的视觉信息，包括字幕。在研究人员的操作下，Robowatch观看了大量热门教程视频，包括如何做鸡蛋卷、如何烤鸡胸、如何做酒精果冻等。之后，研究人员训练Robowatch将所看视频按步骤分解。现在我们清楚了，一旦电脑程序能够将一个复杂的任务分解成数个步骤，终将有一天，人类会制造出机器人去帮助我们完成生活中的复杂任务。

YouTube上浩瀚无垠的视频教程不仅能够提高人类生活的质量，还能促进人工智能的发展。这究竟是好事还是坏事？随你怎么看。现在，让我们祈祷科学家快点发明出制作啤酒果冻的机器人吧！

其实，人们利用YouTube视频进行学习并没什么好大惊小怪的。过去几个世纪，我们一直期盼着这一天的到来。视觉学习能力的形成先于其他方式的学习，大多数人在一岁左右就能准确解读图像了。[6]2014年，教育心理学家瑞德·阿萨米指出："我们的大脑是一个图像处理器（大部分感官皮层都服务于视觉），而不是一个文字处理器，所以通过视频来学习合情合理。事实上，大脑负责处理视觉信息的部分其体积大于负责处理文字的部分。"[7]此外，当观看视频时，人们对视觉图像的操控（如暂停、重新开始、调整播放速度等），可以进一步帮助人们吸收知识。YouTube上的每一个视频都可以重复收看，这一功能能够帮助你的大脑获取、处理技术和信息。[8]

互联网的视频数以百万计，其涵盖类别也数以百万计，它们正在改变我们的生活。这些改变有时很小，小到只是避免了一个男生在毕业舞会上出现的尴尬。这些改变有时也很大，大到把一个普通人变成奥运冠军。从某种程度上说，我们的文化由我们所获取和分享的知识决定，而网络视频为我们提供了更加公平和个性化的获取知识的方式。

在YouTube，我们可以自由选择视频，这是平台赋予我们的最重要的自主权。随着越来越多的人在网上搜寻或者分享信息，这个平台演变成了一个巨大的图书馆，我们的好奇心决定了图书的主题、内容或编排。

我们的好奇心可不只是揭示我们的兴趣爱好那么简单，它还拥有巨大的力量。互联网不需要牛顿·米诺这样的监管者来评估它是否能够“教育、知会、提升、拓展我们的下一代”（或者我们自己），因为事实已经说明一切。我们不仅建立了寓教于乐的网络平台，还相聚在此共同塑造它、促进它的发展。当年米诺批判广播公司和电视台只知道制作娱乐节目时，它们便以收视率为挡箭牌，但是米诺回击收视率掩盖了观众对教育信息类节目的潜在兴趣。虽然米诺的观点听上去很有道理，但老实说，作为电视台，它必须迎合观众、满足他们的口味，它永远不可能像网络平台那样包罗万象，也永远不可能充分发挥一个视频的潜力。

在YouTube，观众的好奇心是制作节目的原动力。标枪训练视频或者假发教程也许不能讨好每一个人，但是它们也不必讨好每一个人。它们只要静静地待在视频库，等待它们的有缘人、它们的伯乐。一旦缘分到来，原本默默无闻的视频便能体现其价值，便具备了改变生活的潜力。

第八章

小众频道的逆袭

如果你在洛杉矶街头偶遇乔丹·马伦（Jordan Maron），恐怕很难将这位24岁的年轻人跟所谓的好莱坞名人联系在一起。

你恐怕也猜不到他现在有多红。全球最大的玩具零售商之一——玩具反斗城（Toys“R”Us）开架贩售了以马伦本人为原型的毛绒玩具和手握佩剑的可动人偶，一共有三种大小可供选择。一切要从马伦和他的“动画世界”说起。原来，马伦很擅长制作动画音乐视频，整个创作过程和好莱坞的动画工作室没什么两样。马伦会先绘制出每一个镜头的画面，然后将这些画面导入电脑，之后利用动画软件进行处理。“我们会添加特效、着色、配乐等，差不多就是这样。”到目前为止，马伦的“世界”看上去跟传统媒体发行的娱乐产品差不多。

马伦的“世界”实际上源于一款名为《我的世界》（*Minecraft*）的

沙盒类3D电子游戏[1]。马伦在YouTube上有一个频道，名叫“斯巴克勒兹船长”（*CaptainSparklez*），上面有他的各种视频作品，其中动画音乐视频一直是最受欢迎的，它们全部跟《我的世界》有关。如果你仔细观察他的频道，就会发现大部分视频的内容都类似于游戏解说，你说不定在别的游戏红人那儿看过类似的视频。马伦在这些看似小众的视频中找到了市场，短短几年间就从一名化学工程专业的大学生变为21世纪的娱乐巨头。

马伦在YouTube上发布游戏视频的初衷很简单，正如他自己所说，“就是想秀一下”。结果就是这一下，他从无名小卒成长为一位网络明星。他的YouTube频道有1000多万名订户，对于世界各地的许多游戏玩家来说，乔丹·马伦的名字无人不晓。除了拥有自己的原型玩偶，马伦还在2015年开设了自己的游戏工作室XREAL。2016年，马伦被《福布斯》杂志选入了“30位30岁以下”精英榜。

不过，马伦并不是从《我的世界》开始，才打起通过网络游戏发家致富的算盘。他最初做过一阵游戏主播，最先点评的是一款广受欢迎的第一人称射击游戏《使命召唤》。他还评论过一些别的游戏，但是，和许多慧眼识珠的人一样，马伦看到了《我的世界》那尤为巨大的潜力。不了解这个游戏的人可以把它想象成“一款搭积木外加冒险的游戏”，里面包含多种游戏模式，玩家可以探索周围环境、与敌人

---

① 沙盒类游戏（sandbox game或者blocky game）是一种电子游戏类型，大多含动作、射击、驾驶等元素。一般游戏地图比较大或者没有边界，具有交互性强、内容丰富、可玩性强、自由度高等特点。游戏核心通常是“创造和改变世界”，玩家通常扮演一位类似大神或创世者的角色，可以创造事物来改变世界。大多数沙盒类游戏都没有任何强制性的任务目标，玩家只需完成一些建造任务或者生存下去即可。——译者注

作战，同时还可以采集各种木材、矿材等作为建筑材料打造各种各样的景观。这款游戏最初由瑞典游戏设计师马库斯·阿列克谢·泊松（Markus“Notch”Persson）独立开发。在2014年马库斯以25亿美元的价格将游戏版权卖给微软之前，这款独立游戏几乎完全是靠着网友的口口相传而流行起来的。[1]马伦便是经由朋友介绍发现了它。“一天晚上我们在打游戏，我朋友突然说，‘哦，天！这个游戏你肯定喜欢，你可以采矿，还能打小鸡，这是迄今为止最伟大的游戏’。”马伦回忆说，“这大概是我听过最奇怪的推荐了。”不过他还是对朋友说：“好的，我会试试的。”

在一些玩家眼里，与其说《我的世界》是一款电子游戏，还不如说它是网络世界的乐高①。的确，玩家们在游戏中建造了各种各样的建筑和景观。游戏玩家们最常参与的社交活动之一便是上网传视频、晒自己的作品。2010年底，这些视频大量涌进了YouTube，视频作者一个比一个有才。比如，有人复制了电影《星际迷航》中联邦星舰“进取号”的一比一大小的模型。其中一位ID名为利纳尔的玩家，他上传到YouTube的游戏视频《盖尔金王国》（Kingdom of Galekin）简直就是一个奇观。它是一个巨细靡遗而又波澜壮阔的幻想世界，历时4年多才完成。王国的缔造者利纳尔表示，有时自己一天就要花8个多小时。“我对自己设定的目标上瘾了。”[2]2016年，利纳尔在接受知名杂志《电脑玩

① 我曾经问过乐高公司的一个高管，为什么没有将乐高积木搬到网络世界。其实，乐高公司在2010年发布过一个开放注册的DIY乐高积木软件。但是，公司担心网上可能到处充斥人们用乐高积木做的男性生殖器模型，让乐高的品牌形象受损。于是，公司要求员工审查每一个用户的作品，然后才能将其发布到社区共享。为了净化乐高的世界，他们甚至试图制造“阴茎监测”软件。这事就这么黄了。

家》采访时说，“我的目标是打造《我的世界》有史以来最壮观、最精细的世界。”他成功了。现在，人人都可以通过互联网下载这个视频，见证他如何打造庞大的中世纪王国。虽然我没玩过《我的世界》，但是我不禁被利纳尔的精神打动——如果没有相当的热忱和对细节的把控，“盖尔金王国”这样的杰作是不会诞生的。随着时间的推移,《我的世界》从一个游戏发展成为一个自成一体的YouTube娱乐类型。上传、观看和讨论相关视频的粉丝与作者一起，形成了一个大型的在线主题社区。“这个大社区又由许许多多的子社区组成。”马伦告诉我。子社区的形成围绕着不同类型的玩家、不同的游戏攻略，或者不同类型的视频，比如角色扮演视频（又分为有剧本或没剧本）、动画、分享游戏小技巧的视频、教你如何修改游戏原始脚本的教程视频，甚至是结合当前热门事件展开讨论的播客视频。

2010年,《我的世界》在创作不到一年的时间里就成了YouTube上最热门的话题之一。到2013年，“我的世界”这个名词成了YouTube上排名第二的搜索关键词（仅次于“音乐”）。2016年，人们每天花近2500万小时观看《我的世界》视频，比花在其他任意一款游戏类视频的时间高出一倍。这是一匹娱乐界的黑马。尽管《我的世界》的粉丝各个年龄段的都有，不过大部分是28~29岁的年轻人——对于年轻的观众来说，这些视频的重要性已经不亚于周六早晨懒洋洋地在家看的动画片了。还有一些与《我的世界》相关的频道也很受欢迎，比如丹·米德尔顿（Dan Middleton）的“钻石矿车”(The Diamond Minecart）和亚当·达尔伯格（Adam Dahlberg）的“Sky的世界”（skydoesminecraft），它们每天都吸引了数百万人观看（和马伦一样，他们的肖像也被做成了人形卡通）。不说不知道，2016年上半年，人们花在收看《我的世界》及相关频道视频上的时间，比收看NBA、NHL、NFL和MLB[①]视频的时间加在一起还要多。

游戏频道的许多观看量来自游戏解说，即视频创作者一边玩游戏一边解说。制作一个这样的视频几乎没什么技术含量，因此这些频道的创作者往往相当高产。每天，马伦至少会上传两个视频到《斯巴克勒兹船长》[②]，它们大多都与《我的世界》有关。

不过，马伦的频道当中，最受欢迎的视频则是以“我的世界”为主题制作的动画音乐视频，比如《龙心》(*Dragonhearted*)。这是一首充满正能量的电子舞曲，讲述了一群英雄对战暴虐恶棍的故事。制作一个这样的动画音乐视频相当费时，从设计到发布可能需要数月的时间。在我采访他那会儿，有7个人正在制作最新的音乐视频。马伦的团队中，前期都由一位叫作“Bootbar Buckaroo”的动画师领衔，歌曲部分则由“电游歌手”伊格·戈尔季延科（Igor Gordienko，又名“TryHardNinja”）负责。那些原创动画音乐视频的成功离不开整个团队的孜孜不倦，不过马伦表示，他最近对音乐创作产生了兴趣，哪天单干一把也说不定。过去的几年里，马伦及其团队创作的模仿和原创MV在YouTube已经被观看了超过5亿次，这使他成功打入新类型艺人圈。这

---

① NHL（National Hockey League）是国家冰球联盟的简称；NFL（National Football League）是职业橄榄球大联盟：国家橄榄球联合会（National Football Conference）和美国橄榄球联合会（American Football Conference）合并后的名称；MLB（Major League Baseball）是美国职业棒球大联盟的简称。——译者注

② 马伦给自己的频道取名“斯巴克勒兹船长”，对20岁出头的游戏玩家来说未免有些老气横秋。在此之前，他的频道名叫“行家不说狗屎话”（ProsDontTalkShit），但是那时还默默无闻的马伦突然意识到：“万一有一天，我的频道莫名就红了呢？万一有人要为我的频道写一篇文章甚至专访呢？”马伦说，“如果我的名字中有‘狗屎话’这几个字，恐怕不妥。”结果证明，改名是一个相当明智的选择。

些艺人有一个特点，那就是比起他们的作品，其探索的艺术流派和所属的创意社区似乎更能代表他们。

虽然某个研究商业模式的家伙告诉我，《我的世界》的相关视频在YouTube之所以自成一体，是因为玩家们形成了一个特殊的社区。但我不同意这种说法，关键原因还是视频本身的品质，以及因此慕名而至的庞大观众群。不过，我怎么想不重要。事实上，除了《我的世界》大社区的成员，其他人怎么想都不重要——这就是小众之美。

与我们想象中的不同，马伦自己并不觉得《我的世界》在YouTube上的辉煌成就有多么不可思议，他甚至都不感到意外。马伦表示，想想这个世界上有多少人玩电子游戏就很好理解了。玩家之间有共同话题、彼此吸引，像他这样的游戏主播和频道火起来只是时间问题。在这个娱乐类型完全符合观众需求的视频时代，《我的世界》作为一种视频类型的崛起，与其说是一种反常现象，不如说是一种必然。

"不久前，有研究媒体未来的专家指出，电视节目将成为街角书报摊的视频版。"1991年，《洛杉矶时报》写道，"有线电视为观众提供了各种类型的频道，观众可以从海量的电视节目中挑选自己喜欢收看的，就好比从琳琅满目的书报亭中挑选自己喜爱的杂志。"（有线电视提供给观众的选择一点都不输给纸质媒体。）尽管"有线电视台的数量从1980年的27个飙升到了如今的69个"——是的，飙升——《洛杉矶时报》指出，电视频道已经开始合并，以避免因为争夺有限的广告时段和广告商而打架。[3]毫无疑问，电视频道的确有很多，但是对这些频道的控制权依然掌握在少数人或集团手里。①

2010年，探索传播（Discovery Communications）与美国著名主持人奥普拉·温弗瑞（Oprah Winfrey）合作，共同成立奥普拉·温弗瑞电视网（OWN）。OWN最初计划投入一亿美元的启动资金。这么说吧，这点儿钱只是杯水车薪。[4]然而，对于成立一个有线电视台来说，真正的难关不是钱，也不是设备或节目的制作，而是——你得找到一个有线电视网络供应商发送电视视频信号。打开电视，收视指南中似乎总有无数的频道任君挑选，然而从全美最大的有线电视公司康卡斯特的有线电视频道中争得一席之地，就好比抢购超级碗决赛那晚夺冠热门“绿湾包装工队”②（Green Bay Packers）的门票：要么做好一掷千金的准备，要么拉倒。这也正是很多新上线的电视频道都是从旧的电视频道脱胎而出的原因。

书籍、杂志、唱片、电影和电视频道等媒体形式，都是在充分研究市场供需的基础上而形成的，这一点不难看出。遗憾的是，针对新兴媒体市场的研究仍然十分有限，

① 数据显示，2014年平均每个美国家庭可以收看189个电视频道，这还只是平均水平。我家没有电视，但我十分肯定其中有70个频道都来自同一个电视台——美国有线电视联播网（ESPN）。

② “绿湾包装工队”是美国威斯康星州的一支美式橄榄球队，截至2014年，共赢得13次NFL联赛冠军。——译者注

不仅研究成本昂贵，而且各研究项目之间缺乏合作。[①]创造某种新媒体形式来满足新的观众群——而非某种已有媒体的衍生观众群——不仅难度大，而且投资高。

其实，《我的世界》就算做成电视频道或电视节目也不会有人看，就连曼哈顿或者硅谷的实习生也不会看。多年以来，我们一直试图给YouTube的潜在广告商和供职于传统媒体的伙计们努力解释这样一个道理：纵使有线电视台能够准确预估观众的口味，但和YouTube相比，其提供的频道仍然相当有限。YouTube则存在一种长尾效应[②]——它有无数个频道，可以播放无数个节目，这些节目没有时段或者时长等限制，每个用户都能找到符合自己特定口味的节目，不管这个口味有多么小众。YouTube的工作人员发现“长尾效应”总是能够帮助自己清楚解释YouTube的独特优势，但是我认为这一概念其实并不能完整体现YouTube小众频道的真实价值。

---

① 这就是为什么传统媒体有同质化的倾向。如果你仔细观察过书报亭的杂志架，就会发现几乎有一半的杂志看起来都差不多。当我还是一个十几岁的男孩的时候，我永远无法分辨《红皮书月刊》（*Redbook*）和《妇女家庭杂志》（*Ladies' Home Journal*）之间的区别，除了后者的性别倾向更明显。

② 所谓的长尾效应，在一个正态分布图中，曲线中间凸起的是“头”，两边相对平缓的部分叫作“尾”。从人们需求的角度来看，大多数需求会集中在头部，我们可以称这部分为流行，而分布在尾部的是个性化的、零散的、少量的需求。但是这部分需求会在需求曲线上面形成一条长长的“尾巴”。而所谓的长尾效应就体现在它的数量上，将所有非主流的市场累加起来就会形成一个比流行市场还大的市场。——译者注

该死的素食烹饪频道

2011—2012年，YouTube的高管们痴迷于素食烹饪。那段时间，感觉要是没人提到“素食烹饪频道”这几个字，人们连一个星期的班都上不下去。团队会议、内部邮件还有媒体采访，我真是听到要吐了。关键我这人实诚，不会每次都悄悄躲着恶心。难不成技术的未来不是机器学习算法，而是炒素肉？请注意，我完全不反对素食，或者烹饪频道，或者二者的结合。我只是对商业上的陈词滥调容忍度很低，而这一个真的是泛滥到忍不了。

素食或者纯素食[①]频道渐渐揭示了一个道理：YouTube在迎合小众口味方面，无可匹敌，所以观众离不开它，那些试图覆盖受众的广告商也得紧随其后。这种推断站得住脚。我发现，当某个视频越是背离传统媒体观众的兴趣和口味时，它越受到广告商的追捧。

几乎每周我都会碰上至少一个让人瞠目结舌的小众视频。比如，我们在YouTube上发现了一个名叫罗比的男生，他开了一个名叫“抓娃娃机之王”（The King of Claws）的频道，上面全是他玩抓娃娃机的视频。那一天，我和我的团队沉浸于抓娃娃机爱好者的YouTube频道，琢磨着它们为何如此流行。我猜对我们团队来说那个星期很不寻常，我们每个人至少都花了一个小时，看世界各地的人用抓娃娃机赢取玩具大奖。后来我们才发现，仅在2016年，人们每天观看抓娃娃机的视频时间总计20万个小时。

我有一个同事对2013年起源于韩国的“吃饭直播”十分着迷。这

---

① 素食（vegetarian）和纯素食（vegan cuisine）的概念不是完全对等的。后者完全不沾荤腥，而前者可以包括鸡蛋甚至鱼类。——译者注

种视频最开始兴起于视频网站“AfreecaTV”，没过两年便红遍全球。吃饭直播又名Mukbang，因为Mukbang在韩语中是“吃饭”和“广播”的意思。视频内容其实很好猜，就是一些颜值挺高的年轻人直播自己吃东西。不过重点不在这里，这些人的进食量大到爆炸，我说的可是成斤成斤的面条、饺子和炸鸡。直播通常长达一小时，主题就是吃，不停地吃，你甚至可以听到食物被嚼碎的咔嚓声和吞咽的咕噜声。2015年的晚餐时间，总计超过4.5万名韩国人观看了这些吃饭直播，这可养肥了不少主播，他们的月收入轻松上万（美元）。这些“主播红人”在YouTube上的人气也越来越高。来自日本的吃饭主播木下佑香（Yuka Kinoshita）在2014年推出了自己的YouTube频道，两年内便累积了超过200万的订阅用户和超过5亿的观看次数。①有些人认为，观看吃饭视频可以被看作一种替代性的进食体验。“看我视频的很多观众正在节食。”瑞秋·安（Rachel Ahn）在全美公共广播（NPR）上说，她的直播时间是每周工作日晚上9点。[5]“通过观看别人吃饭，你可以获得一种满足感。”另一些人则表示，观看这种视频有助于消除孤独感，因为这些食物在许多国家和社会文化中都很常见。截至2016年底，YouTube用户平均每天花费50万小时看吃饭直播。

如果你刚加入某家公司，对同事还不熟悉，那么谈论这些奇怪的网络频道不失为一个交友的好方法，尽管促进社交并非这些视频制作者的初衷，他们从一开始就没打算讨好所有人。如果你拿YouTube上的小众频道跟电视频道相比，则毫无意义，因为这些小众频道的存在不受娱

① 要成为一名成功的吃饭主播而又不伤害自己的身体，你得疯狂运动。身高1.75米的吃饭主播班兹在YouTube上拥有超过100万名订阅用户，他表示自己每天会锻炼6~10个小时。

乐类型的限制。

2010年YouTube推出新功能“趋势地图”后不久，举办于费城梅西百货商店的一个活动迅速在网上引起轰动。那年10月，非营利机构“骑士基金”（Knight Foundation）启动了“文化随机”（Random Acts of Culture）项目，目的是将艺术引入人们的日常生活。他们计划并开展了1000场活动，然而最具影响力的一场却是发生在项目启动的第一个月。该场活动中，他们请来了费城歌剧院以及650位唱诗班歌手，这些艺术家在中午12点整的时候，于梅西百货大楼里清唱了亨德尔的作品《弥赛亚》当中的经典片段《哈利路亚大合唱》（*Hallelujah Chorus*）。商场里的顾客纷纷停下脚步，有些赶紧掏出手机记录这珍贵的一刻，有些被美妙的歌声感动而泣。毫无悬念，这个视频成为YouTube的热门。（2010年感觉就像“快闪族”之年，不是吗？）

两周后，加拿大安大略省的一家摄影公司召集了当地的社区合唱团，在离尼亚加拉大瀑布不远的西韦购物中心上演了一个类似的表演。他们的视频成为YouTube当月最受欢迎的视频之一，也给其他同类视频做了个好榜样。突然之间，整个北美大陆的购物中心和美食广场都成了各个组团在周末争相高唱《哈利路亚大合唱》的舞台，旁边则是一众毫无防备的路人，他们或许正在啃着从熊猫快餐买来的糖醋鸡。虽然我没有确切的证据，但我依然相当肯定北美大陆的每一位妈妈都在某个时刻看过其中一个《哈利路亚大合唱》视频，特别是那些经常上教堂的母亲。“这就是互联网之美。”“文化随机”发起人丹尼斯·舒尔在接受《纽约时报》采访时说，“你可以创造一个超越地理限制的社群。”[6]社交平台上分享次数最多的“哈利路亚快闪族”视频，许多都是由教会策划的。如今，教会唱诗班也做起了即兴表演，在教区搞得有声有色（有些传教士甚至把“棕树节”[①]称为“快闪族”的诞生日)。

购物商场不断有人唱起圣诞颂歌为周围人送上惊喜，那份真挚让人感动。没想到这个原本由教会发起的娱乐活动也能流行起来，让教会以外的人产生情感共鸣。宗教团体的确称得上技艺最娴熟的线上交流专家，因为过去数百年来，他们传播着神的旨意与故事，积累了丰富的沟通经验，不管我们这些科技公司的异教徒承认与否。

在视频时代，宗教团体的存在感可不局限于一小撮偶然走红的病毒视频。每年，耶稣基督后期圣徒教会都会在盐湖城的会议中心举办大会，YouTube将全程直播。尽管教会几乎从来不做什么宣传，但是直播的收视率却很高。乍看会感到诧异，但细想也是合情合理的。如果你是摩门教徒的一员，又无法亲自到犹他州或者通过当地电视台观看半年一度的大会，我猜在YouTube上看直播也是相当不错的选择。YouTube上有不少作者通过发布与宗教主题相关的视频吸引了大量观众，这些视频有的直截了当，有的则比较微妙。拥有60多万名订户的杰斐逊·伯特克(Jefferson Bethke)发布了一个名为《为什么我讨厌宗教，但我爱耶稣》(*Why I Hate Religion,But Love Jesus*)的口播视频。世界各地拥有不同信仰的教众对这个视频纷纷发表评论，很快该视频在YouTube上越来越火。一时间，穆斯林、基督徒和无神论者都在YouTube上收看、分享和讨论宗教，就如同在讨论最新的流行舞蹈一样。当然，用户关注的不仅仅是这些活跃在趋势地图上的视频，也会观看一些没那么火的宗教视频和频道。2016年，人们在YouTube上观看此类视频的时间是观看篮球、

① 棕树节(Palm Sunday)，即基督受难日，是圣周开始的标志。耶稣在这一周被出卖、审判，最后被处十字架死刑。——译者注

棒球和冰球相关视频的三倍还多[①]。

宗教主题通常较少出现在流行娱乐领域（电影《驱魔人》不算），也很少出现在那些容易引起分歧，或者受众过于狭窄的兴趣领域。但是，出镜率的多少跟收视率的高低并不一定呈正相关。比如，如今，你很难在YouTube找到教授针织或者木工等传统手工艺的视频教程，但研究一下YouTube的数据便会发现，仅2016年，人们便花了超过7.5亿小时观看与针织相关的视频。这是怎么回事呢？原来，我们看或不看某个视频并不一定取决于其数量的多寡，那些吸引用户蜂拥而至的视频或频道往往涉及人们真正感兴趣的主题。

YouTube上的频道和视频如此多元，只需轻点几下鼠标，那些能够反映我们的文化身份以及人生哲学的主题，比如信仰、政治、兴趣等的视频，便会呈现在我们眼前。纵然大众传媒的受众更大，但某些另类视频依然难逃被归为格格不入甚至令人反感的命运。然而，这些视频却能在网络空间找到属于自己的天地。因为在那里，娱乐节目更有针对性，更有可能获取目标受众的关注。

必须明确指出的是，YouTube不会助长任何小众社区，因为这样做可能引发负面影响。毕竟有些人之所以在网络散布言论，是为了攻击或者诋毁他人。我见过的例子太多了，它们差一点就跨过仇恨言论的界线。我想我们都认同这一点：人人都有权利发出自己的声音，但有一些声音不必大到人人都听见。

数字世界也有阴暗面，我们必须直面这一事实，不能因此便让整个视频时代遮蔽在阴霾之下。我坚信，最终赢得人心的小众频道是帮助

① 数据显示，足球类视频的受欢迎程度最接近宗教类视频。但显然，即便世界上最受欢迎的运动，也无法击败上帝。

我们消除隔阂的那些，而不是制造隔阂的那些。俗话说，身体发肤，受之父母。这不，YouTube上一些创作者举办了一次活动，呼吁人们不要嫌弃自己天然的毛发，而要学会欣赏天然之美。该活动激起了许多年轻黑人女性的强烈自我认同感。此外，YouTube上的一些跨性别创作者，也助推了人们与这一社会上被误解最深的群体之一之间的对话。

促进小众社群的发展及其视频的传播背后的力量，是普通人的兴趣和热情，而非商业策略。我们的热忱催生了针织频道、吃饭直播频道，当然，还有素食烹饪频道。虽然大多数频道注定无法流行，但终有一些黑马有望实现突破。

当小众不再小众

数千名粉丝的欢呼声在空气中炸裂。在我前面几排有一位老兄正用力扯着自己的头发，似乎不敢相信眼前的一切。麦迪逊广场花园人潮涌动，人群正在失去理智。我，与此同时，则有些茫然不知所措。

我和同事杰夫几年前就打算去一年一度的《英雄联盟》世界巡回赛观战，2016年，我们终于搞到了两张门票。《英雄联盟》是一款全球多人在线竞技电脑游戏。2016年10月，《英雄联盟》在纽约市麦迪逊广场花园举办了两场半决赛，来自韩国的两支队伍SK Telecom T1（简称SKT）和ROX Tigers一决高下，争夺一周后在洛杉矶斯台普斯中心的决赛入场券。当时比赛尚未开始，我不清楚会发生什么[①]。在赛场中心，

① 我撒谎了——我很清楚将会发生什么。基本上，这场战斗可以看作弗莱德·萨维奇1989年主演的电影《小鬼跷家》（*The Wizard*）结尾高潮部分的翻版：弗莱德参加当时还未发售的《超级马里奥兄弟3》比赛，赢得了5万美元奖金。顺便说一下，2016年《英雄联盟》世界巡回赛的奖金共计670万美元。

10台电脑已经严阵以待。它们5台为一组，排成两两相望的阵形。台下是4块巨大的屏幕，由一群幕后专员操控，为这场身价不菲的梦幻之战展开全球直播。要知道，麦迪逊广场花园是美国最具传奇色彩的运动场地之一，它是拳王阿里（Ali）和乔·弗雷泽（Joe Frazier）“三番决斗”的所在地，还见证了田径历史上许多重要的时刻。而现在，我们眼前是10位骨瘦如柴的玩家在电脑前面比赛玩游戏，很奇怪吗？听我慢慢道来。

20世纪90年代末和21世纪头10年的大部分时间，专业的竞争性电子游戏（也称电子竞技游戏）在娱乐圈处于一个相对弱势甚至被嘲笑的地位。电视上偶尔会播出一两场比赛，但就像短命的世界电子游戏大赛[①]一样，很多人根本没拿它当回事。然而，到了2010年，技术的进步使得直播赛事更加可靠，世界各地的玩家足不出户便可以收看专业或者业余选手之间的比赛。2012—2016年，YouTube上的电竞视频收视率大幅上升，除了网游开发商拳头出品的《英雄联盟》，维尔福软件公司出品的《刀塔2》也出现在了最受欢迎的电竞视频排行榜上。

在《英雄联盟》的比赛中，一方要想获胜就得摧毁另一方的根据地。当然，这种说法有过分简化的嫌疑，就好比说美式橄榄球的目标就是带球跨过对手的球门线一样。事实上，要成为一名《英雄联盟》的比赛选手可不是那么容易的事。玩家需要具备良好的身体素质，因为对战游戏常常需要你对各种情境做出快速反应。玩家还必须足够聪敏，因为对战过程中会用到大量的统计数据并据此部署战略。一旦你了解这个游

① 世界电子游戏大赛（WSVG）是一个全球性的专业电子竞技大赛。在2006年举办了第一个赛季之后，次年便取消了在洛杉矶、伦敦和瑞典的重要赛事，原因是之前赛事的收入不足以支撑比赛。——译者注

戏是怎么玩儿的，观赏起来就变得非常有意思（再说它的画面本身就挺好看）。为了更好地融入比赛，我决定在心中默默支持SKT和该队的明星成员菲克（真名李尚赫）夺冠。他可是ESPN口中的“天选之人”，人称“无坚不摧大魔王”——拳王阿里也没获得过如此霸气的绰号啊。其实，职业电竞比赛跟我们平时看的专业体育赛事有许多类似之处：黑马效应、传奇选手戏剧性复出、激烈对抗。不过，观众的心思你别猜。我听到身后一位男士抱怨说，麦迪逊广场花园的这场比赛根本比不上他之前在韩国首尔看的那场。

现场的一位调酒师告诉我，这绝对是她在这个体育馆工作以来见过的最怪异的赛事之一，但她没什么好抱怨的，因为前来买酒的人比她预期的要多。平时不打游戏的人可能会以为电竞游戏比赛现场会来很多孩子，事实并非如此。90%的人似乎都20多岁，并且，从排着队的那个厕所前站的一溜有序的长龙来看，他们大部分是男性。

《英雄联盟》可以说是最主流的电子竞技游戏了，但其操作却复杂到让人懊恼，至少我是这么认为的。尽管大多数受欢迎的体育运动都有一些让人难以理解的规则，但一般情况下，观众通过比赛现场便能判断正在发生什么，而无须一本手册。但是，《英雄联盟》是一个太考验玩家等级的游戏。我的同事杰夫也算一个游戏大师，估计他打这个游戏少说也有100个小时，但是连他也经常对现场状况一头雾水。当电竞对手通过电脑进行厮杀时，每一分钟都会发生很多事，多到甚至回家用录像看慢动作回放也不一定搞得清楚。比赛中的任意一刻，屏幕上会显示70项数据——70项！“这种比赛的竞争很强，选手需要对游戏有高超的技艺和娴熟的技巧，容不得半点敷衍。”《英雄联盟》的联合创始人布兰登·贝克（Brandon Beck）在谈到游戏设计时说，“如果你想要从这个游戏当中获得乐趣或者成就感，就得踏踏实实地刻苦练习。”[7]我想这也是《英雄联盟》如此吸引人的一部分，因为作为一个粉丝，你的探索之路可以说永无止境。当比赛进行到某一个时刻，我听见播音员说有一支队伍凭借自己的亲和力赢得了观众的喜爱，我不禁笑了起来。因为从我的角度看得清清楚楚——这是一个5局3胜制的比赛，每一场比赛45分钟——10名选手在如此长的时间内几乎全都紧绷着脸，哪里来的亲和力。

5个小时之后，菲克和他SKT的伙伴戏剧性地拿下了第五局，在半决赛中获胜。而本次半决赛的全部视频也必将成为秘籍，被粉丝在网上反复观摩、解读。当我看到自己支持的队伍好像胜出的时候，我兴奋地颤抖了一秒，后来我才意识到自己在一个几乎不了解的比赛中，为一个几乎不了解的队伍加油（管他呢，SKT最强）。当我回头分析YouTube的直播数据，发现SKT夺冠的时候，来自世界各地的20多万人同时涌进了直播。一周后在洛杉矶举行的总决赛，这个数字变成了4300万，SKT击败三星银河队（Samsung Galaxy）夺得了联赛总冠军。这次赛事成为当年YouTube上收视率最高的直播。

过去10年来，电竞娱乐业发生了翻天覆地的变化。尼尔森报告发现，有近2/3的美国人玩电子游戏。[8]2016年YouTube订阅用户数排名前100的频道创始人中，有1/4是游戏玩家。同年，人们在YouTube收看游戏相关视频的时间超过了1001300小时。游戏还成就了大买卖。2014年，亚马逊以近10亿美元的价格收购了实时电竞流媒体平台Twitch。就在人们的眼皮子底下，游戏俨然成为一个规模巨大的主流娱乐类型，主题无穷无尽。传统的娱乐平台很难创造出一种能够俘虏如此广泛受众的产品，只有互联网才有这能耐。多亏了互联网，游戏作为一种娱乐形式迅速崛起，它不再被视为一种吸引力有限的亚文化，而是一个前途无量的市场。

美妆和时尚类频道的受欢迎程度紧随游戏类视频之后。2016年，YouTube上受欢迎程度仅次于蕾哈娜和泰勒·斯威夫特等主流明星的，是一位23岁的墨西哥美女玛丽亚娜·卡斯特雷农·卡斯塔涅达。她在YouTube上有一个更广为人知的名字瑜雅（Yuya）。瑜雅开办的西班牙语频道主攻日常生活，从涂指甲油的技巧到烹饪再到家居装饰，主题丰富。她在拉丁美洲各地声名远播，有超过1500万人关注她的作品，她发表的每一个视频都有数百万的浏览量。在其他任何一个平台，你都很难找到一位拥有如此多粉丝的同类主持人。美妆和时尚类频道还有一个红人主播——贝萨尼·莫塔（Bethany Mota），讲英语的她成功发展了“血拼视频”。你也许会说，这些视频不就是晒她在购物中心买的东西吗？然而贝萨尼就是凭此圈粉无数，不仅在服装、饰品界闯出一片天地，还唱起了流行歌曲，参加了明星真人秀《与星共舞》（*Dancing with the Stars*）。她还采访过总统，并且参演了无数YouTube制作的电视广告和平面广告。这一切都发生在她的20岁生日之前。

这么多年以来，美妆和时尚类频道培育了不少耀眼的网络明星，其中还有男性。纽约少年詹姆斯·查尔斯（James Charles）靠提供化妆服务为生，多年来一直在YouTube学习各种美容教程。为了在毕业舞会季招揽更多的生意，他开始在社交媒体Instagram发自己的上妆照，没想到粉丝络绎不绝。很快，他在YouTube开了一个频道，发表视频演示如何打造自己那些戏剧性的妆容。2016年，年仅17岁的查尔斯被国际美妆品牌“封面女郎”（CoverGirl）相中，成为其首位“封面男郎”。

互联网的怀抱向所有人敞开，非主流视频的创作者也可以尽情探索自己的兴趣、实践自己的想法。有时候，人们以为小众、冷门的爱好或者文化，事实上被很多人喜爱着，只是这些人分散在世界各地。而一旦这些迎合小众口味的视频上了YouTube，人们就可以很快找到自己的知音，那么小众市场也可能很快流行。时尚美容播主们的成功经验不就是最好的证明吗？在YouTube，最初只是迎合小众趣味的频道也有机会发展得有声有色，打造自己的明星，制造新的流行。这样的频道不仅曝光率高，还能迅速且积极地影响主流观点。

2010年，专栏作家丹·萨维奇（Dan Savage）写下一篇文章，哀悼印第安纳州一名因为受霸凌而自杀的15岁男孩。一位读者看到文章后，以直接对话的口吻给男孩留言说："你经历的痛苦和折磨让我心碎……多么希望我那时能告诉你，事情会好起来的。"这一留言让萨维奇陷入了沉思。萨维奇是一名同性恋者，他在小时候因为自己的性取向遭遇过惨痛折磨。如今，人们对同性恋的态度大有改观。但是，仍有许多年轻人正在经历这种折磨，而他们很少有机会得到鼓励，听到充满希望的、快乐的故事。实际上，萨维奇经常受邀在大学里做有关恐同症①和保持宽容之心等话题的演讲，但他从来没有收到过中学的邀请。鉴于美国大部分地区的父母和宗教团体的压力，去初中和高中演讲这种话题几乎是不可能的。萨维奇觉得，如果自己去和未成年人谈生命，那么他会被恶毒地贴上"灌输不良生活方式"的标签。这是一个游离在青少年主流文化之外的话题，一个被教育机构——青少年学习和生活的地方——似乎有意忽略的话题。

"我坐在前往肯尼迪机场的火车上，突然醒悟过来，为什么非要

① 恐同症（homophobia），即同性恋恐惧症，是指对同性性行为和同性恋者的非理性恐惧。——编者注

等学校给自己发邀请呢？”萨维奇写道，“在社交媒体时代，我们有YouTube，有推特，还有脸谱网，我完全可以直接对LGBT的孩子们发出自己的声音。我不需要孩子父母的允许，也不需要学校的邀请，我只需要对着摄影机分享我的故事，让LGBT的孩子们知道，我也曾遭受苦难，但是我的生活最终好起来了——他们的生活也会好起来的。我可以给这些孩子希望。”[9]萨维奇发起了“一切都会好起来”的活动，希望找到100个人通过视频讲述自己的故事上传到网上，告诉人们不管过去遭遇了什么，一切都会好起来。结果，人们上传了5万多个视频，这些人的背景跨越了性别、种族和性取向。数不清的名人制作了视频，许多大型科技公司的员工也制作了视频，其中包括谷歌、脸谱网和苹果的员工。最有名的一个视频则来自美国前总统奥巴马。

这场声势浩大的线上活动“一切都会好起来”给LGBT的孩子们带来了积极正面的影响，他们知道有5万多人在为他们打气。在视频中发出声音的人来自各种不同的背景，属于不同的群体，这一多样性也为活动的成功发挥了积极作用。青少年可能更容易对流行歌手、YouTube明星的发声视频产生共鸣，而他们的父母则更能听进去政治家的观点。视频传播的广度则可以使得每个社交群体都有机会和彼此产生互动，无论你是东正教犹太人、科技宅男、士兵，还是警察。

“一切都会好起来”其实可以看作一场更大规模的社会平权运动的组成部分。在这一社会运动中，人们对于诸如同性恋婚姻合法化、种族平等和性别认同等社会问题的看法，无须得到主流大众媒体的授权，而是通过网络直接影响主流观点。YouTube明星泰勒·奥克利（Tyler Oakley）曾支持一个为LGBT青年提供免费、保密和安全的危机干预与自杀预防的项目——Trevor。在接受《每日电讯报》的相关采访时，他说："互联网已经改变了人们对'LGBT+'①群体的看法。现在，当我和年青一代交谈时，我会告诉他们，因为互联网的开放和其蕴藏的机遇，未来将会更美好。这些年轻人是如此具有社会责任感，并且对他们所做的事情充满激情……对于他们来说，这项事业（支持LGBT）无疑令人振奋，于是他们心甘情愿地为之付出！然而对于过去几代人来说，权利与平等问题常常争议不断。但是现在，年轻人的楷模来自不同的性取向和其他背景，年轻人可以自由地加入各种话题的讨论，因此，同性取向是人们的第二天性，也是日常生活的一部分。"[10]

如何利用电梯交友

我从来没去过圣安东尼奥，但我知道在圣安东尼奥君悦大酒店乘坐电梯到24楼是什么感觉，因为我在YouTube上观看了一个以第一人称视角拍摄的视频。视频中，一名男子兴奋地描述着自己的电梯之旅。"你猜怎么着？这是一部奥的斯电梯②！"他一进电梯就指出。"它的速度很快。"男子在电梯到达第24层时继续说道。"看看那些LED灯吧。"他在拍摄电梯天花板时说。"我喜欢那个按钮，看！"他一边说，一边指着一个特写的电梯按钮，补充道，"这太酷啦。"老实说，我没觉得这个按钮有什么特别。当我看这个视频的时候，它已经被观看了279119次。这个名为"DieselDucy"的频道是弗吉尼亚州罗阿诺克市的安德鲁·瑞蒙斯（Andrew Reams）创建的，上面有很多电梯视频，前述提

① "LGBT+"中的加号代表拥有其他性别或者性倾向的群体，例如，两性人（intersex）、无性恋（asexual）等。

② 奥的斯是美国著名的电梯品牌。世界各国20座著名地标性建筑中，有12座使用了奥的斯电梯。——译者注

到的电梯之旅甚至还不是他最受欢迎的那个。获此殊荣的视频时长5分34秒，名叫《美丽的奥的斯游憩电梯@伊顿海港中心汉普顿弗吉尼亚州》（*Beautiful Otis Scenic Traction elevator@2Eaton Harbour Centre Hampton VA*）。此外，“DieselDucy”频道上的视频总共被观看了超过8000次——是的，你没看错。

“从我还是个孩子起，我就爱上了坐电梯。”39岁的阿斯伯格综合征患者安德鲁告诉我。他至今仍记得自己两岁那年第一次坐电梯的情景。那是在密苏里州德佩雷斯的非莫斯巴（Famous–Barr）百货公司，现在已经拆了。安德鲁当时和他的母亲一起等电梯。“我对妈妈说，‘这太可怕了，我不要上去’。我妈回复我，‘别怕，这就像魔术，你走进去，门就会关上，再次打开时你就会在别的地方’。所以我进去了。她把我抱起来，我按下电梯按钮。门关了，一分钟后门打开了，眼前的世界真的不一样了。我想，‘哇，真有趣，我还想再多试几次’。从那以后，我就开始沉迷于坐电梯。”安德鲁说，“其他人喜爱拍花，而我则喜欢绕着电梯给它拍照。”当其他小朋友在公园玩的时候，安德鲁的父亲没有带他去公园玩，而是把安德鲁带到办公楼，这样他就可以乘着电梯“旅游”了。

五年级的一天，安德鲁在学校发现了一卷录像带。那时他刚刚读完一篇杂志文章，上面一张照片的图片说明显示，文章作者就站在亚特兰大马奎斯的万豪酒店的电梯里。“我得到那儿把这个电梯拍摄下来。”他心想。几年后的1993年，当安德鲁15岁的时候，他的父亲的秘书提出可以把自己妹妹的手提数码摄像机借给安德鲁，并且带他去亚特兰大参观酒店和那个他心心念念的电梯。他的愿望真的实现了。“我像是在天堂。”安德鲁回忆说，“我一遍又一遍地看着录像带里（拍摄的亚特兰大酒店的）那些电梯的画面。”最终，安德鲁能够买下一部属于自己的相机了，但是他发现制作家庭电影的成就感还不够。“如果我不能和别人分享，那么拍摄视频有什么意义呢？”他想。2006年，一位朋友建议他上一个叫作YouTube的新鲜出炉的视频网站看看，也许在那儿可以交到一些同好。之后，安德鲁在YouTube创建了一个频道。他上传的第一个短片有些让人摸不着头脑：一把旋转的锁、一架起飞的飞机、一辆闯红灯的工程车。一次，安德鲁因为工作关系去亚特兰大做培训，他想去看看自己儿时起就认识的“老朋友”——马奎斯万豪酒店的电梯。到了酒店，安德鲁特意为电梯拍摄了一部新视频，以展现其“魔力”。其实，当时电梯里除了安德鲁还有其他几个人，但安德鲁让他们坐在了地上。后来，安德鲁把这部乘着电梯“旅游”的视频上传到了自己的YouTube频道上。

当他再次回到自己的频道时，“我的眼珠差点儿蹦出来，”安德鲁说。他的视频已经有了数百次浏览，评论也越来越多。“谁会看这种玩意儿?”他沉思道。在那之前，安德鲁认为自己是唯一一个有电梯强迫症的人，但几乎所有的评论都要求他拍摄更多的电梯视频。安德鲁很快就拍下了他的镇上的每一部电梯。他为了拍摄电梯经常偷偷溜进建筑物，你可以看到他的视频中有许多露出不解和困惑表情的人，这些都是他在拍摄途中遇到的人。大约一年之后，他发现YouTube上多了不少为电梯爱好者打造的频道。整个电梯视频社区的网友聚在线上，一起发布、观看和讨论那些一看就很业余的电梯视频——那些许多人每天都在使用，但绝不会为它们回一次头的电梯。如今，YouTube上有数百个相关频道，在那里你能看到包括法国、意大利、瑞典、挪威、丹麦、波兰、印度尼西亚、以色列和荷兰等国的电梯。

发现这个世界上还有那么多的同好，安德鲁真的很开心。许多人特意跑到安德鲁的频道，就是为了一睹蒂森克虏伯（Thyssen–Krupp Synergy）无机房电梯的风采。很快，他又有了新的发现。“我认为来我的频道的人有70%~80%患有自闭症。”安德鲁告诉我。虽然不是百分之百，但电梯爱好者大多数是自闭症青年，无论是观众，还是视频创作者。“这是一种丰富的感官体验。”安德鲁谈起了观看电梯视频的感受，“它（看视频）会刺激你的感官——视觉、听觉、触觉——仿佛在一定程度上，你能够控制它们。”有治疗师表示，调动多种感官的体验能够使自闭症儿童感到平静，同时也能在一定程度上理顺他们的思维。安德鲁告诉我：“我感觉自己就是这些孩子中的一个，这种感觉很有趣。”

如今，安德鲁·瑞蒙斯是诺福克南方铁路公司（Norfolk Southern Railway）的一名货运列车指挥。在过去10年中，安德鲁·瑞蒙斯已经在他的频道上传了2750多个视频，其中许多与电梯并无关系。但正像安德鲁自己指出来的那样，他是因为电梯视频才为人所熟知的。甚至在电梯制造业这个领域里，他都可以被称作半个名人。每年都有那么几次，电梯行业的人会出钱请安德鲁拍摄最新的电梯产品。新建“世界贸易中心”的高速电梯对公众开放之前，便邀请了安德鲁前往参观机房。

我第一次看到这些电梯视频的时候，简直不敢相信有人会喜欢这种题材。那时，我根本不知道YouTube上还有电梯爱好者社区，对于这种爱好与自闭症的关系也一无所知。但是，正是像这样的社区让我对YouTube这样的网络平台充满敬意。人们从四面八方聚集到YouTube，不仅仅因为有着共同的兴趣爱好，还因为YouTube让他们更加了解自己是谁，使他们有了归属感。

YouTube上存在许多小众社区，社区的成员个个都极富激情，一点儿也不输给电梯迷。比如在频道“美国女孩定格动画”（American Girl Stop Motion，标签为#AGSM）中，你可以看到人们用洋娃娃制作了大量费时又绝对精致的短片。还有LPSTube社区，他们专门用动画剧集《小小宠物店》（*Littlest Pet Shop*）周边的实体玩具，来制作小电影。还有一些小社区则没那么另类。比如户外冒险者聚集的BASE社区，书虫聚集的BookTube社区。说起BookTube，它起初只是一个微型社区，近年来规模壮大，吸引了成千上万的订阅用户，于是改名为“BookTubers”，众多出版社也向其抛出了橄榄枝。此外，YouTube上还有一个“妈咪”社区，每年都会召集YouTube的妈妈们举办线下聚会。

2013年，安德鲁打算退出YouTube。不是他玩得不开心，而是他开始感觉自己只是在重复过去，这对于曾经以乘电梯为乐的安德鲁来说，是一个非同寻常的启示，他似乎有所顿悟。“这一切跟电梯无关。”安德鲁说，“它们只是我用来与人们交朋友的工具。”

最初，安德鲁和他的电梯同好完全通过YouTube的评论与站内信息进行联络，但后来还是见了面，他们有时还会一起合作拍摄电梯视频。在YouTube上经营“电梯频道”（The Elevator Channel）的雅各布·巴赫塔跟安德鲁很谈得来。雅各布住在密苏里州的圣路易斯，离安德鲁很远，他俩每年只能见两次面，但他们几乎每天都聊天。“雅各布也许是我最好的朋友了。如果没有YouTube，我甚至都不知道他的存在。”安德鲁说。

渐渐地，安德鲁还在自闭症相关会议和研讨会发表演讲，跟自闭症儿童的父母谈论如何应对他们的孩子对于电梯的迷恋。安德鲁的一位粉丝甚至亲自到罗阿诺克去探望他，每年去十多次。安德鲁告诉我，一个小粉丝的母亲曾经把她和孩子跟他会面的经历比作参观迪士尼世界，而安德鲁就是他们的米老鼠。一个39岁的阿斯伯格综合征患者在某些孩子心中，竟然与媒体史上最出名的流行卡通人物具有同等程度的影响力，这是21世纪的奇迹。但在YouTube出现之前，这恐怕近似于难以想象的神话。

互联网充斥着那么多引起分裂的媒体产品、那么多让人感到冷漠的价值观，似乎它并不能成为孤独人士的避风港。幸亏这些小社区的存在，它们使我们彼此靠近，而不是彼此远离，于是我们对世界和自我的看法悄然改变了。这一点对于那些极易感到被边缘化的人群来说，意义重大。

"小时候，我觉得自己很奇怪，因为我喜欢电梯，而我周围没人跟我有同样的爱好。"安德鲁回忆说，"于是，我把这个爱好藏在心里。而现在（网上）有一整个社区，它可以让这些孩子从隐秘的自我中走出来，不因为他们的爱好感到羞耻，不必害怕自己是谁。"

传统娱乐是为了娱乐大众而设计的。即使偶有针对特定受众的特殊内容，也会通过各种手段来确保其主要部分能够被大众理解，即便是对所涉及领域不熟悉的门外汉。在传统娱乐当中，我们看到的是标准化的制作模式、换汤不换药的剧情、雷同的叙事方式。但是YouTube的创作者却不必刻意制作吸引大众蜂拥而至的内容，在YouTube这样自由开放的网络环境中，专门化的内容自然会等到它们的伯乐。

根据YouTube的程序设计，YouTube的内容会随着时间和用户使用的方式进一步优化，对于小众视频和喜爱它们的粉丝来说也是如此。这样一来，小众视频的粉丝或者作者，将会越来越了解自己喜爱的主题。那么，关于此主题的作品也会越来越专业。当然，这种专业是就其特定受众而言的。如果你不好那一口，往往会觉得难以理解甚至反感。但是反过来说，某位《我的世界》的铁粉制作了该游戏的音乐视频，他还会真的在乎不喜欢这个游戏的人怎么看吗？这种粉丝视频，懂的人自然懂。事实上，那些试图迎合外人的视频才会吓跑观众。

如果把网络视频频道比作电视频道，YouTube就是一个有无限节目可供选择的超级电视。作为公共、开放的网络平台，YouTube的频道不同于电视频道，前者不存在发行成本，而视频的制作成本也和平台无关，由视频作者承担。可以这么说，像YouTube之类的线上频道相当于用极小的成本，换来了一个无边无际的“电视指南”，在里面可以探索到无数种类和数量的节目。这样的网络空间有什么价值？想象一个货架。很明显，当你的节目足够多，多到可以同时包括许多大热门，以及几乎无人问津的众多冷门时，你就拥有了一个无限长的娱乐货架，任何观众都可各取所需。虽然不少货品是冷门，但其带来的效益总和则相当可观。

然而，电视频道是为预设的观众设计的，节目的制作会刻意迎合目标受众的口味。但是在YouTube上，观众和作者共同决定了节目该长什么样，可以说观众对节目的反应在很大程度上塑造了今天的娱乐形式。小众流派的出现一开始确实满足了一部分人的特殊兴趣，但它们不断发展壮大，以至于一些所谓的“小众”开始吸引大量的观众。一些从前不为大众所知的频道，比如乔丹·马伦的游戏视频或者瑜雅的生活播客，也可以打响知名度、获得号召力。而当我年轻的时候，只有主流媒体的节目才能有如此影响力。

YouTube上《我的世界》、电竞比赛和美妆播客的视频纵然为数众多，也无法穷尽我们对小众娱乐的喜爱之情。事实证明，一个视频越是小众，它和受众之间的关系就越亲密，它就越能满足我们期待交流的共同心愿，提供给我们一种归属感。我们一直都在追寻这种归属感，21世纪的娱乐科技——与街角书报亭的杂志或者主流电视节目不同——以独一无二的方式满足了我们这个与生俱来的需求。一种娱乐越能满足小众口味，就越能改变我们的生活。

第九章

触及最隐秘的欲望

小众视频在YouTube的兴起促进了新网络社区的形成和新视频主题的诞生。YouTube上有无穷无尽的频道和视频，那些能够满足人类更隐秘、更深层次的欲望的视频也自成一派，这些欲望一直都存在，只不过可能被传统媒体行业或我们自己忽略了。新类型视频的诞生扩大了我们对娱乐的传统定义。

“晚上好，我是玛丽亚。”一位女士轻声细语地说。她戴着大圈耳环，一头金色的长发显得格外迷人：“这段视频将使你放松。”随着视频的介绍，她示意观众：“我将通过一系列不同的方法让你感到平静和放松。”

为了听清楚她说了什么，我特意戴了一副质量上乘的降噪耳机。目的不在于捕捉她说的每一个字，而在于她是怎么说的。她温柔的低声耳语在我耳畔回荡。她每发出一个音节，你都能听到嘴唇一开一合发出的轻微的声音，似乎想象得出她是怎样用舌尖抵住嘴唇，将呼出的气流缓缓送出牙齿。不一会儿，她拿起一把梳子，那种柄很粗、前端的平头上布满许多竖起小气囊齿的梳子。她用手指刮擦那些小齿发出“扑哧”

的声音，然后又用指尖轻叩梳子边缘，最后才将梳子穿过自己的缕缕金发。

10分钟后，玛丽亚开始用一根羽毛来摩挲自己的脸（这段视频有16分钟长）。我说不上她的口音来自哪里，反正听起来有点儿像东欧人。“别担心。”她轻柔地说，“一切都会好起来的。”我聚精会神地听着，等待那传说中的兴奋感顺着我的脊背往下爬。

我翘首以盼的兴奋感又叫“自发性知觉经络反应”（ASMR）。这已经不是我第一次通过YouTube视频试图感受这种神奇的效果了。这些引导ASMR体验的视频在YouTube上相当受欢迎，说不定你也曾经体验过。

什么是ASMR？“它的狂热追随者称，这是一种由特定感官刺激诱发的、令人愉悦的兴奋感，伴随着头部、脊椎等部分强烈的又刺又麻的感觉。”[1]在第一篇描述ASMR现象（也是为数不多记录在案的）的学术论文中，医学研究人员尼廷·阿胡贾这样写道。据说，人群中只有一定比例的人才能“体会”到这种感觉，我很好奇自己是否也是其中一员。对于ASMR现象的解释众说纷纭，相关的科学研究却很少，但毫无疑问的是，ASMR爱好者感受到了某种东西。玛丽亚的视频下有一条评论称：“当我看这个视频的时候颤抖得厉害……抽搐感和刺痛一道，让我失去了对自己身体的控制。这种感觉真是强烈啊。”看到这里，你难道不想亲自尝试一下？

ASMR在2010年才被正式当作专有名词，2011年开始进入公众视野，那时人们对这种神乎其技的体验产生了浓厚的兴趣。

玛丽亚是YouTube上ASMR频道“温柔耳语”（Gentle Whispering）的大明星。“温柔耳语”有超过80万名订户，其视频的总浏览量超过了2.5亿次。我看的视频名叫《*_*超治愈的ASMR视频*_*》(*_* *Oh such a good 3D-sound ASMR video* *_*)，它的观看次数超过1700万次，是该频道最受欢迎的视频。目前，《温柔耳语》有250多个视频，从《~放松：折叠松软的毛巾》(*~Relaxing Fluffy Towels Folds ~*)到《*耳语*〈纽约时报〉文章选读》(**Whisper* NY Times newspaper article reading*)，不一而足。YouTube上面有不少跟ASMR相关的频道，像“希瑟的羽毛ASMR”、“按摩ASMR”和“小宇宙ASMR”等，每一个都拥有超过10万的订户。不过，“温柔耳语”是最受欢迎的。

“我刚起床。如果我的声音让你失望了，我很抱歉。”玛丽亚在她位于巴尔的摩的家中说。我们当时正在通电话。她告诉我她还没有开嗓，这一过程包括唱歌、喝一种特殊的茶，以及进食苹果和蜂蜜等。玛丽亚显得有些担心，但其实大可不必，她的声音没问题，正合我意。我得说，跟玛丽亚的对话是我有史以来做过的最舒服的一次采访。

玛丽亚第一次接触到ASMR的时候还是个孩子。那时她在俄罗斯的利佩茨克。一天，她和一个朋友玩“老师和学生”的角色扮演游戏，玛丽亚扮作学生，她的朋友扮演老师。玩游戏的时候，朋友一边翻动书页一边说话的声音触动了她的内心。“那一刻，我仿佛感到香槟泡沫在我的全身流淌。”她回忆道，“我说不清楚那究竟是一种什么样的感觉，但它如此令人愉悦，简直难以置信。”玛丽亚渐渐长大了，这种感觉偶尔会回来。“大多是发生在有人轻声说话的时候，而且声音往往伴随着缓慢而从容的动作。”

玛丽亚在19岁时移民到了美国。2009年，因为离婚的事，她的情绪十分糟糕。她转向YouTube上的冥想视频寻求帮助，以平息焦虑。一天，她在自己YouTube主页的相关视频栏发现了一个叫作“耳语视频”

的东西。玛丽亚打开其中一个，一位名为“耳语之花”（whis-perflower）的女人，用英语和俄语低声说着什么。“当我听到她的声音，就像撞到了一堵墙一样震撼。这就是我儿时体会过的那种感觉，它是如此强烈。”那一刻，玛丽亚才意识到自己不是一个人，还有很多人也有过类似的体验。“我开始浏览评论，发现很多人也和我一样有过那种感觉。”在接下来的一年当中，玛丽亚成为这些视频的常客，她用它们克服焦虑的情绪。

“一段时间以后，我发现许多人都很喜欢耳语视频，只不过这些视频并不是我想象中的那样。”玛丽亚说。2011年，她推出了自己的频道“温柔耳语”。当时，玛丽亚在一家医疗用品商店做前台。她的频道一开始没什么观众，两年后逐渐累积了十多万的订户。2015年，玛丽亚辞去前台的工作，全身心经营她的YouTube频道。

在研究ASMR的过程中，我找到一些对ASMR尚不了解的人聊天，他们几乎都有同样的反应：这恐怕是什么变态的性癖好吧。我必须承认，我一开始也这么认为，尽管在ASMR爱好者会集的在线论坛上，他们坚定反对这种观点。但我依然心存疑虑，或许这还不仅仅是一种性癖好那么简单。网上的ASMR频道大多由年轻漂亮的女士主持，想要找一个明显含有色情意味的ASMR视频并非难事。此外，ASMR视频中常见的“角色扮演”场景也很难让人不往那方面想。一切似乎都在暗示，ASMR就是一种性癖好。真是这样吗？

从“温柔耳语”频道的数据来看，男性观众和女性观众的数量几乎持平。事实上，女性观众要略多一点。如果说观众的性别比例有些出人意料，那更加出人意料的是网上还有为数不少的男性“ASMR耳语者”。不过，这些都不足以证明寻求ASMR快感的人并不是在满足性癖好。事实上，我的一位朋友就表示："说不定女性观众恰恰觉得羽毛和轻声细语格外挑逗呢。"凡是网上出现的大众难以理解的事物，要么被定义为边缘化，要么就是变态，ASMR的遭遇也是如此。但是，2015年英国的两位研究人员以匿名方式在ASMR论坛和团体中进行调查，发现"只有一小部分人（5%）使用ASMR影音进行性刺激，绝大多数参与者（84%）并不认同这种做法"。[2]绝大部分受访者使用ASMR的目的是促进睡眠或者缓解压力。

ASMR视频的创作者女性多于男性。一种解释是，女性的声音更柔和、更富有治愈的功效。玛丽亚则认为女性的优势其实存在于心理层面："在自然界中，女性是养育者，所以更温柔、更有爱心。"

我采访玛丽亚那会儿，她的频道每天有超过25万次的浏览量，并且还在不断攀升。人们停留在视频的观看时长平均接近11分钟，在一些时间较长的视频上则停留了接近20分钟。这对网络视频来说是相当可观的收看时长。玛丽亚的粉丝来自各行各业，她告诉我，像急救工作人员、消防员、教师和律师等压力较大的专业工作者，收看视频的时间还要更长。多年来，她跟许多粉丝都保持着联系。"我每天收到数百封电子邮件，还有各种各样从不同平台发来的评论和消息。"玛丽亚曾经收到过来自飞行员的信息，他们在长途飞行的休息时间观看她的视频以便帮助入睡；患上创伤后应激障碍（PTSD）的退伍军人来信称他们观看视频以免夜惊发作；还有父母和他们的婴儿或者很小的孩子一起看ASMR视频。"我以这样的方式参与到了别人的生活当中，这真是太神奇了！"玛丽亚兴奋地说。

这些不寻常的视频在人们的生活中竟然扮演了如此重要而有意义的角色，这乍听上去难免让人抓狂。不过，我们早就说过，在视频时代，像YouTube这样的网络平台不仅是我们的集体灵魂，也是个人爱好的延伸。而ASMR视频的流行则是我们利用线上娱乐满足个人需求的最好缩影。“我们不是医生，也没有医学学位。”玛丽亚笑着说，“说白了，就是一个人借助互联网的力量去帮助和引导另一个人……我觉得这很美好。”

1966年11月，纽约电视台WPIX11频道的总经理弗雷德·斯劳尔为这家独立电视台的平安夜直播节目制订了一个方案：在平安夜当晚花3个小时直播壁炉中柴火燃烧的情景。《纽约时报》写道：“这在电视史上从未有过……从晚上9点30分到第二天0点30分，屏幕上什么都没有，只有一堆噼啪作响的火焰，要是觉得无聊，你可以幻想它的旁边有一棵圣诞树，或者把火焰幻想成圣诞树的装饰。感谢电子设备带来的奇迹，电视里终于没有商业广告了，它们随着炉火里的灰烬和烟雾一起消失了。”[3]这个名为《国家篝火之夜》（*Yule Log*）的节目只有壁炉中静静燃烧的柴火，它是如此怀旧又温情，勾起了许多纽约人可能自己都没意识到的那份乡愁。结果，这个“节目”大受欢迎，成为风靡美国各地的年度传统。

大约50年后，挪威公共广播公司（NRK，相当于挪威的BBC）做出了类似的惊人之举。2011年夏天，电视台连续直播134小时，展现了一艘邮轮沿着挪威海岸一路从卑尔根航行至希尔克内斯的全过程。这个节目名为《海达路德：分分秒秒》(*Hurtigruten minutt for minutt*)，这种类型的节目则被称作"慢电视"。NRK已经不是头一次这样做了①。不过即使如此，这个长达134小时的节目也绝对称得上"慢电视"的一次大胆突破。说来也怪，这个冗长的节目竟十分受欢迎。据悉，挪威的500万名居民中有一半以上曾经调频观看了该节目。当这艘邮轮最终在韦斯特龙驶入山妖峡湾的时候，有近70万人同时收看。[4]电视台在尝到甜头以后，又食髓知味地制作了许多类似的节目，比如长达18小时的捕鲑鱼节目，还有一个长达12小时的编织大衣的节目。"'慢电视'跟大家想象的电视上播出的节目很不一样。说实话，跟我想的也不一样。基本上，它颠覆了电视制作的传统思想。"挪威公共广播公司的制片人卢恩·莫科巴斯对《时代周刊》说，"电视节目通常都使用相同的制作手法，只是换个主题而已，而'慢电视'则采用了一种全新的讲故事方式。很奇怪是吧，然而（节目）越是离经叛道，越是博人眼球。"[5]

《国家篝火之夜》和挪威流行的"慢电视"都剑走偏锋，违背了传统流行的惯例，效果却出乎意料地令人满意。观众很喜欢这些节目，即便他们最初也会觉得这些节

---

① 2009年，挪威公共广播公司在黄金时段播出了《卑尔根铁路》(*Bergensbanen*)，记录了火车穿越挪威从奥斯陆到卑尔根的全过程，时长7小时。这档节目的收视异常成功，成为斯堪的纳维亚半岛"慢电视"的鼻祖。

目看起来怪怪的。《纽约客》杂志的内森·海勒写道：“作为娱乐手段，‘慢电视’无疑是逆时代潮流的。它似乎是通过让观众自行体会的方式来达到娱乐大众的效果的。”这样的实验看起来很不合理。首先，电视是一种单向的传播媒介，它有一个时间表，明确规定什么时间段播出什么节目。如果数百万人家中的电视机，连续5天都在播放一艘船的航行过程，就会打乱播放时间表，让观众摸不着头脑。其次，这种实验是有代价的。据悉，1966年的《国家篝火之夜》节目造成纽约电视台第11频道损失了4000美元的营收（放在2016年，相当于3万美元）。

在大多数情况下，网络视频不存在这些问题。所以，YouTube上的专业视频创作者也好，草根网友也罢，都可以随时对自己的节目进行自由的实验，或者像《国家篝火之夜》那样，搞一个“不是节目的节目”出来。正是通过这些看似完全违背了传统惯例的实验，我们才能更深入地探究媒体究竟能够满足人们的哪些心理需求。因为越“离经叛道”，越能突破旧有娱乐形态的界线，将新的类型引入我们的视野，从而刺激那些我们从未想过，大脑却在潜意识中秘密渴望的快感。事实上，看似简单的视频和音频可能引发大脑内部的复杂反应，满足人类用语言难以表达的需求。我们可能看了某些视频觉得很爽，但这种非同寻常的经历十分私密，因此我们很少谈论它们。不仅如此，如果不是生活中的一些小确幸，我们可能都不了解自己竟还有这些需求。一则偶然发现的信息、一次错误的点击、一次模糊的搜索，或者一位朋友不经意的话语，让我们和一些视频偶遇。事实上，这些视频的制作也只为这些能够理解它们、懂得欣赏它们的有缘人。

这些视频并不期望得到主流世界的认可。如果把它们比作挠痒痒，其所带来的快感并非来自痒的感觉，也不在于抓痒的工具，而是抓挠这一感受本身。YouTube这样的网络平台使我们最隐秘的需求也能得到满足，原本隐藏在流行文化之下的它们正在进入大众视野，它们反映了我们潜意识的自我，那个难以用语言描述的自我。

我能想到的最美好的事：看见干燥的海绵被水浸湿

到2014年，我自以为已经对YouTube上的流行无所不晓。结果有一天，我发现平台上最受关注的频道居然是一个我完全没听过的名字，当时我就震惊了。这个名叫“迪士尼收藏家BR”[①]（DisneyCollectorBR）的频道违背了所有流行文化的法则：它没有动听的音乐，没有幕前的魅力明星，和流行电竞游戏也沾不上边。该频道的视频全部是演示一位成

① 尽管媒体对“迪士尼收藏家BR”进行了大量调查，但它的幕后女主选择隐姓埋名。有媒体挖出她和YouTube上另一个频道的幕后男主是一对夫妇。他们来自巴西，住在美国。那位男士的频道叫作“蓝色玩具”（Blu Toys），他既不出镜，也不说话，你只能看到他用手把玩各种玩具。

年女性玩儿童玩具的过程。这个女人的脸从未出现在镜头前，但你能听到她那口带拉丁美洲口音的英文，看到她用手拆开培乐多[①]的包装玩彩泥，或者拆开内含小玩具的塑料蛋，又或者取出小袋子里的糖果。这个频道在2011年上线，几年内便蹿升至YouTube最受关注频道的前五位。到2016年，该频道的视频被观看了100多亿次，比贾斯汀·比伯的频道还要受欢迎。玩具视频的标题通常都很长，比如《为迪士尼〈冰雪奇缘〉公主艾尔莎和安娜的洋娃娃制作闪闪发光的礼服裙》（*Play Doh Sparkle Princess Ariel Elsa Anna Disney Frozen MagiClip Glitter Glider Magic Clip Dolls*），这是该频道最受欢迎的视频之一，观看次数超过5亿。

这些YouTube上流行的玩具视频引起了学术界的关注。“作为年过40的家长，到底哪件事更伤自尊心呢——是一把年纪却企图死死拽住流行文化的尾巴，还是看不懂自己年仅两岁的女儿最喜欢的视频？”作家米雷耶·斯利科夫在她2014年的一篇论文中以戏谑的口吻写道。[6]和大多数家长一样，米雷耶也是因为自己的女儿才发现这些玩具视频的。“看到女儿对这些视频如此痴迷，我不由得深思，难道那孩子正在发育的大脑里头有一个钥匙孔不成？手握钥匙的则是一位从不露面的神秘女士，她说着一口南美口音的英语，双手指甲修得整整齐齐，从包装中拿出字母形状的培乐多彩泥模具。”

随着这股玩具视频热潮的升温，人们的担忧似乎也与日俱增，许多文章频频指出这些视频可能对年轻人造成的潜在负面影响。比如，我们是在向下一代灌输一种新的消费理念吗？“它们（这些视频）有别

① 培乐多（Play–Doh）是“孩之宝”旗下品牌，主要销售彩泥玩具，其彩泥颜色丰富，气味和硬度适中，适合三岁及以上的儿童玩耍。——译者注

于电视上播放的、针对儿童的商业广告，后者是硬广，只有30秒，而前者是软广，长达10~15分钟。”一位心理学家在一则新闻报道中忧心忡忡地说道。[7]我小时候印象深刻的电视节目有一半都是和玩具相关的，我至今还能背诵（如果你硬要我背的话）卡通片《妙妙熊历险记》①（*Adventures of the Gummi Bears*）的主题曲的歌词。不过现在想来，真是一件坏事。虽然这部卡通片在认真讲故事，传递正能量，但它毕竟还是一支广告。当然，收看玩具视频会使孩子们对于买玩具更加兴奋，也想买玩具来自己玩。但是，我研究玩具视频的时间越长，我越发确信它们大受欢迎的原因更为复杂。比如名为《探险者朵拉：会说话的背包》（*Dora the Explorer Talking Backpack Surprise*）的视频当中，有一个拆开包装、拿出隐藏的小玩具的环节。“我突然意识到，（视频的）这种吸引力……也许与消费主义没有实际关系，我们从中获取的满足感跟我们的情感反应系统相关。”米雷耶得出了类似的结论。

许多人直指玩具视频中的场景，跟孩子们在圣诞节或者生日时打开礼物的情景很接近。“得到一样新东西如此令人兴奋，任何参加过小孩子生日聚会的人都知道，孩子们的快乐并不完全建立在自己收到玩具这件事情上，他们看到自己的朋友打开礼物也同样开心。”《现代家长指南》系列的作者斯科特·斯坦伯格告诉《每日电讯报》。[8]谢菲尔德大学的学者杰基·马什则在2015年一篇研究流行玩具视频的论文中分析道：“儿童与成年人一样，都喜欢神秘感和悬念。当揭晓这种悬念的环境令

---

① 《妙妙熊历险记》是迪士尼在1985年制作的一个系列卡通片。这个动画片是受到哈瑞宝（Haribo）牌小熊果汁软糖的启发而创作出来的，而那首甜甜的儿童英文歌曲《小熊软糖之歌》（*Gummy Bear Song*）如今在YouTube上的浏览量已经超过11亿次。——译者注

儿童感到安全，这一悬念的结果又是可以预见（无害）的时候，儿童会更为兴奋着迷。毫无疑问，这样的悬念就像一个充满惊喜的彩蛋，里面很可能就有一个玩具。这些拆箱视频①当中含有的元素和一些流行娱乐产品相似，比如悬疑小说。”[9]

这股拆箱视频的热潮让我想起了我最喜欢的TED演讲之一——《神秘盒子》（*The Mystery Box*），演讲人是导演J.J.艾布拉姆斯（J.J.Abrams），时间是2007年。在演讲时，艾布拉姆斯提到了他多年前购买的一个魔术师使用的道具盒，至今还未开封。对于艾布拉姆斯来说，没开封的盒子显然更吸引人，因为它包裹着神秘，如果知道里面装的是什么就没意思了。当时，他执导的著名悬疑类美剧《迷失》（*Lost*）正在热播，他还准备进军电影界。该剧始于一架坠落在太平洋某个孤岛上的客机，故事则围绕48名侥幸生还的乘客。我对这部剧又爱又恨。随着故事的展开，一些谜题逐渐被揭晓，然而更多的谜题却接踵而至。神秘小岛在哪里？冒烟的怪物是什么？为什么在一个热得让人汗流浃背的丛林中，人们连澡都洗不了却还是如此光彩照人？总之，这部剧能让你上瘾，欲罢不能。“我意识到，神秘是想象力的催化剂。”艾布拉姆斯之所以提到神秘盒子其实是想用它来解释自己的影视作品：“我开始认为，也许有时候，揭秘的过程比秘密本身更重要。”这样说来，也许孩

① 虽然拆箱视频听上去只有孩子才喜欢，但成年人未必就能抵挡其魅力。事实上，成人拆箱视频是YouTube上第一批受到主流关注的新兴时尚。如今在YouTube，成年人每天花费数百万小时观看拆箱视频，不过，相对于孩子们好奇包装里到底有什么的那种感官体验，成人观看拆箱视频更多是为了解产品。我最近以自己的公寓为搜索范围，试图找一些公寓里有，而YouTube上没有相关拆箱视频的商品。我失败了。我甚至找到了我家那个品牌煎锅的拆箱视频——21世纪还真是想看什么就有什么。

子们在收看《愤怒的小鸟（培乐多版）》（*Angry Birds Play-Doh*）的时候跟我看新一集的《迷失》的体会是一样的。也许，每一个印着小猪佩奇卡通形象的彩蛋，对于孩子们来说都是一个包裹着未知的神秘盒子。

我对拆箱视频的解读也许只是建立在我对媒体的认知之上。有些人认为，年幼的观众从这些视频中获取的满足感十分隐晦。“这些视频中还包括很多用手或手指撬开东西的特写，年幼的观众可能对手部活动特别感兴趣。”谢菲尔德大学的学者马什在她的研究中写道，“另外，这些视频里还有拆包时发出的各种声音，如剥开彩蛋时的‘咔嗒’声、玩具塑料包装纸发出的‘呲呲’声。”马什认为，视频带给小观众的审美体验和舒适的情绪反应可能才是其独具吸引力的主要原因。

YouTube上类似玩具拆箱频道这样的另类流行数也数不清，它们以一种说不清道不明的魅力吸引了大量的观众。那种魅力实在是太神秘了，不仅在传统媒体当中找不到明确的类比，就连我们自己也很难辨识清楚。毕竟，YouTube上面的用户不只有小朋友，他们分布于各个年龄段，无一例外都在寻觅着既吸引眼球，又能满足多重感官需求的视频。

有一天，我在YouTube办公区的咖啡厅偶然望向一名同事，越过他的肩膀我看到了一段视频，那是一块正在被“手术”的饼干。只见一双戴着蓝色乳胶手套的手拿着镊子和手术刀，慢慢地从“非凡农庄”牌的软烤燕麦葡萄干曲奇中提取出所有的葡萄干，然后用雀巢冷冻家常小饼的巧克力片替代它们。我看得目不转睛，这个精心设计的手术过程令人沉浸其中，而且出人意料地令人放松。这个视频名叫《饼干再造手术》（*Cookie Reassignment Surgery*），由一位ID名为“食品外科医生”（The Food Surgeon）的人制作。他向《广告周刊》透露，自己每拍摄一个视频要花6~8个小时，但他拒绝透露自己的真实姓名：“重点是食物和声音，我是谁无关紧要，我想保持这种（神秘）状态。”①他的视频，比如《好时锐滋的花生黄油切除术与奥利奥奶油移植》《特趣巧克力修复雀巢花生酱夹心巧克力棒的骨折》等，激起了我们内心一种难以言说的情感反应和美学体验。[10]如果你看过这些视频就知道，你会喜欢上欣赏视频的感觉，但又无法用语言表述那种感觉究竟是什么。

这种类型的视频在YouTube上被许多网友称作“莫名治愈”型，这一类型可以说是挑战了传统媒体对于何为娱乐享受的定义。一起来看看其他案例。有一个视频用延时拍摄的手法展现了高压水龙头清洗肮脏人行道的画面。在另一个视频中，一粒葡萄被锋利的刀完美地切成了薄片。还有一个视频展现了一个曲棍球从一根管子上滑下来，管子的直径与曲棍球几乎相同，这成为看点。这些视频似乎满足了观众对干净整齐的诉求。心理学家吉莉恩·罗珀告诉《大西洋月刊》，“在我们生活的这个时代，各种应接不暇、乱七八糟的事物将我们淹没，于是我们渴望整齐、渴望秩序。看到大小一致、排列整齐的事物，我们便会感到心安。即便这种排列毫无疑义，我们也能从中获取某种安慰。人类对整齐、有序的追求，似乎与生俱来。”[11]

有了心理学的支撑，接下来这个视频的大受欢迎也就不那么令人讶异了。著名社交新闻论坛Reddit（红迪网）上有一个名为《海绵吸水》（*Sponge being hydrated*）的视频，展示一块干海绵被放进一个装了水的

---

① 我对这个家伙一无所知，但是从他对某个问题给出的答案来看，他是一个相当酷的人：“因为要进行手术，所以选中的食物必须能够进行分解。就拿方形软糖来说，虽然美味，但是由于其内部单一，手术过程可能会相当无聊。我最受欢迎的视频是关于糖果的手术，但我是美食外科医生，不是糖果外科医生，因此保持手术患者的多样性很重要。”看到这儿，我真想和这个家伙做朋友。

长方形盒子当中，海绵的大小恰好与盒子的大小相当。它的观看次数已经有5.9万了。视频底下，作者解释道："我正在让一个压缩海绵吸水。"帖子底下有88条评论，其中一条写道："看到干燥的海绵被水浸湿的感觉简直是有史以来最美好的体验，不会只有我一个人这么认为吧？"另一个写道："我内心是多么渴望浸湿后的海绵完全贴合盒子……看到它俩如此吻合，我的心都要化了。"[12]

虽然人们可以从几十个角度解读将海绵浸湿的视频，但必须承认，这类被人贴上"莫名治愈"标签的视频的确能让观众产生一种平静的愉悦感。貌似只有在网络中，这种如此无聊的东西才能吸引如此多的观众。但是仔细想想，这不很正常吗？因为在网络上，视频的观赏价值来自我们自己的真实感觉，无须向任何人公开承认。传统影视制作则涉及太多的利益相关者，预算有限、分歧又多。在频宽有限和投资回报率受到严格管理的大众娱乐媒体，想要做出一个中规中矩的作品都不容易，更何况剑走偏锋的创意。这就是为什么，在我还很年轻的时候，主流媒体制作的节目无论好坏，绝少偏离"正轨"。而《海绵吸水》这样的视频或者"食物外科医生"这样的频道则不存在任何收视率的压力。在YouTube上，是观众决定着视频的价值。当人们最隐秘的欲望在YouTube上得到满足时，将会产生更多奇怪的结果。

说来你可能不信，YouTube上至少有两大类清洁耳垢的视频。请注意，是洗耳朵，而不是洗玉米（顺便聊一句，YouTube其实也有如何洗玉米的视频，我们将在另一章专门讲述）。第一类清洁耳朵的视频类型是ASMR风格的角色扮演视频。比如名为《ASMR耳部（清洁）美容按摩（男女皆宜）》[*ASMR Ear*（*Cleaning*）*Groomers & Spa Roleplay*（*unisex*）]的视频，观众可以假想自己舒舒服服地躺在那里，沉浸在温柔的女声中，耳朵被清理得干干净净。当我发现这个视频时，它已经积累了超过80万的浏览量。另一类则是真正的清洁耳垢（除耳屎）的视频。我建议你不要在闲聊中随便提起这个话题，我就是没注意，结果意外地毁了一个同事的午餐。是的，只需轻点鼠标，你便可以向专业医生或者草根人士讨教如何巧妙地剔除耳屎。印度的一位医生在《一次性清除特大耳屎》（*Hard Impacted Huge Ear Wax removal in one stroke*）的视频中使用内窥镜和一种金属工具小心翼翼地从一个女人的耳朵中掏出一坨巨大的耳屎，配乐则选用了类似布莱恩·伊诺创作的氛围音乐。在《最搞笑的一次掏耳屎》（*Funniest Ear Wax Extraction*）视频中，贾斯汀和艾莉森这对夫妇用摄影机记录了贾斯汀在诊所清洁耳朵的全过程。我是没看出哪里好笑，也许是我这个人太难讨好了吧。

我看过最恶心的一个视频光听标题就头皮发麻，《去除拥塞的耳屎》（*Removing impacted ear wax*）。视频里，有人用镊子从耳朵里取出来了一坨看上去大得不可思议的耳屎。好在我看到这个视频的时候，已经看过不少同类“经典”，因此坚持看完了。说真的，我还挺喜欢看这些视频的。我是在《医学日报》博客发现这个最恶心的视频的：“看着镊子在黏稠的耳屎上夹来夹去，直到最后把它们全部掏出来，虽然令人作呕，但同时一种满足感也油然而生。想象一下，他的耳朵现在该有多干净啊！”该博客评论称。[13]《大都会》杂志也做出了类似评论：“它（耳屎）是很恶心，但正因如此，清除之后才更令人满意。”换句话说，本质上人们通过这些视频获得了一种内在的解脱感。[14]

如果阅读以上内容引发了你的不适，那么你也许会喜欢挤痘痘的视频——这么说吧，你不是一个人。YouTube上去除青春痘或黑头视频的观看次数是掏耳朵视频观看次数的5倍以上。一位ID叫作邦坦太太（Mrs. Bangtan）的人在《挤出史上最大痘痘》（*Biggest Zit Cyst Pop Ever*）视频底下留言："莫名感动。"我得承认，虽然这个视频有1270万次浏览量，但我还是看不下去。人称"战痘专家"的桑德拉·李（Sandra Lee）医生，原先起家于Instagram，后来在YouTube开设了频道，聚集了超过200万的订户。她频道上的热门视频像《去除黑头和白头粉刺》和《"战痘专家"2015年的5大"战痘"经历》等，都是在她位于加利福尼亚州高地的皮肤病中心拍摄的。在介绍频道时，她告诉观众自己的目标就是教授他们有关皮肤病和皮肤护理的知识，她坦言："看过来，你会发现你的最爱。而你最爱的正是我最擅长的：去粉刺、挤黑头、切囊肿、除脂肪瘤。"

这些祛除青春痘及黑头的视频实在谈不上美感，甚至还有些恶心，但它们似乎都给观众带来了某种舒适感。这种类型的视频已经流行了一段时间，不过达到高潮却是在2016年，当时主流媒体将那些喜欢观看、分享这种视频的人称作"去粉刺爱好者"。桑德拉也顺势成为名人，开创了以"战痘专家"为品牌的美容产品线。

人们为什么会喜欢看这些视频？也许是人类天生的好奇心，导致我们在YouTube中寻求惊险与刺激。也许我们中的许多人正在经历一种"通感"的状态。在这种状态下，感官刺激互相沟通、交错，彼此腾挪转换。声音似乎会有形象，形状似乎会有味道，音乐似乎会有重量。据说，每300人中就有一人可能会经历"通感"。[15]那么，是不是通过观看别人清理耳朵的过程，我们仿佛觉得自己也变得更干净了呢？我还是不确定。

表面上看，幼稚彩蛋、海绵吸水，还有耳朵清洁等视频真不怎么样，然而它们的收视率却高得惊人，这激起了我强烈的好奇心，想一探究竟。后来我懂了，这是一个无法解开的谜题，同时我也明白了，不必什么事都得问个为什么。在YouTube，任何人都可以上传和收看任何视频，这是一个优胜劣汰的自由市场，点击量是唯一的硬指标。一种类型的视频或者一个成功的频道之所以存在，就是因为有许多人喜欢看才点进去，无须再问为什么。

“为什么”不重要，那什么才是重要的呢？重要的是：我们的大脑深处到底发生了什么、我们的心理到底经历了何种冒险、我们的神经又遭遇了怎样的旅程。

日常生活的小秘密

YouTube上有一个名叫《GoPro相机[①]——看洗碗机怎么工作》（*GoPro—Full wash cycle in a dishwasher*）的视频。说真的，很少有视频的标题如此言简意赅。“用水量跟我想象中的完全不一样。”看完这个4分35秒的视频，我若有所思。视频作者毕托（Bito）一直对洗碗机充满了好奇。“每次我关上洗碗机之后，总想看看里面究竟发生了什么。”毕托写道，“我看过很多别的视频，它们要么灯光糟糕，要么角度不对。”没想到吧？谁说拍摄洗碗机视频就不需要两把刷子呢？毕托拍摄视频的原因，正是我想看这个视频的原因。它解答了我从小就想知道的问题——每一个婴儿、小狗、小猫和宠物长尾小鹦鹉也都曾经问过：“这玩意儿里面到底是什么？”有些人靠着这样的好奇心长大，另一些人则成为撰写YouTube书籍的作家。我可不是唯一一个“好奇宝宝”。当我看到毕托的视频的时候，它已经被浏览了大约800万次。如果搜索关键

① GoPro是美国的一家公司，其研制及生产的GoPro相机是供极限运动使用的高清录影器材，防水且拥有强大的动态录影功能。——译者注

字“洗碗机”，还能发现几百个类似的视频。在我孜孜不倦的调研中，我甚至发现了一个用360度摄像机拍摄的视频。天啊！洗碗机视频已经进入全景虚拟现实的大片时代了。毕托的视频之所以受欢迎，很大程度上是因为它正视了一个近乎沉闷，但是又足够吊胃口的话题。当阅读这段文字的时候，你是否也对自家洗碗机的工作方式产生了一些兴趣呢?

许多科学都在着力研究人类的好奇心会如何驱动人类的行为。一些研究证明，在面对不确定性的时候，即便人们预料到自己的行为可能造成负面影响，还是会动手去做。这种动力从孩童时期起就推动着我们探索周围的世界，同样是凭着这股动力，成年后的我们试图通过《法律与秩序》(*Law & Order*)之类的美剧了解高深莫测的美国法律制度是如何运作的。奇妙的是，YouTube将解决不确定性的行为转变成了一种最基本的娱乐方式。一群创作者把我们对日常生活的好奇拍成视频，于是这些人无意中也便成为YouTube上的明星。他们制作的视频乍看也许平淡无奇，其实却已成为一种娱乐品牌。

“从我一直以来的生活状态来看，我猜你可以说我是一个挺不错的‘发明家’。”27岁的马特·纽兰德经营着YouTube上名为“汽车与水”(carsand-water)的频道。无论你从哪方面看，他都跟你想象中的YouTube名人很不一样。“你可能已经发现了，我不是很会表达。”马特在电话中告诉我，“对我来说，用自己的话讲故事是个有点儿伤脑筋的事。”从事安全维护工作的马特基本上不使用YouTube以外的社交媒体与粉丝联系。他连同自己的声音很少出现在视频中，不过这无所谓，反正已经有近100万人订阅了他的频道，而上面的视频则已经被浏览了超过两亿次。

当马特的第一个孩子出生时，他的兄弟送来一台摄像机作为礼物。

打那以后，他便开始制作视频。“最开始，我打算往YouTube上传一些家庭录像，但一段时间以后，我开始做DIY类型视频，比如如何DIY彩色玻璃窗，或者DIY泳池加热器。”马特说。渐渐地，来看的人越来越多，马特也开始尝试DIY更多的东西。一天，马特用一个自制的电解焊炬把水分子分解成氧气和氢气，然后点燃，烧红了一个手掌大小的镍球。“基本上，后来大火的《红热镍球》（*Red Hot Nickel Ball*）视频系列就是这么来的。”马特把这次危险的尝试称作“闹着玩儿”。显然，从事安全工作的他并不在乎这一丁点儿危险，相较之下，我可不敢这样闹着玩儿。

随后，马特用扳手夹起镍球把它丢进水里：“接下来会产生‘莱顿弗罗斯特’效应①。[16]有些人可能一直都在好奇‘如果把烧红的镍球丢进某种液体里面会发生什么’，所以我想满足他们的这种好奇心。”马特完全没想到一个小小的镍球居然具有无穷的潜力，然而事实胜于雄辩，镍球入水的视频走红了。此后，马特开始制作RHNB（烧红的滚烫镍球）系列视频，包括《RHNB在干冰上》《RHNB在果冻上》《RHNB在诺基亚3310手机上》《RHNB在一堆CD上》等。这些视频都是在马特的车库里录制的，实验素材多达100多种。《RHNB在奶酪砖上》看得让人揪心；而《RHNB在冰球上》的视频当中几乎没有任何博人眼球的元素，但不知为什么观看次数有170多万。

---

① “莱顿弗罗斯特效应”是一种物理现象，当液体遭遇极度炙热时就将化作一层绝缘的气态防护层，反而使液体不会迅速沸腾。打个比方，把水滴落在滚烫的铁板上，假如铁板的温度仅高于水的沸点（100℃），水会发出嘶嘶声并迅速沸腾。但当铁板到达莱顿弗罗斯特点时，水便会产生莱顿弗罗斯特效应。水珠会在铁板四处滚动，并缓慢地逐渐蒸发。在这种状态下，水珠反而可以存在更久（摘自维基百科）。当你目睹莱顿弗罗斯效应的时候，它会更酷。

马特·纽兰德的确不是一个十分健谈的人，他自己也承认。当我要他跟我讲一下制作过程，以便读者能够更加深入地了解这些视频时，他告诉我："就是一些非常基本的东西，你知道，呃，得有一个开头。然后，视频的中间部分叫什么？就那个，然后是结尾。基本上就是这样。"好吧，马特，谢谢你。

我必须指出，虽然马特的视频里没有什么别出心裁的元素，但它们还算简单易懂。"你看到什么就是什么。"马特说，"我看过许多评论，有人问'这个视频在讲什么'。其他人则回答'看看标题不就知道了吗，就是一个烧红的镍球和一块冰呀'。就是这么简单。"马特的视频都很短，但比较火的那几个观看时间都超过了两分钟，感谢用户的好奇心。

后来，马特邀请观众提供建议，说说自己最想看到镍球放在什么东西上面，结果他收到了不计其数的建议。根据这些建议，马特制作了不少广受欢迎的视频，其中点击量最高的一个是《RHNB在插花泥上》。在视频中，炽热的镍球被放在一块长方形的绿色插花泥上，插花泥顿时发生多彩的连锁分解反应。这个视频被浏览了超过1500万次（观众平均看完了该视频的2/3）。如今，马特的粉丝中只有不到一半来自美国，其余则遍布世界各地。2015年，马特的视频在中国台湾、波兰、土耳其和马来西亚等不同国家和地区被观看了超过100万次。

YouTube上还有一位来自芬兰的快乐绅士拉里·瓦赫斯利塔，他的频道叫作"液压奇观"（Hydraulic Press Channel）。这个频道的特色跟马特的差不多，只不过拉里展示的是如何用液压机压碎各种物品。拉里从其他"销毁类"频道当中汲取灵感，也包括马特的红热镍球系列，最终开发出了属于自己的频道。拉里在他工作的水电零件工厂拍摄这些视频，他的频道描述也是再直白不过："想看液压机压碎各种东西吗？这里是你正确的选择。”从某种意义上说，他的频道填补了“销毁类”视频的一块空白（比如之前提到的镍球视频，它并未对冰球造成实质性的摧毁效果）。液压机的出现改变了一切，它能彻底摧毁冰球。当我和马特聊天的时候，“液压奇观”频道的订户在过去几个星期就增长到近50万。马特也知道这个频道，并且也是粉丝之一。“难道你不想看看，液压机如何捣毁各种物品吗？”他问。

尽管这种纯粹由好奇心催生的视频和频道并没有一个正式、统一的类别名称，可是它们在YouTube上为数众多。事实上，正在我写这一章的时候，YouTube上最受欢迎的视频之一就跟好奇心有关。它叫《响尾蛇的响尾里面是什么？》（*What's inside a Rattlesnake Rattle?*），来自频道“里面都有啥”（*What's Inside*）。创作者是一对可爱的父子——丹尼尔·马卡姆和林肯·马卡姆，他们来自犹他州的凯斯维尔。小林肯在上二年级的时候，老师布置了一个作业，要求学生探索一下足球等运动类球体的内部，父子受到启发开创了这个频道。两年后，200多万名订阅用户加入了这对父子的各种探秘之旅。“从一个小小的科学作业开始……这个频道的意义逐渐超乎我们的想象。”丹尼尔·马卡姆在接受当地新闻采访时说。[17]

老实说，我一开始以为这类视频的吸引力源自它们古怪的美学特质，本来嘛，互联网尤其青睐奇人怪癖。然而，马特和我都发现，看着红热镍球把一块冰烫出一个洞的感觉有种说不出的愉悦。这不仅仅是破坏物品的满足感。马特、拉里和马卡姆父子的视频都在解答“如果……会发生什么”这一问题，它和我们大脑的运作方式相吻合。就像“科学来了”的那些家伙一样，他们也是提出了一个我们特别想知道答案的问题，然后，用更有意思的实践来取代相对严肃的说教。于是，人类渴望未知的本能立即被视听享受满足了。[18]

当然，马特自己的好奇心是他创办频道和红热镍球系列视频等一切的前提。即使你没在屏幕上看到或者听到他的消息，他仍旧保持着那颗业余发明家的心和对于探索未知的热情。“我必须想方设法保持（频道的）趣味性以及我的个人特色。”马特承认，自己的个人魅力是频道生机勃勃的关键。

“我还有一抽屉人们发来的建议，全是关于红热镍球的。”马特补充道。

从马特创作的这类频道大受欢迎的事实来看，我们对于寻常小事中的不寻常有着强烈的好奇心和求知欲。我们到底有多爱刨根问底呢？有时候，生活本无事，我们也偏要制造一些问题来“庸人自扰”，即便没有舞台，没有观众，也没关系。YouTube的视频评论区就是这样，由于广大网友积极讨论，成为一个散播各种谜团的家园。有些粉丝就爱无风起浪，对一些巧合进行过分的解读，以至于点燃了所有人的八卦热情。有的网络热议则是某家公司刻意策划的事件，只不过雇了一些“水军”伪装成普通网友。我个人则特别喜欢因为各种神奇巧合而触发的谜之事件，比如2014年的“网盘零碎”（Webdriver Torso）事件。

那是一个夏天，在两三个星期的时间内，有人在YouTube一个名为“网盘零碎”的频道上传了大约8万部视频（按这速度，接下来的几年间还会有超过50万部视频被上传到该频道）。这些视频主要由奇怪的几何图形和声音组成。例如，标题为*tmpdKHvbS*的视频由一组不同尺寸的静态图像组成，每秒钟显示一个静态图像，每一个静态图像都包含一个红色矩形、一个蓝色矩形，此外，还伴随着尖锐的音调。该频道上还有成千上万个这样的几何视频，只有一个名为*00014*的视频例外，该视频的长度为6秒，主角是埃菲尔铁塔。此外，大多数视频的时间都在11秒左右，只有一个名为*tmp 1DXWQ*的视频长达25分钟。一般来讲，这种视频基本没人看，但居然有几个的浏览次数破了万，*tmpdKHvbS*便是其中之一，它累积了超过50万的浏览次数。不过话说回来，大部分的浏览量是在这个频道被人发现以后产生的，看它的人主要是想弄明白这到底是怎么一回事。

“网盘零碎”越来越火，媒体开始纷纷报道这个频道。

《每日焦点》:“这个神秘的YouTube频道是在试图联系外星人吗？”

《影音俱乐部》:“这个频道要么是有人别有用心，要么就是纯属无聊。”

《每日邮报》:“这些神秘的YouTube视频难不成是法国间谍搞的？”

对于许多看过科幻电影《独立日》的观众来说，他们可能已经相当确定这个频道就是在试图联系外星球的生命体。①不幸的是，和历史上许多其他的秘密一样，事实远没有观众的阴谋论来得有趣。

“网盘零碎”到底是什么？原来，YouTube视频上传程序小组的一位同事在测试一项视频压缩技术时，偶然发现这些让人摸不着头脑的视频碎片。不过他倒是没想到YouTube内部会有人注意到这些视频，还闹出那么大的动静。频道的作者是一位名为叶卡捷琳娜的俄罗斯工程师，她在YouTube位于苏黎世的办公室“创建”了这个频道。②你可以把它

---

① 坦白讲，要是外星人也看YouTube，某些播客的走红也就解释得通了。

② 事实上，整件事的发展对于叶卡捷琳娜来说也是一个令人兴奋的谜团。“看到人们的反应，我觉得很有趣，但也有些可怕。”她告诉我，“因为我不知道接下来会发生什么。说不定当我第二天早上走出自己家的时候，还会撞见媒体或者别的什么人！”

看成幼稚的IT（信息技术）怪咖自娱自乐的彩蛋，也可以把它看作那个“神秘盒子”。人们会对它好奇，就和他们对红热镍球和液压器销毁类视频产生好奇心的原理一样。“网盘零碎”频道充分展现了一个戏剧性的经典原则——揭晓谜题的答案远没有解谜的过程有趣，因为谁都不想错过一次探索之旅，谁叫我们人类那么富有好奇心呢。不过，如果不是拜当今的网络科技所赐，我们又怎么能够探索、讨论和分析我们眼前看到的古怪视频呢？

“那东西里面是什么？”“如果这个东西被压平、烧掉，或者切成两半，会怎么样？”“这个说不清、道不明的东西究竟暗藏什么玄机？”生活中，我们或多或少都提过这样的问题，但是过去我们是相对孤立的。YouTube将这种非常个人化的体验转化为一种集体活动，把我们在日常生活中对于未知的迷恋变成了真正的娱乐，让我们一起来体验它。

这一切听上去可能有点儿傻，但是，这些视频满足和适应了观众最基本的心理需求，你可别小瞧了它们对我们的影响。从某种意义上说，“网盘零碎”从一个人畜无害的基础设施测试变成一个国际头条的过程，就是传播和支持并无事实根据的阴谋论的过程。从这个角度去看的话，原本因为红热镍球系列等视频为观众带来即时满足感而备受褒奖的网络平台，瞬间便沦为充斥着标题党和谣言的无聊场所。所以说，千万别小看了这类视频，它们看上去简简单单，却将平淡无奇的事物转化为充满悬念的视频，让人越看越上瘾。当然，用这种方法来制作探秘洗碗机或者液压机下的曲棍球视频倒是无伤大雅。还有一些视频类型也能为观众提供类似的释放感和感官刺激，其所引发的情感反应还更加强烈、更加复杂。

人人都有一颗复仇的心

当我刚刚加入YouTube的时候，在办公室哭过很多次，倒不是因为我实在记不住同事们给我的那些项目的奇怪代码（就拿“宇宙熊猫”来说吧，它指的是一个重新设计频道页面的项目），我哭是为了别的事情，也许我的某一任女友会把我形容为一个非常情绪化的人。如果你问谷歌地图那些曾经跟我共享一个格子间的人，他们恐怕会说，我偶尔会变成歇斯底里的疯子。是的，时不时地，我便会在办公室一边看视频一边擦眼泪。最强的催泪弹无疑是一系列名为《返乡士兵》（*Soldiers Coming Home*）的视频，它们是我坚毅男子气概的克星。

在这个系列的视频当中，士兵们回家前都没有提前通知家人。于是你会看到以下场景：一位突然出现在妹妹婚礼上的哥哥；一位突然出现在他那正在教科学课的母亲面前的大小伙子；一场棒球比赛中途，一位妻子惊讶地看着突然出现在赛场的丈夫。最虐心的片段无疑来自一个面色刚毅的海军士兵，只见他刚刚踏上自家门口的院子，那条狗便夺门而出，兴奋得连项圈都跑掉了。仅是回想起这些片段，我的心就会被眼泪揉碎，亲爱的读者应该能够理解我。但即便视频如此虐心，我还是会忍不住再次点开它，我都搞不懂我自己。

我不是唯一一个喜欢这么做的人。《美国海军士兵惊现妹妹的大学毕业典礼》（*U.S. Marine Surprises His Sister During College Graduation Ceremony*）这个视频发布之后的4年，每周仍会吸引2.5万次浏览。这些视频的魅力之所以如此持久，是因为它们可以随时随地让我们释放自己的感情。人人都需要情感宣泄。

2011年，29岁的听障人士莎拉·库尔曼（Sarah Churman）在得克萨斯州的一家医院准备做听力植入。一旦植入成功，莎拉就能听见声音了。她的丈夫本不愿拍摄如此私密的经历，但莎拉的母亲鼓励他一定要记录下这个重要的时刻。视频进行到第25秒钟，戴上助听器的莎拉突然哭了出来。这一刻的感动，相信每一位看过这个片段的人都能体会。该视频有约3000万的观看次数，是《第一次听见》(*Hearing for the First Time*)系列视频中最受欢迎的一个。过去几年当中，这个剪辑被多家公司植入相关网络营销，几乎成为YouTube史上经典的营销蒙太奇。视频的主人公莎拉变成了网络红人，还参加了电视台的早间节目。几年后，这个视频平均每月的浏览次数仍然超过10万次。视频记录下莎拉私密、动情的一刻，某种意义上说，也变成了我们的私密情感时刻，因此，感动常在。

此前提到过，视频可以促进催产素的分泌。虽然研究人员尚未断定激素对人体的作用有多大，但一些研究表明，提高激素水平的确可以使我们更平静。在神经科学学会2007年的一次演讲中，三位研究人员宣称经研究发现，在隔离的环境下遭受压力或恐慌的受试者服用催产素后，“抑郁、焦虑或心脏负荷过重的迹象消失了”。[19]必须指出的是，这里的受试者不是人，而是草原田鼠。在实验室里，研究人员将田鼠隔离起来，使用中度电击刺激它们。仔细想来，这种痛苦跟我们人类填写纳税申报表时的那种焦头烂额相比，或许差别没那么大。我不是神经化学方面的专家，估计许多YouTube的观众也不是。但我毫不怀疑，YouTube上许多宣泄情绪的视频，确实创造了令人愉快的元素，使我们的神经得到舒缓，于是观众总是念念不忘，一次又一次地点开它们。

神经学家杰弗里·扎克斯在他的著作《闪烁：大脑与电影》(*Flicker: Your Brain on Movies*)中解释说：“与其说我们的大脑进化出

了看电影的功能，不如说电影找到了（这一视听艺术）如何利用我们的大脑的方法。荧幕上发生的事情会唤起我们生理上的反应。”[20]他借助镜像法则来解释为什么我们有时会对屏幕上的刺激做出某种反应。“简言之，我们的行为常常遵循镜像法则——当我们看到屏幕上的人做出某种行为时，我们倾向于自己也那样做。”他写道，“镜像法则可以帮助我们快速准备好适当的应对行为，还能帮助我们学习一系列行为，并且根据他人的行为来代入他人的精神状态。”换句话说，当我看到士兵返乡的场景时，我的大脑使我陷入了“镜像”情绪，于是才像傻瓜一样坐在办公桌前大哭不止。通过这种方式，我自己类似的情绪也得到了释放。

还有一些视频之所以声名远播，是因为它们释放了我们更隐秘、更黑暗的天性。这些基于视频的体验，让我们耽于他人的屈辱来对抗我们自身的不安全感与自卑。这些视频的主角往往是一些享有优越社会地位的人。

在YouTube搜索栏，当你输入“新闻主播”，自动关联的不是“记者”，也不是“广播”，而是“失败”，紧随其后的是“尬聊”。看正襟危坐的电视名人如何在电视上出糗，这是一件很有趣的事情。而新闻主播这一头衔所代表的权威与地位，就像一面放大镜，放大了他们的过失。作为人类，我们都曾潜意识地从他人的失败中获得快乐和满足。根据向下比较理论，在生活中经历了不幸的人，在与更加不幸的人比较时可以提升自己的幸福感。[21]几个世纪以来，喜剧界一直利用着这一理论，以闹剧的表演形式逗人发笑。网络视频也是一样，我们通过视频看到悲剧性的下场，却不必真正承担这种悲剧的痛苦，这使得我们更乐意拥抱这些视频带给我们的快乐。

互联网上记录“失败”的视频数不胜数，通过它们观众可以感受到主角的羞辱、愤怒、尴尬、后悔……最能集中体现这些复杂情感的视频要数2007年的一个电视剪辑。在美国小姐选美大赛中，来自南卡罗来纳州的18岁选手凯特琳·厄普顿（Caitlin Upton）被问道：“最近的民意调查显示，每5个美国人中就有一位无法在世界地图上找到美国。你认为这是什么原因？”谁也没料到，这个问题将改变这位美丽金发女郎的人生道路，只不过它将通向万劫不复……“我个人认为，美国人在世界地图上找不到美国的位置，是因为有的美国人根本没有地图。”她说，“我相信我们美国的教育，像……就像，南非和伊拉克，或者任何别的地方，像……就像……我相信他们应该……我们美国的教育应该帮助美国，还应该帮助南非、伊拉克和亚洲国家，这样我们才能为下一代提供一个美好的将来。”[22]

凯特琳的这段回答被剪成视频上传到了YouTube，第一周就被观看和分享了数百万次，并且数周以后，每天仍然吸引着数以万计的流量。人们的回应过于残忍，也太过于激进。“（应答风波后）我经历过一些非常黑暗的时刻，我想到了自杀。”[23]8年后，凯特琳对《纽约客》杂志坦言，“那段时间真是太糟糕了，度日如年。”尽管大多数人并没有主动羞辱凯特琳，但看到这位漂亮的选美佳丽在台上出洋相，观众们获得了一种满足感，凯瑟琳的回答印证了人们对她绣花枕头的预测。

好吧，至少对我来说是如此。大学一年级的那个夏天，我曾经担任美国选美比赛佛罗里达州分赛的实习助理。我的工作包括收拾电线，搬运冷却器或者其他设备。有时我会抱着那些超大的反光板，在参赛佳丽照相时朝她们身上反射阳光。这听上去像一个十几岁的男孩梦寐以求的工作，但事实并非如此。这些女孩有时候相当粗鲁、专横——你应该猜得到吧。而且，我的下巴对着反光镜被晒得很不舒服。选美典礼那天，我被分配到落选佳丽的专用房间，这意味着我将看见好些女孩抱着自己的妈妈哭。一方面，我真的很为这些女孩感到难过；但是另一方面——多年以后我可以向大家坦白——我其实也暗自享受着高傲的佳丽折翼的那一刻。当我看着可怜的凯特琳在舞台上支支吾吾地说“像……就像”的时候，我产生了同样的感觉。这个视频让我，以及其他许多观众获得了情绪宣泄的机会。

还有证据表明，我们之所以喜欢看别人出糗，可能和我们偏爱悲剧有关。在一个名为“爱看悲剧的人有福了：悲剧元素如何增加幸福感”的研究中，研究人员向受试者展示了一个30分钟的悲剧电影。从观众观影后的反应来看，研究人员认为，观众看到电影中的人陷入困境时感受到的悲伤，可能是“有价值的、令人愉悦的，因为这种情感有利于人们反思自己的生活”，并且“对于提振自己的生活幸福感有积极作用”。看来我们都有阴暗的一面。

我们也许永远不会公开承认自己爱看这些视频，甚至不会意识到自己正在主动收看并分享这些视频，但我们一定会继续看下去。与此同时，互联网在不断扩张、源源不绝地输送着各种内容，总有一天，我们能通过YouTube找到自己深藏于心的喜好。

Reddit上有一个子论坛叫“正义色情”（JusticePorn），它很好地反映了我们对“暗黑系”视频的喜爱。成立于2011年的“正义色情”将自己描述为“一个欺凌者得到报应的地方”，并迅速成为Reddit的百强子论坛之一，聚集了几十万名粉丝。它的名字可能让你联想到少儿不宜的内容，其实不然，这是一个集视频、文章、动图和照片为一体的线上论坛，描绘各种各样的罪犯、恶棍，或者自私卑鄙的浑蛋如何得到“应得的报应”。例如，一篇名为《路怒司机攻击摩托车手反被拿下》的帖子便吸引了2000多条评论（主要是支持摩托车手的）。由于YouTube的内容政策，许多该论坛的视频要么无法在YouTube上播放，要么已经被删除。我之所以知道“正义色情”，并不是因为我要写作本书，也不是因为我是一名视频专家，而是因为在某些无聊的深夜，我也会偶尔看看论坛上的视频打发时间。

35岁的杰夫·加斯提斯（Jeff Justis）是“正义色情”的创始人兼论坛管理员。他姓Justis，和英文中的“正义”（justice）十分相似。白天，杰夫是南佛罗里达州的一名建筑师，设计并建造过多户住宅。晚上，他则是为弱小者复仇的英雄。杰夫在看到一个恶霸遭到殴打的视频后，有了创办该网站的念头。“正义色情”论坛开办后不久，有人便把该论坛链接到了Reddit最热门的一个板块。“论坛一夜之间涨粉20万。”杰夫说。你猜怎么着，杰夫住的地方离我在佛罗里达住了18年的老家只有几英里远。这个细节只是我的个人背景，跟本文无关，但因为“正义色情”的起源地也在佛罗里达，我才想宣布一下。

作为网管，杰夫会对内容做一些规定，其中一条是“绝不能出现打死人的画面”。这样挺好。

尽管论坛颇受欢迎，但帖子却并不多。这是因为杰夫和其他论坛管理员还制定了一条非常严格的标准，那就是发布内容必须符合论坛的宗旨——“正义”。“我们删除了一切不符合规范的东西。”杰夫说，“之前有人发布了一则新闻视频，一名男子闯入一家商店，他被监控录下，随后被逮捕。对我们来说，这并不符合论坛的宗旨。我的意思是，他确实该被抓，但是这种视频并不能给粉丝制造即时的满足感。”好吧，原来“能否制造即时的满足感”才是关键。

“现世报——这便是对视频内容的最佳概括，也是我们真正寻找的视频。”杰夫表示，另一个关键是，“你的暴力必须有明确的、正义的目的，不能只是打人。被揍的人必须是因为自己犯下的错而被打，而且这个错误是显而易见的。”

“正义色情”的许多视频都涉及肢体冲突。比如一名女子插队穿过地铁入口处的闸机，转眼就被另一个上班族给绊倒；一个醉酒男子试图恐吓一个街头小贩，结果被一拳击倒。“你要是来论坛就会发现，你可能找不到一个合适的词语来描述那种纯洁、暴力的正义。”杰夫带着十二万分的诚挚对我说，“我们的论坛是对暴力的最佳诠释，它将其提高到正义的高度。”这话不假。其中一个经常在论坛出现的消息源，便是在俄罗斯颇受欢迎的青年运动“阻止傻蛋”（StopHam，有时也称 Stop a Douchebag）。在莫斯科总有一些违反交通法规的驾驶员，他们要么霸占人行道，要么并列停车，这时正义的年轻人就会出现，“教训”这些自私自利的车主。比如有时，这些年轻人会在驾驶员的挡风玻璃上贴上巨大的贴纸，写上嘲讽的话。“暴力似乎是传递正义的首选方法。”杰夫这样解释。

我可是小时候在天主教学校上过学的孩子，我百分之百地反对“正义色情”的观念，因为我不相信暴力可以真正解决冲突。但是，作为一个人，在观看这些视频时，我却忍不住产生了某种邪恶的兴奋感。“你感到兴奋和快乐，尽管你也许会因此感到不安。”杰夫说，“这违反了道德，但没办法，你就是喜欢这些视频。”

可是，为什么我们会喜欢看这些视频呢？更重要的是，为什么我会喜欢看呢？杰夫相信，当我们看到一个霸凌者罪有应得时，就会感到愉快。虽然我们中的大多数人不会在阻挡人行道的汽车挡风玻璃上贴一个印有嘲讽话语的巨大贴纸，但我们总能幻想一下吧？事实证明，这种幻想具有深刻的吸引力。“人人都有一颗复仇的心。”杰夫说。好莱坞已经向我们揭示了，我们是多么热爱“复仇”这一主题。死亡、不可饶恕的罪恶、老人……基本上每一部昆汀·塔伦蒂诺（Quentin Tarantino）的电影都是讲述大仇得报的故事。不过，“正义色情”上的视频提供的则是一种更即时、更迅速的复仇快感。正如杰夫自己描述的那样，哪天你突然被人气到想打一架，看看这些视频释放一下肾上腺素，说不定就归于平静了。

在生活中，我们难免遭人怠慢，因此怀怨在心。这时候，如果看看“正义小黄片”上面的帖子或者视频，便能驱散这种怨恨，所以我们能在论坛上找到乐趣。但是，如果我们没有能力或者没有勇气又或者不愿意靠近这些视频，它们又如何能浇灭我们心中的怒火？

我们一直想通过媒体来满足我们的欲望：快乐、放松、学习、激发智慧。但是娱乐媒体还可以满足人类更多的需求，很多我们不需要公开承认的需求。有时候，这种满足感十分明显，有时却很隐晦，我们甚至很难明确意识到它。对许多人来说，承认自己通过传统媒体满足了自己私密或者非常特别的个人化需求，是很困难的。我们宁愿谎称塔伦蒂诺的电影《杀死比尔》（*Kill Bill*）三部曲是对意大利式美国西部片的艺术敬意，也不愿承认它们满足了自己内心深处复仇的欲望。我从来没有听过任何人跟我坦白他们喜欢电影《恋恋笔记本》（*The Notebook*），因为这部片子使他们的身体产生了太多催产素——哪个成年人好意思当众承认自己看电影看到哭呢？虽然很多人把鲍勃·罗斯（Bob Ross）这位身兼主持人和画家的传奇人物称为ASMR社区的始祖，但鲍勃·罗斯对外宣称自己的意图只是教人们画画，这种说法显然再安全不过了。

直到最近，满足人类（意识层面或者潜意识层面的）欲望的娱乐领域才蓬勃发展起来。YouTube为那些在传统媒体环境下无法被理解、认可的视频类型，提供了一个生长繁育之所。通过一段时间的优胜劣汰，新的视频类型从观众的反响中脱颖而出。这种优胜劣汰机制，使得所有非传统的视频类型都将满足人们的感官享受作为目标。于是，人们更加了解自己喜欢什么，想看什么，即使自己也说不清楚这些视频具体长什么样。话说回来，我们又怎么能说清楚呢？这些视频满足的是我们难以用语言描述的感觉，既然我们无法描述，又怎么知道自己该寻找找什么？“温柔耳语”频道的明星玛丽亚在无意中发现耳语视频之前，也并不知道如何表达自己想找回的儿时的感觉。谁能想到，几年之后，围绕ASMR形成了一个大社区。“莫名满足”“现世报”等都是我们新发明的一些术语，这些术语试图将一些新的满足我们需求的视频归类。这些视频满足了我们始终存在，却从未被真正探索过的感官或欲望。

YouTube就像一个由所有用户共同打造的视频众包平台，它不断满足我们的心理、舒缓我们的神经。和过去数百年的科学研究相比，我们使用的技术平台将揭秘更多人类大脑的运作原理，答案全在我们上传、观看以及分享的视频之中。我们的潜意识已经影响了制作节目的方式，这意味着在不久的将来，娱乐的形态将会比现在的更加反传统、更加疯狂，但也会更加讨喜。

据我了解，许多ASMR的粉丝，最初都羞于提起自己的感官体验以避免尴尬。于是，真正沉溺于“自发性知觉经络反应”的人选择隐藏自己，倒是那些被星期天报纸上耸人听闻的标题（如“揭秘YouTube最新疯狂流行内幕”）吸引来的人群，在光明正大地围观ASMR视频。事实证明，当人们准确地创造出非传统的感官和认知体验时，将吸引数量可观的观众，YouTube上流行的ASMR视频、海绵吸水等类型的视频都证明了这一点。对于观众来说，YouTube是一个不用在意别人眼色的网络空间，每个人都可以尽情探索自己的怪癖，并且发现同好。

第十章

病毒视频是怎样炼成的

13岁的瑞贝卡·芮尼·布莱克（Rebecca Renee Black）想成为一名歌手。她的母亲和其他妈妈一样，认为女儿并没意识到唱片界有多难混。然而，跟其他母亲不同的是，瑞贝卡的母亲愿意出钱让女儿创作一首歌曲，并配上MV，就当是给女儿的礼物。为此，她找到了一家小型音乐工作室——ARK音乐工厂，不过，4000美元的制作费仍然让她犯了难。[1]最终，瑞贝卡的母亲决定，即便分期付款，也要帮女儿完成心愿。她觉得，这是一笔不错的投资，因为毕竟能让女儿认识到做音乐的辛苦和代价。

瑞贝卡和ARK的音乐制作人、尼日利亚裔的帕特里斯·威尔逊（Patrice Wilson）只花了一个晚上和一个白天就写完了一首歌。[2]瑞贝卡将歌曲录下来以后，还邀请了自己的朋友参演MV。2011年2月10日，ARK将这个音乐视频发布在其YouTube频道，因为瑞贝卡和她的亲朋好友都还没有看过制作完成的MV。发到网上以后，大家都能观赏和分享这首歌了，瑞贝卡的祖父母也都看到了。大家都觉得这个视频非常可爱，瑞贝卡自己也很兴奋。毕竟，她从来没有演艺方面的经验，甚至都没登上过学校的舞台，而这一下，她连自己的单曲都有了。

在ARK的YouTube频道上，还没有哪个音乐视频的浏览量过万。一个月后的一天，瑞贝卡放学回家的路上坐在车里玩手机，她看到朋友发来一条信息，是关于自己的MV的。原来，这首歌恶评如潮，被称为“史上最糟糕的一首歌”。因此，这首歌每天的浏览量超过了数百万，并且一跃成为推特上的热门话题。这首名为《星期五》（*Friday*）的歌曲使用了Auto-Tune，它的歌词与其说诗意，倒不如说朴实无华。不过，这个评价也着实苛刻了些，就像制作人威尔逊强调的那样，他本来就没打算追求诗意。“一首歌流行起来的关键在于保持简单，歌词重复性强。”威尔逊在2014年的一次采访中说，“太多的歌词令人难以记住。如果用词简单，你头一天听到这首歌，第二天可能就会唱了。简单不等于荒谬，这是我的创作风格……即便人们认识我是因为我创作了世界上最糟糕的歌曲，那也比默默无闻好。”[3]《星期五》成为当月互联网上最受欢迎的视频，于是，一个有趣的悖论出现了：最受欢迎的视频受欢迎的原因是不受欢迎。听上去是不是有点儿拗口？是的，它还有点儿超现实，你不可能在传统媒体上看到这种事情发生，传统媒体怎么可能播放糟糕的东西呢①。

我第一次见到瑞贝卡是在事件发酵的7个月后。巧了，那天也是星期五。瑞贝卡来到YouTube参加一个公开采访，全公司的人都在。我对这次采访一直有些犹豫。瑞贝卡只有十几岁，她的音乐再糟糕，网友大规模地针对一位花季少女、对她的作品展开恶评，算不算一种网络霸凌

① 2011年，网友争先恐后地到瑞贝卡《星期五》视频底下扔鸡蛋。那一年的12月，我在制作YouTube年终回顾的时候，特地采访了瑞贝卡。我花了很长时间向老板解释，即便有那么多人“不喜欢”这个视频，但人们并不是真的讨厌它。

呢？公开采访此事，又算不算在某种意义上助长了这种网络霸凌的威风呢？所以我有点儿犹豫。当时我们在后台等待，房间里充满了欢声笑语，每个人都在半开玩笑、热情洋溢地唱着《星期五》的片段：“跳进前排座，坐上后排座……”空气里仿佛被瑞贝卡的歌声注入了一股电力。这时，我突然意识到，这首歌的好与坏其实已经不是重点，取而代之的是因为这种争议而产生的人与人之间的互动、交流。因此，在这个事件当中，瑞贝卡不再享有一位花季少女免于苛责的特权，人们的社交体验才是重中之重。网友纷纷和自己的朋友一起嘲笑它、恶搞它，他们沉醉于这种互动方式。我想，对这种互动方式的推崇才是那次采访的目的吧。

采访中，当瑞贝卡回答第一个问题时，我便意识到自己眼前的并不是一位流行歌手，而是在任何一所高中课堂都能见到的那种14岁女孩。尽管遭遇了那么多负面评价，瑞贝卡出人意料地保持活泼开朗。她说，看到那些恶评的第一个月她真的很伤心，不过后来便不在意了，因为她不再阅读这些评论了。

即使谈到那些刻薄的评论，这位年仅14岁的女孩也只是一笑而过。也许是她经历了很多，甚至在自己家里也无法幸免。瑞贝卡12岁的弟弟就曾用网上最新的《星期五》恶搞视频取笑过她。当我问她，为什么觉得这个视频很受欢迎时，她纠结了一下，说：“我不知道……因为人人都喜欢星期五？我怎么知道呀！”整个房间的人都笑了起来，这个天真可爱的回答感染了在场所有的人。但实际上，瑞贝卡是对的。《星期五》及其相关视频的浏览量在星期五是平常的两倍以上。以下是该视频的一周收视图，你可以看看它的收视率与猫咪相关视频之间的对比——为什么不呢？

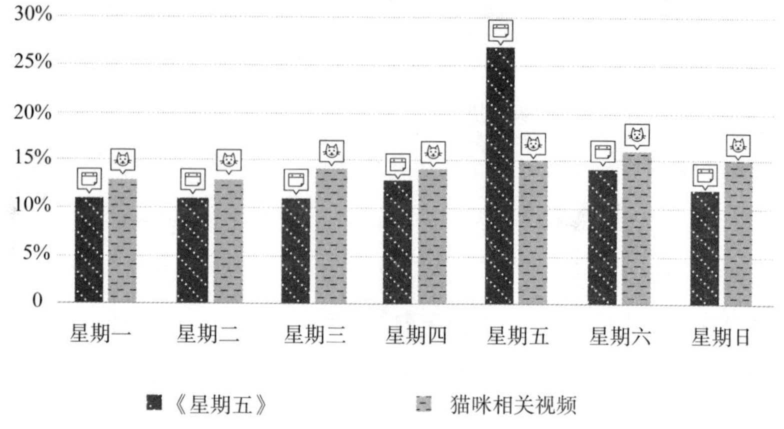

一周收视率对比

最终，《星期五》成为2011年YouTube排名上升最快和最高的视频之一，它突破上亿浏览量的速度甚至比贾斯汀·比伯的视频都快。而瑞贝卡是比伯的超级迷妹，当比伯在推特引用她的视频时，她的尖叫声响彻整个屋子。“要是比伯讨厌我的歌，早就吐槽了。看来他不讨厌啊，太酷了！”瑞贝卡笑着说，发出一声满意的赞叹。瑞贝卡在自己的iPod里收藏了这首歌的多个混音版本，都是她爱听的，其中包括热门音乐美剧《欢乐合唱团》里的翻唱版本。瑞贝卡红了，她甚至还客串了凯蒂·佩里的大热单曲《上个星期五》[*Last Friday Night*（*T.G.I.F.*）]的MV。

一年后的感恩节，我和父母聚在一起吃火鸡大餐。然而，火鸡烤得太干，直到我们快吃完的时候，才发现新月面包被遗忘在了烤箱里。我母亲见状立即话锋一转，问道：“凯文，他们今年还会让你在电视上跟我们聊YouTube视频的事儿吗？”一年前，我上了一些电视直播，介绍当年热门的YouTube视频，这其实也是每年YouTube年终回顾的一部分。很显然，我在《早安美国》里的表现使我的母亲在附近的健身房颇受欢迎。“是的，我想是这样。”我答道，嘴里还塞着一些番薯。“那么，今年排名第一的视频是哪一个呢？”她问道。“我可以肯定地说，是韩国歌手PSY的《江南Style》。”我告诉她。“哦，那个视频啊。”她回应道，听上去对此略知一二。这时，低头吃土豆泥的父亲终于插话道：“只要别让我再听到那个叫瑞贝卡的女孩就好。”

你可能已经注意到了，我痴迷于YouTube上的病毒视频，还有它们是怎样像“病毒”一般流行起来的。第一个病毒视频开始疯传的时候，我才5岁，那个年代，很多人都还不能上网。

1988年，美国大型户外用品制造商温尼贝戈工业（Winnebago Industries）找到前新闻广播员杰克·瑞伯尼（Jack Rebney）为该公司新出的一款房车拍一个商业广告。拍摄当天天气炎热，加上诸多不顺，脾气本就不怎么好的杰克终于忍不住在拍摄现场大爆粗口，一句比一句狠毒。杰克骂自己：“我得再读一遍（脚本），今天早上我的脑子就是一坨屎！”他骂摄制组：“我他妈要踢破你的头！”他甚至连当地的昆虫也不放过：“滚开，你们这些狗娘养的苍蝇！”等杰克发泄完了，轮到摄制组了。他们将杰克破口大骂的片段剪成一个长约4分钟的片花，取名《温尼贝戈人》（*Winnebago Man*），又名《世界上最暴躁的男人》（*The*

Angriest Man in the World)。它成为爆粗口的经典之作，吸引了很多“重口味”爱好者。后来，拷贝盒式磁带录像机（VCR）的成本越来越低，杰克爆粗口的录像带开始在人们之间传播。有传言说，电影制作人斯派克·琼斯（Spike Jonze）曾经拷贝了100份，作为圣诞礼物送给朋友们。在网络视频出现后，这个视频绽放了第二春。我永远不会忘记第一次看见这段剪辑的时候。那时我在《赫芬顿邮报》上班，我人生中的第一份工作。我当时的老板杰森·赖克（Jason Reich）曾经担任过《每日秀》的编剧，喜剧品位无可挑剔。杰森坚持要我看看这个视频。结果，几个星期以后，我脑子里还回荡着杰克振聋发聩的咒骂：“我不想和你们中的任何人再废一句话……包括我自己。”

多年以后，当我了解到《温尼贝戈人》背后的故事时，才知道人们通过各种方式分享和传播着这段录像。美国东北大学“病毒”文本研究项目的科研人员分析了19世纪的500多份报纸，超过270万页。他们发现了数百篇被各种报纸转载50多次的新闻。[4]当时没有知识产权这一说，因此报刊上的新闻报道、短篇小说、诗歌等不断地被再版、传播。编辑们往往会将外地出版物的内容草草编辑一下，就在本地刊物再度发行。今天，我们不再需要印刷机或者录像设备来制造病毒传播物了，因为我们有了网络。事实上，我们已经如此习惯参与网络病毒的传播，甚至都没意识到自己身在其中。网络在传播信息的速度和范围方面都是前无古人的，而这，也许是人类媒体百年发展史上最大的变革。

人们经常问我，病毒视频是如何像病毒一样蔓延开来的。很多人对于病毒视频和流行文化怀有浪漫的革命情感，因为它意味着民主和赋权；它激发着人类对共通价值的追求，并且让世界上的人都能看到、听到这种价值。最重要的是，我们热爱这些视频，因为通过它们，我们定义了流行文化。几十年来，大众传媒公司替我们决定什么是娱乐、什么是新闻，而病毒视频则展现了受众互动的力量，正是这种力量在引导和决定着流行。

放心，我会告诉你病毒视频是怎样流行起来的。不过，在回答这个问题之前，我想我们最好搞清楚“病毒”的意思。

当我们谈病毒时，我们在谈什么

2006—2007年，“病毒视频”这个术语开始进入白话文，用来形容主流媒体以外、飞入数百万寻常百姓家的流行文化和娱乐形态。在互联网的世界里，当我们说某个视频疯传为“病毒视频”时，其含义因人而异[①]。对我来说，“病毒”的意思可以简单地概括为某个视频经由互动传播时展现的品质。也就是说，判断一个视频是否已经变为“病毒”的特征并不取决于它的观看次数，而取决于人们是怎么发现它的。

① 在医学界，我猜病毒的定义并没有太大争议。

2007年的一天下午，两位好朋友亚当和威尔闲着没事。亚当想到，自己20个月大的女儿铂尔正在学习说话，她几乎可以复述任何听到的话语。于是两个人抄起摄影机，录下了一个即兴视频。其中，威尔扮演一个不按时交租的房客，而铂尔则是一名恶毒的房东。这种脚本如果让别人演，恐怕会引发一场灾难。不过，这位亚当是著名喜剧电影《老爸当家》（*Daddy's Home*）的导演亚当·麦凯（Adam McKay），这位威尔则是美国家喻户晓的喜剧明星威尔·法瑞尔（Will Ferrel）。这个视频拍出来当然就不一样。“我俩在20分钟内就拍完了。”多年后，亚当在电台采访时回忆说，“我们也不知道（后来会发生什么）……反正我的妻子快气疯了。”

这段名为《房东》（*The Landlord*）的视频是亚当和威尔在YouTube的喜剧频道“要么笑，要么死”（Funny or Die）发布的首个视频，它很快便成为该频道当时点击量最高的视频。“视频一下子火了。”亚当说，“我们以为它（频道）只是一个微不足道的网络频道。然而那个视频（引发的流量）让所有的服务器都崩溃了。”亚当指出，那时候的大明星不像现在这样熟谙网络，他们很少通过互联网发布作品，因此，这个视频在当时可说是独树一帜。“要么笑，要么死”借着威尔的超高知名度，也顺势水涨船高。更重要的是，这个视频为许多人普及了“病毒视频”这一概念。那些平时本来不怎么分享YouTube视频的人，也跟着分享了这个超级火的视频，顺便也学到了“病毒”一词。

我第一次观看传说中的病毒视频的时候，还是波士顿学院的一名新生。住在我的宿舍楼下的一些家伙拍摄了一个题为《用金枪鱼罐头泻火》（*Tuna Lowers My Inhibitions*）的短片。它是一出滑稽秀，展现一帮还未到法定饮酒年龄的大学生[①]，买来成堆的金枪鱼罐头开派对。他们假装这些罐头是啤酒，“喝”罐头，用罐头“干杯”，并做出各种酒后才有的荒唐行为。我知道这个题材不算出彩，然而拍摄视频的人也不过才19岁而已，难道能指望什么大制作。几周之内，这个视频基本传遍了我们这栋宿舍楼以及新生班的每一个人。它是怎么传播的呢？跟今天一样，又不一样。这个视频也是通过我们现在所谓的社交媒体和视频托管网站来进行分享与推广的，只不过那个时候没有YouTube，人们只能把视频压缩成WMV[②]格式，嵌入电子邮件附件发送给其他人。那时候也没有脸谱网，于是人们便将视频链接复制在自己“美国在线”（AOL）即时消息的个人资料当中，以便别人也能看到。电子邮件和美国在线是当时美国大学生使用的主流网络通信工具。随后，一传十、十传百，通过大家的朋友关系网，视频被传播到其他学院，最终登上了波士顿学院官方网站的“校园幽默”（CollegeHumor）板块，该网站拥有当时最先进的闪客视频播放器。

15年过去了，我的脑海中仍会时不时地浮现起这个该死的视频，因为它的创作者汤姆和瑞德这两个总是在求关注的烦人少年是我最好的兄弟。他俩毕业后也搬到了纽约，从事媒体工作。在我的朋友圈当中，这个金枪鱼罐头的视频是首个原创的病毒视频。当时，它的确传播到了范围不小的观众群体当中。我承认在叙述过程中不可避免地有过度夸大

---

① 对于饮酒年龄的限制，在1984年以前美国各州有各州的规定，年龄从18岁到21岁。但1984年国会通过了《全国最低饮酒年龄法案》，该法案将最低饮酒年龄限定为21岁。——译者注

② WMV是微软开发的一系列视频编解码和其相关的视频编码格式的统称。——编者注

的成分，但重点并不在于这个视频的受欢迎程度，而是它的传播方式。

一般来说，当我们说到病毒视频时，大多数人会认为“病毒”一词指的是非常受欢迎，或者更具体地说，是在互联网上非常流行的。然而，基于我对“病毒”一词在互联网语境下的定义，YouTube上大多数的流行视频并不是真正意义上的病毒视频。例如，一位YouTube创作者在其频道发布了一个新视频，该频道的数百万名订阅者立即观看了这个视频。在这种情况下，尽管该视频在短时间内便获取了百万浏览量，但是并不属于病毒视频[①]。再比如，人们通过搜索关键词“如何打领带”找到视频——《如何打领带》，该视频因此在一年内获取了上百万的浏览量，但即使这个视频很受欢迎，也不算病毒视频。同样的道理适用于已经拥有大批粉丝的厂商，比如暴雪娱乐公司发布的新电子游戏的预告片，或者一位流行歌手新发布的单曲。病毒视频的特征在于，它必须是通过偶然的、无组织的人际或者网际网络，在很短的时间内达到流行的视频。这究竟意味着什么？听我慢慢道来。

“当碧昂丝为新专辑的某单曲发布一支MV，这个视频不是病毒视频。”肯雅塔·起司（Kenyatta Cheese）对我说，“因为这个视频之所以会广泛传播，是因为当该视频推出的时候，碧昂丝已经有了广泛分布的粉丝群体。”在人类历史的长河中，我还没有听过比“肯雅塔·起司”这个名字更……别致的名字。当然，让起司名垂青史的还有许多别的逸事。起司是备受推崇的研究互联网文化现象的专家之一，我也是他的粉丝。起司还是著名的网络系列剧《互联网模因》[②]（*Know Your Meme*）的

---

① 如果后来又有为数众多的观众主动分享了该视频，那就另当别论。

② 模因，是指文化领域内人与人之间相互模仿、传播开来的事物，包括宗教、谣言、新闻、知识、观念、习惯、习俗、口号、谚语、用语、用字、笑话等，范围极广。它就像病毒一样，能感染人的大脑，改变人类的行为。

联合制作人，这部剧集被称作网络流行文化数据库。此外，他还开办了社交媒体营销策略和粉丝文化咨询中心——“立刻人人”（Everybody at Once）。起司解释说，病毒视频的标志之一是它具有传染性，即从一个群体渗透到另一个群体，因为病毒视频在传播的时候，便成为一种共享资源，由不同社区的成员分享、传播给更多的人。例如，你是YouTube某频道或社区的成员，通过该社区看到了一个视频，你惊为天人，于是把该视频分享到其他社交网站，如脸谱网。“这样一来，你便把这个视频从网络中的某个地方移动到了另一个地方，瞬间扩大了该视频在互联网上分布的区域。如果视频的势头够猛、分享率又暴涨，它便成为一个病毒视频，感染了互联网的每一个角落。”起司说。

在YouTube，能够形成病毒式扩散的不仅仅是视频，随着时间推移，许多因为病毒视频而衍生出来的流行文化现象也会变得像病毒一样为世人所知[①]。我们已经探讨过许多这样的流行文化现象，比如“哈林摇”和《彩虹猫》，它们都是通过观众积极主动地参与传播而扩散开来的。拿“哈林摇”来说吧，我们也许都知道“哈林摇”指的是什么，但每个人观看的“哈林摇”视频未必相同。因为在“哈林摇”流行文化中，并没有某个视频是所谓的起源或者核心。《彩虹猫》的情形则有些不同。莎拉·蕾哈妮于2011年4月5日发布的《彩虹猫》视频首次将猫的形象和声优的声音合并在同一个画面之中。自然，对《彩虹猫》一无

① 请注意，尽管有些人将流行文化和图像宏（image macros）混为一谈，但二者完全是两个概念。图像宏是一个广义术语，通常用于描述含有搞笑信息或者标语的图片。在论坛和图片社区，图像宏可以用来表达感受或者反应，类似于表情符号。一个图像宏，比如头上打了一连串问号的黑人小哥，可能成为流行文化，但并非所有的流行文化都是图像宏。

所知的人可以通过该视频了解这一流行文化。不过，就在同年，网络上便出现了成千上万的《彩虹猫》模仿视频和粉丝版本，它们的出现有助于将一阵子的流行转化为影响更广、更持久的流行趋势甚至流行文化。这样一来，视频的意义得到了升华。正如我们在格雷戈里兄弟的《强奸犯之歌》中看到的那样，安东尼·多德森接受采访的原始视频像病毒般扩散，兄弟们才得以用Auto-Tune将安东尼的说话声混音成为搞笑的说唱。而混音版的说唱视频完全改变甚至升华了采访视频原有的含义和初衷。

尽管对于病毒视频中"病毒"一词的理解可能存在分歧，但人们至少对这个概念已不再陌生。许多人知道病毒视频，也很愿意创作这样的视频。从某种意义上说，YouTube开创了一个商业模式，那就是人们可以通过发布流行视频赚钱。于是，人人似乎都铆足了劲用手机或者什么别的东西拍视频，然后坚信自己的作品一定会像病毒一般流行[①]。我仍然记得一些朋友拍下他们的宠物"跳舞"或者侄子、侄女捣蛋的视频，发布到网上，妄想有一天这些东西会一夜爆红。对他们来说，这些视频之所以还没有到处流行，只是因为时候未到。人们错误地认为，病毒视频的"病毒"是自视频诞生之日便固有的内在因子，只待某天突然爆发，因而认为这种病毒因子可以DIY。起司则告诉我，如果要真正理解病毒式传播，你需要了解的是人际网络，而非视频内容。

病毒传播的网络

挪威兄弟韦格·伊尔维萨克和巴德·伊尔维萨克在挪威主持深夜喜

① 此观点引自私人对话，不代表官方看法。

剧节目，虽然在当地颇受欢迎，但没有什么国际知名度。2013年，一家位于纽约的挪威音乐制作公司星际之门（Stargate）找到兄弟俩，询问他们可否帮忙制作一个生日派对视频。韦格和巴德同意了，不过条件是星际之门必须写一首歌作为交换。兄弟俩以为这个要求肯定会被拒绝[①]，没想到星际之门居然同意了。尝到甜头的兄弟俩决定“得寸进尺”，恶搞一下星际之门的制作团队——谁叫兄弟俩是搞喜剧出身的呢？他们要求星际之门创作一首愚蠢、完全没有希望走红的歌曲。两兄弟没有想到，自己的计划最终会适得其反。

2013年，伊尔维萨克兄弟发布了由星际之门制作的单曲《狐狸叫》（*The Fox / What Does the Fox Say?*），宣传他们新一季的深夜脱口秀节目。他们最初的想法是，只要这首歌能在挪威走红，那么宣传的目的就基本达到了。然而，事情超乎了他们的想象。这首歌自从上传到YouTube之日起便被网友疯传，每天浏览次数好几百万，且这种热度持续了数月。最终，这首单曲成为当年最热门的YouTube视频。《公告牌》杂志记者曾经采访巴德，问他这一切是怎么发生的。“我不知道。”巴德说，“最令我感到惊讶的是，网友预见了一切。很早的时候，YouTube上关于这首歌的评论便是‘它绝对会成为一个病毒视频’，‘这就是另一个《江南style》’。所有的评论都在指向这首歌将成为病毒视频。一般来说，一首歌有了一定的浏览量之后就会有网友评论，这些讨论多半都

---

① 星际之门可不是什么默默无闻的音乐制作团队，他们的作品包括许多脍炙人口的当红流行歌曲。其中，冲上过排行榜首位的单曲包括尼欧（Ne-Yo）的《恶心》（*So Sick*）、凯蒂·佩里的《烟火》（*Firework*）、碧昂丝的《独一无二》（*Irreplaceable*），以及蕾哈娜的热门单曲《坏孩子》（*Rude Boy*）、《我是谁？》（*What's My Name?*）、《禁忌游戏》（*S&M*）。

与歌曲内容有关。而这首歌不是，网友的讨论主要集中在它即将变为病毒视频这一现象，即使是浏览量才刚到10万的时候，这真有些奇怪。”[5]

判断一个视频是否能够成为病毒视频，仅仅通过观察它的浏览次数是不够的。幸运的是，我们似乎拥有一种本能，能够通过直觉感知什么样的视频有毒、具有巨大的爆发潜力。追踪病毒视频的传播路径也是一个不小的挑战，因为我们使用了太多不同的网络平台传递那些看上去并无关联和意义的信息。但是，想要找出病毒视频背后暗藏的普遍收看规律，并非绝无可能。

说到病毒视频的寿命，其中一些像是黑暗中的一点光，瞬间灿烂后便迅速销声匿迹，而另一些则能持续走红数月甚至数年。不信请看下表，这是《狐狸叫》和另一个红极一时的视频《猴子看魔术》(*Monkey Sees a Magic Trick*，一名男子对着大猩猩表演魔术）每日浏览量的对比。

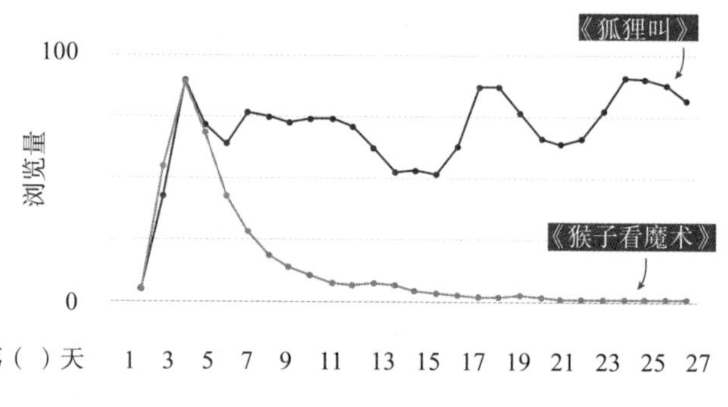

每日浏览量对比

如上图所示，两个视频几乎在同一时间段走红，但是《狐狸叫》的热度十分持久，而人们对另一个视频的热情很快便消失了。在下一节，我们将介绍哪些因素会导致这种差别。如上所述，两个视频的日均浏览量在第一天至第三天非常相似，但是如果将更多的细微数据纳入考虑范围，就会发现不少差异。例如，我们可以观察视频的浏览量到底是怎么来的，比如用户观看的是别人分享过的视频，还是嵌入页面的视频。如果大部分浏览量来自这两个方面，那么可以肯定，这个视频的流行是由观众的讨论和互动推动起来的。

当我们仔细研究观众在不同时间、不同地点有何具体表现时，就会发现病毒视频的传播方式多种多样。以《狐狸叫》为例，伊尔维萨克兄弟的粉丝把视频转发到了Reddit论坛，它迅速在该论坛的子社区中进一步传播。而有趣的猩猩视频则通过非常知名的世界之星嘻哈网站（World Star Hip Hop）获得了大量的曝光率。这些网站产生的流量可能只占整个浏览量很小的一部分，但是这些网站上的用户群体非常活跃，正是这些人将自己喜爱的内容分享到其他网站和社区。这意味着，视频通过这些用户，传播到了不同的用户网络[①]。

读到这里，你可能明白了，这里的“网络”实际上是指由共同的兴趣爱好或利益而集结起来的用户群。起司工作的重点就是研究它，所以他经常围绕粉丝社区打转。当人们找到他咨询如何制作病毒视频的时候，他总是说，创造某种可以四处传播的病毒，就是在创造一种兼容性，以便适应各种网络用户群体。“你必须弄清楚这个群体为什么分享视频。”他告诉我，“比如，他们分享什么、怎样分享？哪些东西对于这些人来说很重要、哪些不重要，他们的价值观如何？还有网站设计，使用的是什么字体？他们分享过的视频有多长时间、是什么类型？他们更关注故事中的角色、人物关系，还是叙事手法？在为一群人创作之前，

① 起司告诉我，《互联网模因》的团队曾经半开玩笑地说，如果你想知道一个视频闹得够不够大，应该看看是否有人把它转载到健身论坛。

你必须了解他们。”[①]

当然，一个视频从普通视频发展为病毒视频的方式——换句话说，人们推动一个视频走向成功的互动方式——会随着时间的推移不断改变。随着技术的发展，某些网站落寞了，新的社交媒体账户取代了旧的博客，网站的主页被应用程序替代，新的分享工具层出不穷，这些因素不断改变着视频传播的细节、速度等。然而，我们分享视频的热烈渴望和技术的发展并无关系，利用技术制造病毒视频已经变成数字生活的一部分，人们早已习以为常。

现在，让我们回想一下“狐狸大战猩猩”[②]的视频浏览量对比图，两条起点接近的轨迹线为何最终渐行渐远？

“病毒”可能不足以形容一个视频的疯狂传播。因为“病毒”一词似乎在暗示，当我们“感染”上某个视频时，就会变成该视频传播的载体或媒介。然而在现实生活中，即便某个视频真的很值得分享，且分享起来也不复杂，也只有很小一部分观众会付诸行动。大部分线上平台的数据都显示，用户的参与率（用户手动点赞、分享的比例）比想象中低，通常还不到1%。

为什么一些视频的热度就是比其他视频持久呢？对于有些视频来说，它的传播方式是这样的：视频首先被来自不同社交群体的用户看到，这些用户又把它分享到自己所在的社群。《狐狸叫》就是这样的，它一开始在挪威走红，一个月后传到菲律宾，随后是波兰，几天之后是匈牙利。这种病毒一旦流行起来不仅可以跨越不同的地域，还能渗透不

① 起司还说：“不知道为什么，任何从互联网的某个小角落爆红的视频，最终都会登上 YouTube。”

② 我敢说这个短语从未在任何书中出现过！

同的人口和社交群体。还有一些视频采用了不同的传播路径，它们的浏览量主要来自搜索引擎和YouTube自带的视频推荐功能。当人们想看某一个自己看过或者听别人提过的视频时，往往会去搜索它。

这便是《狐狸叫》一类的病毒视频从时尚流行演变成娱乐经典的时刻。将来某一天，我们可能依然会怀念《狐狸叫》，让自己陷入怀旧情绪之中。如果那一天真的来到，说明《狐狸叫》已成为流行文化当中固有的组成部分了。

病毒是怎样炼成的

那么，病毒视频具有什么样的共同特征？通过几年来的研究，我发现自己看过的所有病毒视频几乎都包含三个元素。当然，如果观察不同的流行文化和趋势，你可能会发现其他重要特征，但我下面要讲的这三个元素则适用于所有病毒视频，从令人震惊的目击者视频到所谓的著名现代视频艺术——《身穿鲨鱼服的猫咪骑在扫地机器人上追逐逃亡鸭》（*Cat In A Shark Costume Chases A Duck While Riding A Roomba*），无不遵守这一定律。

参与感

由于网络视频对于观众来说是一种主动而非被动的视听体验，因此，越是能够激发观众互动性和参与感的内容越有可能取得成功。还记得风靡全球的冰桶挑战吗？它的确切起源如今难以追溯，我印象中是2014年上半年，一小撮人以慈善的名义往自己头上泼了一桶冰水。后来，许多职业高尔夫球手也纷纷效仿，比如《今日秀》中的马特·劳尔（Matt Lauer）。然而，真正使冰桶挑战像病毒般蔓延开来的功臣却是一个普通人，名为皮特·弗拉德（Pete Frates）。皮特是大学棒球队的队员，在2014年7月，他发布了一个冰桶挑战视频到脸谱网。

皮特就读于波士顿学院，比我小一届。他跟我念同一个专业，但是我们从来没有见过面，我只知道他在棒球队打中场。波士顿学院实在太小，当医生诊断出年仅27岁的皮特罹患渐冻症①（ALS）时，这一消息迅速传遍了整个校园。在他得知这个消息的那天晚上，他和家人围坐在一起，誓要引起人们对这种疾病的关注。"世人对于这种疾病知之甚少。"皮特的母亲后来回忆说，"我们的目标是改变这种现状，让更多的人，特别是比尔·盖茨这样的大慈善家，注意到这种疾病。"[6]波士顿学院属于耶稣会学校，非常关注社区服务，因此许多校友在接下来几个月纷纷加入皮特的事业。

皮特在脸谱网上公布冰桶挑战视频以后，他的几个好朋友也参与了这项挑战。[7]但仅仅一个星期之后，我周围的每一位同学似乎都将一桶冰水浇到了自己头上。我花了好些时间才弄明白，冰桶挑战不仅仅是在我的社交媒体朋友圈流行，甚至不仅仅在波士顿学院流行，而是流行于整个美国互联网。

2014年8月，数以百万计的冰桶挑战视频被发布到YouTube和其他网络平台上，它们被观看了数十亿次，一下子使得"哈林摇"等之前的流行文化相形见绌。有趣的是，当年最受瞩目的冰桶挑战视频是比尔·盖茨发布的。在8周的时间内，人们捐赠了1.15亿美元善款。2016年，一个研究小组宣称他们发现了一个新的致病基因，研究经费正是来

---

① 渐冻症又叫肌萎缩侧索硬化症，病因至今不明。患者最初可能只是感到有一些无力、肉跳、容易疲劳等，渐渐发展为全身肌肉萎缩和吞咽困难，最后产生呼吸衰竭。——译者注

源于冰桶挑战。

请注意，这可不是什么名人专属的流行运动或者了不起的创举。实际上，冰桶挑战的视频非常简单，人人都能参与，个个都能挑战。有些人甚至连哄带骗地叫他人接受挑战，而自己则在一旁享受旁观的乐趣。令我难以置信的是，我父亲竟然在佛罗里达州我家的后院上演了一个相当蹩脚的版本，这个视频应该是我的母亲拍摄的，她这人平时少有耐心，整起我爸来倒很积极。遗憾的是，我没能目睹这一场景。冰桶挑战之所以那么成功，是因为这项挑战几乎没有任何门槛。而对于那些内心或多或少有些恐惧的人来说，这个活动的慈善名义让他们背上了负罪感，于是硬着头皮接受了挑战。

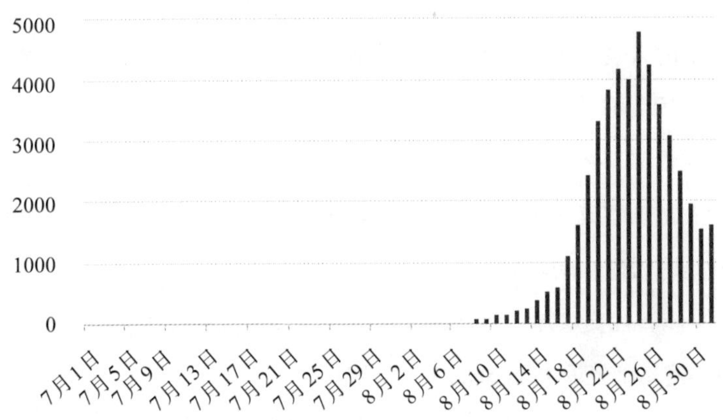

YouTube每日上传冰桶挑战视频数量一览

这种难以抗拒的参与感可以在许多流行趋势和病毒视频中找到。[8]有时，这种参与感被浓缩为一句简单上口的话，人们很容易便能模仿和引用，比如，“丹尼，该死的，穿着你的那双白色板鞋给我回来”①。而

① 这句话出自YouTube上的同名视频。——译者注

在《江南Style》的风潮当中，大众模仿骑马舞则是最简单的参与方式。不过，最强烈的参与感往往不是来自模仿，而是来自视频激起的情感反应。2015年，YouTube喜剧演员妮可·阿伯（Nicole Arbor）发布了一段名为《亲爱的胖子》（*Dear Fat People*）的视频，她将6分钟的笑话串联在一起，嘲笑那些超重的人。她先是声称："我根本就不在乎肥胖。"不久之后又说："肥胖症是一种病？是的，购物狂也是一样，但是我怎么就没有因此获取一张免费停车卡呢？"妮可后来登上美国广播公司的一档午间访谈节目——《观点》（*The View*）。讽刺的是，该节目由5个不同肤色的女人担当主持，深受女性观众喜爱。在《观点》上，妮可为她的喜剧辩解："这个视频的目的就是出言不逊，就像我的其他视频一样。"用这种手段博人关注，往往会惹人讨厌，不过却非常有效。尽管成百上千的人表示自己讨厌妮可的笑话和观点，但是这个视频却火得一塌糊涂。因为它挑衅的言语隐隐挑逗着观众参与其中，发出自己的声音。由此看来，激怒我们的事情能够非常有效地引发我们的参与欲望。冰桶挑战视频的成功是基于其内在的善意，而像《亲爱的胖子》这样的视频则是因为内在的恶意。[9]

"媒体和社交媒体之间是有区别的。"起司对我说，"差别之大就像鸡蛋（egg）和茄子（eggplant）。虽然后者只多了几个字母，但完全是截然不同的东西。前者关乎内容，后者则关乎交流。如果你想搞清楚病毒式传播，就必须了解交流如何展开，而不是交流的具体内容。"

换句话说，观众对视频的看法比视频本身更重要，很多人无法理解这一点。从历史上看，我们判断某种传统娱乐是否流行，会看它的制作是否精良、观众是否喜欢。但是，网络视频颠覆了这种模式，它将观众的个人体验和互动提升为一种超越艺术作品本身的艺术。换句话说，病毒视频本身并没有“毒”，我们与它们的互动才让视频中了“毒”。

这就是瑞贝卡于2011年发布的MV《星期五》引发的那个矛盾问题的答案：世界上最受欢迎的视频播放着人们最不喜欢的东西。

惊奇感

在视频时代，我们只要动动手指，数以百万计的视频便触手可及。因此，越是令人称奇、具有独特性的视频，越是有着无与伦比的价值。约翰·兰迪斯（John Landis）于1983年为迈克尔·杰克逊执导的《战栗》（*Thriller*）可能是有史以来最有影响力的MV。多年来，人们创作了无数舞蹈的翻版，其中一个例子尤为突出。2007年，菲律宾宿务岛拘留所康复中心的负责人拜伦·加西亚决定将音乐和舞蹈融入囚犯的生活。他将犯人每天在院子里一小时的自由活动改为跳舞，乐曲从英伦摇滚乐队“平克·弗洛伊德”（Pink Floyd）到美国男子演唱组合“乡下人”（Village People）等。犯人编排的舞蹈越来越好，拜伦便把它们录制下来，上传到了YouTube上。在这个版本的《战栗》模仿视频中，有1500名囚犯参与了演出。我第一次看到这个视频的时候惊讶得说不出话来。我当时还不知道这个视频背后的故事，仅是眼前的一切就已经让我眼花缭乱。我唯一确信的是：我必须分享这个视频——分享过该视频的几百万人，应该也有过类似的感觉。[10]

在社交媒体和娱乐产品无所不在的视频时代，想要出类拔萃必须具有独特性。当可供欣赏的娱乐作品数量愈加可观时，我们就越有可能遇到新奇、独特的作品。这样一来，创新的标准实际上便被提高了。多年来，我在YouTube上看过大量的病毒视频。我发现，尽管这些视频内容不尽相同，但都包含一个共同的模式：那就是每个视频都至少有一个核心元素是我们未曾熟悉、不曾见过的。这些陌生元素要么使我们震惊，要么向我们展示新事物，要么解答我们内心长久以来的疑惑。《狐狸叫》这首歌便充满了惊喜。首先，歌词中反复出现了一句歌词——“狐狸在说什么”。听到这里，粉丝情不自禁地模仿狐狸叫了起来，各种版本层出不穷（原歌词里面是“哈啼—哈啼—哈啼—嚯”）。其次，这首歌原本只是伊尔维萨克兄弟给星际之门开的一个玩笑，没想到玩笑最终带来了一个巨大的惊喜。

人类生来就倾向于被令人吃惊的事物吸引。大脑核磁共振成像扫描的研究结果表明，发现不寻常的事物会激活大脑的“新奇中心”，即位于中脑被盖部的黑质，并诱导多巴胺的分泌。人类是一种天生就会在意想不到的创造力中发现乐趣的动物①。事实上，在许多幽默、营销和心理学的理论当中，都将对惊奇的研究作为一个重要领域。令人惊讶的视频可以在瞬间吸引我们，激发我们的好奇心，改变我们的认知，并强烈地引导着我们与他人分享这一经验。研究还发现，令人惊奇的发现会为大脑增加额外负担，因为我们正在遭遇以前没经历过的事，于是本能地想要减少这种认知上的负担。怎么办呢？“通过与他人分享。”塔尼娅·露娜和李·安·瑞宁格尔在其著作《惊奇：享受和应对意外》一书中写道：“我们几乎会谈论自己所有的情感体验，只留下10%给自己。一件事越令人惊讶，我们就会越快、越频繁地与他人分享。”拿病

① 该研究同时还指出，凡是人们见过的事物（无论对其熟悉程度）都无法触发类似的大脑反应。一位研究人员解释道：“我们原本以为不太熟悉的视频元素同完全陌生的元素一样，也能激活大脑的‘新奇中心’。结果证明，我们的设想是错误的，只有全新的事物才有这种能力。”这也在一定程度上解释了为什么宿务岛囚犯模仿的《战栗》尽管非常成功，也无法超越迈克尔·杰克逊的原版。

毒视频来说，当你看到《身穿鲨鱼服的猫咪骑在扫地机器人上清理厨房》时，你会瞬间感到愉悦，然后急迫地将其转发到社交媒体，跟所有人——不管你跟这些人的关系如何——分享这一经历。

现在知道为什么病毒视频总是显得那么奇怪了吧？它要是没有这个特征，也不能被称为“病毒视频”了。

催化剂

如果你研究过病毒视频的流行趋势便会发现，在某种程度上，观众、播放平台或其他机制的存在，迅速加快了视频的传播，把它推广到更大、更广泛的观众群体。

在2008年的美国总统大选期间，出现了许多经典的政治讽刺视频。一个名为“谈不上政治”的团队制作了一部题为《我对奥巴马有一点动心》（*I Got a Crush on Obama*）的模仿MV，其中有一个名为“奥巴马女孩”的角色，她是奥巴马的忠实粉丝，由模特安伯·李·埃廷格饰演①。这个视频当时十分火爆，有线新闻网、政治新闻网站处处都能见到它的身影，《纽约时报》甚至为它开设了一个专栏。后来，网络上又出现了许多针对该视频的模仿视频，“奥巴马女孩”一度成为早期红极一时的网络视频明星，《新闻周刊》还将这一事件形容为10年来第二大互联网模仿活动。

“至于‘奥巴马女孩’的视频为什么直击时代灵魂，我认为这是因为它暗含了那场选举的两大重要元素。”“谈不上政治”的创始人，同时也是我YouTube的同事本·瑞勒斯告诉我，“第一是年轻人为奥巴马而

---

① 还记得混音那一章出现的《巷巷歌》及其作者诺伊·阿洛什吗？他制作的第一个病毒视频——《利夫尼男孩》——便受到了“奥巴马女孩”的启发。

疯狂，第二是YouTube改变了人们参与选举的方式。”那么，这个视频是如何像病毒一般流行起来的呢？起初，它被一些政治博客转载，后来美国广播公司新闻频道的首席政治记者杰克·塔普尔（Jake Tapper）在频道官网报道了这个视频。由于杰克是那次大选中最有影响力的记者之一，他的报道引发了更多主流媒体的加入，因而该视频的波及范围甚广，“谈不上政治”顺势建立了自己的粉丝基础，他们翘首期待着团队的下一个作品。

我曾经试图追踪许多我喜欢的病毒视频的源头，尽管花费了许多时间，但无一成功。不过，我倒是发现了他们传播过程中的节点[①]。在“奥巴马女孩”的案例中，杰克·塔普尔和美国广播公司新闻频道构成了这个节点。想象一下，有人感染了一种传染性极强的病毒。如果他只是去朋友家传染给了这位朋友，然后当这位朋友去另一位朋友家的时候传染给了那个人，那么这种病毒在整个朋友圈爆发，将会等待比较长的时间。但如果那位初始感染者去人群聚集的购物中心，小镇上的居民大概不出一周就会纷纷感染上病毒。病毒视频的传播也是这个道理。我们生活的数字世界就像一张巨大的网，连接了万事万物，它们中的许多节点都可能变成那个购物中心。

对于瑞贝卡·布莱克的《星期五》来说，节点是一个名为“胡说八道”（Tosh.o）的博客[②]；另一个节点则是诸如喜剧团体MST3K的迈克尔·尼尔森等小有名气的喜剧演员，他们也加速了《星期五》的广泛传

① 节点，即引起病毒爆发的转折点。——译者注

② 细说起来其实是这样的：一位读者向名为“每日发现”（Daily What）的博客提交了《星期五》的视频，该博客将其发布到主页上，随后它又被“胡说八道”转载，被更多的人看到。

播。伊尔维萨克兄弟在电视节目上播放了《狐狸叫》，尽管这个节目是在挪威播出的，但它的观众群体足以让该视频在国际上迅速传播。节点与节点之间互相连接，从而引爆整个网络。网络上的众多社区也有效扮演着节点这一角色。2008年的政治博客已经无法满足观众对于新鲜内容的胃口，于是，“奥巴马女孩”成为完美的大餐。节点也会随着时间与科技的日新月异而改变。例如，如今博客的影响力已经大不如前，新的节点开始出现。比如，网络平台现在就是许多病毒视频的节点。许多病毒广告实际上就是通过在YouTube的广告系统获取初始的曝光，从而开始流行的。

作为传播节点的不只是第三方，一些YouTube视频创作者自身便具备强大的影响力，因而其频道的订户和观众群体便可成为分享视频的最初节点。从前，我们认为要将一个视频变成病毒视频，必须有一个能够引领流行趋势的带头人，就比如2008年选举中的知名记者杰克·塔普尔。但近年来，许多视频创作者本人就有这样的号召力，因此，他们自己就可以为个人作品代言。

在YouTube，单日浏览量最高的视频的纪录保持者是PSY，但你绝对想不到，这个破纪录的视频并不是《江南Style》，而是PSY后续发布的一个名为《绅士》（*Gentleman*）的单曲。其实，想想也能理解，《江南Style》为PSY奠定了粉丝基础，所以当《绅士》发行的时候，各方粉丝纷纷前来助力。换句话说，单曲发布之前，一个庞大的PSY粉丝社区已经蓄势待发，无论随后发布的是《绅士》，还是别的单曲，一场病毒般的分享风潮必将降临。

参与感、惊奇感和催化剂是我在最受欢迎的病毒视频中找到的常见共性，但这三者是否构成了一个视频成为病毒视频的充分必要条件呢？不完全是。如果你有足够的资金、完美的策略，同时能够准确定位传播节点，那么你便能成为病毒视频的制造者。“假如你找到一大堆有影响力的人来有偿宣传某个产品，还砸了数百万美元用于营销，新闻曝光的时间点又恰到好处，那么是的，你的产品可以蹿红。”起司告诉我，“但是，如果这种受欢迎的现象不是来自真正的分享，而是人为和金钱堆积的假象，那么其吸引力将很难持续。”

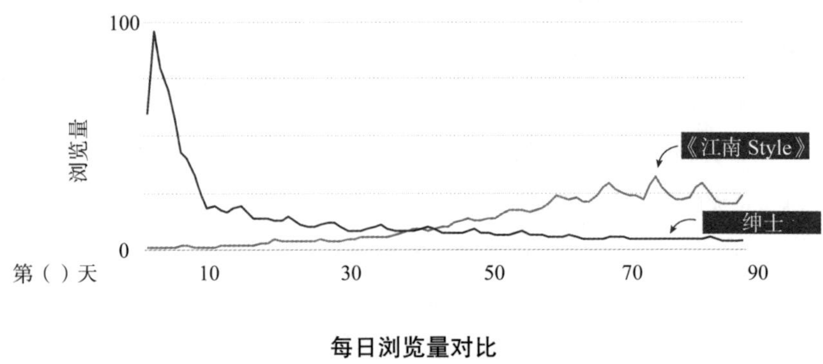

每日浏览量对比

说到头，确保最大程度的曝光是一回事，吸引人们主动参与互动是另一回事。因为，所谓的互动从表面来看就是手动点赞或者分享那一下，可一个视频凭什么让观众愿意去动那一下呢？真正成功的病毒视频必须具有激发观众参与的动力，要让观众觉得，点一个赞是值得的。

权力的更迭

那是在2011年1月寒冷的一天，我和Youtube的同事在华盛顿特区白宫的椭圆形外交接待室采访了时任总统奥巴马。就在一个小时之前，我因为忘记携带现场必需的苹果电脑插口转换器，不得不跑回办公室去取。这是新手才会犯的错误，我感到自惭形秽。从那以后，我和插口转换器形影相随。采访结束后，慷慨的奥巴马总统花了一些时间和我们聊技术与媒体。我们问他看过什么YouTube视频，奥巴马说："你看过那个独角兽上山的视频吗？""是《独角兽查理去糖果山》(*Charlie the Unicorn Goes to Candy Mountain*)吗?!"我们以一种难以置信的语气异口同声地问。显然，总统千金、"第一女儿"给父亲看了这个动画视频，随后发生的事是我一生中最难忘的超现实时刻之一。美国总统开始向我们介绍这个视频，我们则和周围的白宫工作人员面面相觑。

《独角兽查理去糖果山》是一个长约4分钟的动画片，由一位名为杰森·斯蒂尔(Jason Steele)的20岁电影制作人于2005年创作完成。视频中，名叫查理的独角兽心情郁闷，于是两个朋友说服它一起去一个名为糖果山的地方。一路上，查理和朋友们遇到了许多奇异的美景。到达糖果山后，查理被打昏了。等它醒过来的时候，发现有人偷走了它的肾。对于我们这些看着蜜罐般的儿童电视节目长大的人来说，独角兽查理有种令人耳目一新的黑暗和诡异的讽刺，难怪它成为新时代的流行。这部视频以及后续的三部视频已经累计被观看了超过1.5亿次，这个巨大的成功改变了斯蒂尔的职业生涯，后来他成立了自己的工作室"小母牛影视"(FilmCow)。这个颇为黑暗的视频使得那些品位独特的人，迫不及待地想要跟自己的朋友们分享。这个视频不仅风格非主流，人们在网上发现它的过程也很不寻常。2016年，斯蒂尔发起了一场众筹活动，旨在募集5万美元为独角兽查理制作一个30分钟的大结局视频，结果，粉丝捐了超过20万美元。

我一直以为斯蒂尔在某个疯狂的夜晚(可能还磕了药)灵光一闪创作了这个视频，但是独角兽查理的真实灵感却源于斯蒂尔的亲身经历，还颇为凄惨。"当卡特里娜飓风袭击新奥尔良的时候，我失去了大部分财产，工作也丢了。”斯蒂尔在2016年的采访中解释说，“我妈妈的生日快到了，我一分钱也没有，但还是想给她一个礼物。我妈知道后便对我说，与其买礼物，不如给她创作一部关于独角兽的动画片。所以我创造了独角兽查理。十多年过去了，我妈还时不时地提起，要不是她的生日，我的事业也不会这么成功。”①[11]这部动画片在YouTube发布以后受到了网友的追捧，纷纷通过电子邮件、博客文章、论坛帖子和社交媒体等将视频传播开来……就这样，一个妈妈的生日愿望变成了一桶价值不菲的互联网黄金。

不过，《独角兽查理去糖果山》的成功看上去更像是一种特例，一种网络大了什么鸟都有的异常现象，它能给我们带来哪些启示呢？互联网将我们连接成为一个紧密相连的网络，这给病毒视频的传播提供了基础，也改变了整个娱乐世界的生态。我们每个人，无论年龄大小、经历多寡，都处在这个生态圈。我们也都已经适应了在流行文化中扮演更加积极的角色，无论我们自己是否意识到了这一点。

网络生态的多样性和不可预测，决定了网络生成的文化将超越传统体制的控制。我发现，病毒视频的流行不限于特定人群或地域，分享病毒视频的人可能来自不同的地方、族群，说着不同的语言。

分享病毒视频可以让相关社区和利益集团互相连接起来，这种连接的方式之迅速、之有效，令传统媒体难以望其项背，而有效的沟通会让人上瘾。如今，使用互联网进行沟通是每个人的重要日常生活，即便最不懂网络的人，也会想尽办法让技术为自己服务——哪怕是笨办法。“我是半个中国人，所以经常收到中国妈妈们转发给我的电子邮件。”起

① 据斯蒂尔说，他母亲当时对这部动画片似乎并不怎么感冒，但毕竟是儿子为她精心制作的生日礼物，所以还是很喜欢。

司告诉我，“邮件中经常出现超大的PPT附件！通过电子邮件转发一个10兆大的文档，这是我能想到的最糟糕的传播方式了……然而人们之所以这样做，是因为他们真的很喜欢这些内容。”

我最喜欢的病毒视频之一当中连个像样的明星都没有，它跟玉米有关。视频中，俄克拉何马州85岁的肯·克雷格在向他的儿媳妇展示烹饪小窍门，如何把玉米连叶子带须摘除干净。方法很简单，先把玉米放进微波炉转几分钟，拿出后从根部切除，接着晃动几下，光溜溜的玉米棒子就脱落而出了。儿媳妇把这段视频发布到了YouTube上，以便自己当时在韩国教英语的女儿能够看到。[12]克雷格，一个甚至连电子邮箱都没有的老头，觉得这个视频要是有50个人看就顶破天了，然而它的浏览量已经累计接近1000万。[13]这个名为《剥玉米——一须不留》（*Shucking Corn—Clean Ears Every Time*）的视频一度蹿升至YouTube流行趋势榜的第一位，这也是我点开它的原因。几天之内，该视频便成为YouTube 55岁以上用户群中最受欢迎的热门视频。值得注意的是，大部分的浏览量不是源自新潮的社交媒体脸谱网或者推特，而是雅虎邮箱。由此可见，病毒视频并不只在年轻人中流行，它对所有人都有价值。

通过人际互动进行传播的视频，从根本上改变了各个年龄层的人发现新事物的方式，以及与之互动的方式。人际传播的威力在于，它使任何一种类型的媒体都能具备吸引大批观众的潜力。有线电视节目、无线广播节目或者应用程序，往往都需要一个已然存在的粉丝网络或者所谓的固定观众群，而人际传播使得娱乐媒体摆脱了这种束缚。在娱乐行业，病毒视频可以“跨界”吸引大批人群的注意力。病毒视频创造了一夜成名的明星，可以为特定的产品增加销量，比如由Ok Go乐队2015年的MV带动的电动两轮平衡车热潮。大多数的病毒视频并不能给创作者带来持续的商业价值或者娱乐价值。当然，凡事总有万一。比如，小戴维·德维奥（David DeVore Jr.）的父亲录下了儿子在汽车后座神志不清的视频——这孩子刚拔完牙，麻药还没过呢。结果该视频一夜爆红，赚来的钱足够支付小戴维未来的大学学费。但是，说到病毒视频对社会的长期影响，既不是它会制造更多的暴发户，也不是它会扰乱商业模式（个别人士的危言耸听），而是它会影响我们的世界观——某个时刻，病毒视频的出现会迅速改变我们对这个世界的看法。

起司对我讲述了他的一段经历，那件事最终影响了他对媒体和技术的看法。1999年，反全球化人士在西雅图举行了大规模的针对世界贸易组织的抗议活动①。起司也参与其中，帮忙组装了一种视频编码器，这种编码器能够让抗议现场的人更快地发布视频。然而这些视频改变了抗议的基调，抗议者越发群情激愤，于是警方开始搜查携带录像器材入场的抗议者，企图扰乱人们发布现场视频。起司受到了启发，他设计了一款背包，包上装有小型直播设备。

如此一来，抗议的人群便掌握了点对点信息和内容的发布权，而这一权力以往是掌握在主流媒体和权威机构手中的。“作为一个有激进主义背景的人……我让更多的人注意到主流媒体试图让人们忽略的事，我很高兴，真的高兴。”起司说。不过他又补充道：“这的确也引发了一系列新的挑战。它（夺权）要求我们重新思考我们的价值观，重新思考权力的意义，重新思考这种关注度赋予我们的责任。”[14]

病毒式的分享为我们提供了快速表达自己的新途径。我们既可以

---

① 1999年11月，世界贸易组织部长级会议在美国西雅图举行，当地发生了游行示威，成千上万的反全球化人士加入其中。这场声势浩大的示威游行导致原定的世贸组织会议开幕式被迫取消。——译者注

选择创造什么，也可以选择分享什么。以前权威机构才能达到的影响力，如今我们靠着个人的行动似乎也能达到同样的规模，真的不可思议。不过，权力越大，责任也就越大。这听上去有点儿可怕，但它同时也为奇迹的诞生提供了肥沃的土壤——破产动画家为他的母亲的生日做了一个非主流动画片，吸引了成千上万的粉丝，甚至连美国总统也看过了。这样的故事难道不令你深有感触？

到2016年，瑞贝卡·布莱克转型了，打破了人们对她“昙花一现”的预测。许多年过去了，《星期五》仍然会在每周五掀起一波小高潮，人们对这首歌是真爱。我最后一次见到瑞贝卡本人是2011年在YouTube办公室，当时她还是一个年仅14岁的小女孩，兴奋地在我们以她命名的会议室名牌上签名。5年后，我通过远程视频，在一个大型网络视频会议上再度见到瑞贝卡。直播中，她正在和粉丝拍照。这些人不是《星期五》的粉丝，而是瑞贝卡·布莱克的粉丝。在《星期五》发布后的几年时间，瑞贝卡的频道积累了超过100万的订阅者。她成为一个典型的“社交媒体明星”，与卓越TV（AwesomenessTV）签约，发布了新的、不那么糟糕的音乐视频，每周制作发行包括化妆、生活建议等播客。正如记者雷吉·尤格乌在“星期五病毒”爆发4年后撰写的一篇深度报道中所写：“处于初中、高中年龄段的孩子尚未踏入社会，而他们在布莱克的故事中看到了一个‘社会事故’的幸存者、一个榜样。瑞贝卡在社交媒体经历了一场巨大的噩梦，她却成功地摆脱了困境。”瑞贝卡·布莱克不再是从前那个脆弱的花季少女了，她变成了更好的自己。

从2012年开始，病毒视频的商业价值开始逐渐下降。如何留住观众，成为各个频道关注的焦点。例如，瑞贝卡的YouTube频道凭借《星期五》好不容易积累了那么多粉丝，如何让他们的忠诚度更加持久呢？你不可能指望某个病毒视频永远流行下去，并且围绕这一点对其商业价值进行无限开发，没有人可以，对于视频创作者、广告商和平台本身来说都是如此。对此，YouTube的策略是努力建设频道。虽然个人发布的视频仍然很受欢迎，但YouTube已经成功建设了多个频道，打造了许多明星，它不再只是一个病毒视频的资源库。

但是从文化的角度，病毒视频这种现象将一直存在，我希望它永远是我们娱乐自己和分享知识的重要方式，因为这种现象和技术没太大的关系，和传播方式有关。在过去，人们会剪下旧报纸，将剪报留给后世，这也是一种病毒式传播。过去几个世纪，病毒式传播一直存在。只不过，今天的技术使这种传播速度更快、规模更大。在视频时代，我们自己就可以成为文化制造者，而不是被传统媒体或者权威机构的专家牵着鼻子走。

是的，互联网已经成熟了。在线影片租赁商网飞、亚马逊、视频网站Hulu，以及YouTube都开始制作原创剧集，有时我会怀疑网络独有的创意表达方式会不会重蹈传统媒体的覆辙，经历相同的寡头控制和内容审查。但是，病毒视频的理念给了我新的希望，网络上总会有一片天地永葆奇异和美妙。因为病毒视频的存在意味着我们每一个人都有机会掌握媒体的传播权，这种机制或多或少保证了异类在互联网的生存与发展空间。无论竞争对手的营销预算有多少，我们每个人都有能力影响当下流行文化的风尚，这是一种权力制衡机制。

在视频时代，视频的成功和金钱无关，甚至和视频自身的艺术造诣无关。这是一个属于个性的时代，只有创造出全新事物的人才才能一举成名。

第十一章

制造互动才能创造潮流

12岁的时候，杰森·罗素（Jason Russell）便有了一个宏伟的愿望：“如果能在同一时间向数百万人讲述一个故事，那该有多好啊！”

罗素生长在一个戏剧之家。20世纪80年代，他的父母建立了“基督教青年剧院”（Christian Youth Theater），现在已成为全美最大的青年剧院。罗素觉得，要实现给数百万人同时讲故事的梦想，通过剧院的舞台去实现恐怕是痴心妄想。所以，他把目光投向了电影。从南加利福尼亚大学的王牌电影专业毕业后，罗素便成功地将自己为好莱坞拍的一个音乐剧卖给了梦工厂，成为大导演指日可待。但是，罗素却下定决心要从好莱坞转战非洲，去苏丹西部的达尔富尔拍摄战争纪录片。他这么做，是因为受到了著名摄影记者丹·埃尔顿（Dan Eldon）的启发。20世纪90年代，埃尔顿代表英国路透社深入索马里报道当地局势，于1993年惨遭杀害。在埃尔顿精神的鼓励下，罗素踏上了苏丹之路。

“到达苏丹之后，我的观点发生了根本性的转变。”罗素告诉我，“我意识到这个世界并不需要又一部好莱坞电影或音乐剧。离开大学校园的我，能够做的最有意义的事情便是前往非洲，在那里住上一年，拍点东西，期望能够通过自己的作品去解放、拯救当地的人。”

在乌干达北部小镇古卢（今南苏丹共和国以南）的时候，罗素生平第一次接触到了“往返的小孩”——一群不想被政府反叛组织劫持而被迫成为童子军的孩子。因为古卢镇比较偏僻，很容易在夜间遭到叛军袭击，于是，住在这里的孩子一到夜幕降临便成群结队地转移到最近的城市避难，白天再返回古卢。当时，叛军组织和当地政府的斗争已经持续了17年。罗素和两位大学生鲍比·贝利、拉伦·普尔一起拍摄了生平第一部纪录片，罗素在片子里说：“大家都说我们年青一代过于天真、无知，我承认这一点。”虽然，第一部影片没有引起太大的关注，但是它为后来反抗反叛组织的暴力运动奠定了基础。

多年以来，罗素和他建立的公益组织——“被遗忘的小孩”（Invisible Children）——不断游说政客和有影响力的人参与到解救孩子的行动中来，还在美国的中学组织学生看纪录片，鼓励年轻人加入。

该组织成立后的第十年（其间，一共拍摄了11部影片），“被遗忘的小孩”开始拍摄第十二部影片。这部纪录片叫《科尼2012》（*Kony 2012*），你很可能看过或至少听过[①]。这一次，他们决定将影片主要投放到互联网。罗素将这次努力描述为“最后一搏”，目的是尽可能引起人们的关注。这里的“人们”主要指“住在郊区的14岁白人女孩”。影片长度为29分59秒，他们清楚，对于一个YouTube视频来说，这长度够呛。罗素回忆说：“在制作那部电影的时候，我们总是在说‘没人会看一个30分钟的视频’。”尽管如此，团队依然野心勃勃——从发布之日

---

① 在影片中，罗素向他5岁的儿子解释了叛军组织与政府的冲突，同时通过当地人的视角向观众控诉L.R.A.（Lord’s Resistance Army，又叫圣主抵抗军）的滔天罪行，其中就有他10年前认识的、幸运挣脱L.R.A.魔爪的非洲朋友——雅各布。

2012年3月5日至2012年最后一天，视频累积了50万次浏览。

“说实话，这部影片有效期至2012年12月31日。它的目标只有一个，阻止反叛组织L.R.A.以及它的头目约瑟夫·科尼（Joseph Kony）。”当视频播放至8分30秒左右时，罗素说道，“现在，我要一步一步地告诉你们，我们如何实现这一目标。”

在YouTube 2012年末发布的流行视频榜单中，《科尼2012》排行第二，仅次于PSY的《江南Style》，它引起了全世界的关注。视频发布之后的几个小内，罗素团队最大化提高关注度的“野心”便实现了。2012年3月7日，星期三[①]，它创下了“单日观看次数最高视频”的纪录，总计被浏览了3100万人次。接下来的数天，“科尼”成为YouTube搜索次数最多的关键词，谷歌将该关键词列为美国年度十大搜索热词之一。在公益或活动类视频中，《科尼2012》多年以来一直都是播放次数最多的视频。不仅如此，它的平均观看时间超过了9分钟（而其他绝大多数视频只有两分钟左右），这表明观众可不是点开就撤。此外，观看过该视频的用户当中，有10%的观众一次性看完了这个视频。

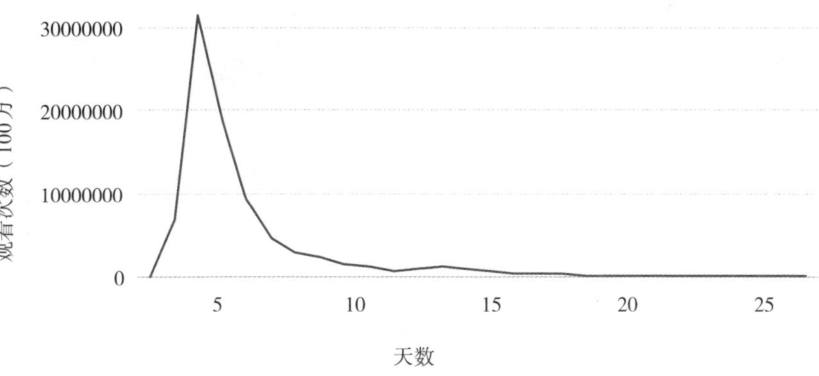

《科尼2012》发布30天内观看次数

---

① 之后，只有PSY的单曲《绅士》打破过这一纪录。

这种热度前所未有。“发布视频之前，你们的期望值是什么？”我问罗素。“反正不敢奢望这样的热度。”他回答说，“我的意思是，历史上还没有哪一个视频能如此火爆。”

几年前，当我为《赫芬顿邮报》制作病毒视频的时候，奉行三大原则：第一，尽可能有趣；第二：尽可能简单；第三，尽可能短。过去，我总是执着于视频的长度，如果时间超过了1分59秒我就觉得“卖不出去”，好像它们被摆在病毒视频的促销货架上一样。《科尼2012》违背了这三大原则，但依然取得了成功。罗素和他的团队是怎么做到的？

首先，“被遗忘的小孩”团队仔细研读了宣传方面的书籍，每天早上一睁眼便开始思考如何利用这些书中的教条去达到一个目的——让科尼臭名昭著。罗素认为，只有这个目标实现了，才能消灭他领导的反叛组织。其次，团队奉行“明确、简单”的风格，在罗素眼里，它们才是讲故事的黄金法则。再次，在剪辑的时候，团队遵循“6秒法则”，也就是视频每隔6秒，就得出现抓人眼球的元素。然而，以上这些不过是技巧，它们并不是《科尼2012》成功的主要原因。

“关键在于指导目标观众如何参与进来。”罗素说，“视频呼吁观众立刻做出三个行动。”这包括在请愿书上签名，每月捐赠几美元，索要内装海报、贴纸、传单、手环等的“行动工具包”。视频里还有一行字——请务必分享该免费视频。团队明确告诉观众，分享视频就是在为“科尼行动”做贡献。不过，这一呼吁也招致了不少争议。“有人说‘键盘侠行动主义’和‘懒人行动主义’根本起不到什么实际作用。”罗素告诉我，“但我觉得如果不这样做，便无法有效传播我们的信息。”罗素提到，分享视频的方法在婚姻平等和跨性别主义维权方面曾发挥了巨大作用，改变了很多人的观念，重塑了人们的认知。“要是在以前，这一过程少说得花上几十年。”罗素说，“但现在，只需要几年甚至只需要几个月。对我来说，如今这个时代，人们更容易换位思考、理解他人。”

接下来我想表达一下自己的观点，听上去可能有些腹黑，但我并不是在嘲讽年轻人的理想主义。坦白说，我一直很欣赏，有时还有点儿嫉妒他们的乐观。在我看来，《科尼2012》之所以被分享这么多次，是因为观众能够通过分享它获得某种情感上的满足，展现自己是一位关心世界大事的人。影片揭露的问题，为人们提供了一个绝佳的社交话题。与此同时，通过观看视频、发表评论，观众从被动的旁观者变为主动的事件参与者。在视频里，罗素明确鼓励观众用行动说话，从而影响事态的发展。“观众能从帮助他人中获得满足感，他们感觉到，自己正在让世界变得更美好。而这，是全人类的共同夙愿，所以观众会更积极地参与和支持。”罗素继续说，“《科尼2012》不仅关乎人权，还关乎人性。”

过去10年，罗素团队走遍全美中学，向学生播放他们制作的视频，这为《科尼2012》的发布做了铺垫。罗素估计，在《科尼2012》发布之前，团队就已经争取到500万左右的年轻人的支持。除此以外，视频给出了一个明确的有效期，要求观众联系、动员20位影响力巨大的“文化制造者”。虽然罗素自己也承认利用名人效应其实很老套，而且效果常常不好，但是他们还是请来了许多巨星助阵，如好莱坞知名演员本·阿弗莱克（Ben Affleck）、歌坛天后蕾哈娜、美式足球名将提姆·提博（Tim Tebow）。其实，关键不在于明星，而是他们对信息传播的催化剂作用。粉丝数排名前15的推特账户当中，有5个在数小时内便转发了《科尼2012》。脱口秀主持人奥普拉·温弗瑞在视频发布第一天就发了推特，为“科尼行动”发声，加速了视频的传播。其实，奥普拉一直都在支持罗素的慈善事业。

名人纷纷转发视频，使得众人纷纷加入讨论。在视频发布上网的第一周，它可以说无处不在，成功引发了一场互联网运动。在第一周末尾，白宫新闻发言人杰伊·卡尼（Jay Carney）收到了许多与视频有关的信件，各大媒体也都纷纷报道了此事。U2乐队主唱波诺还表示奥斯卡应该授予《科尼2012》一座小金人。[1]这一切的一切，还只是一个开始。

"《科尼2012》发布伊始，我们还有许多重要的信息想进一步传达给全世界，但迟迟无法展开计划，因为视频的热度整整持续了10天。"罗素说。

和许多人一样，我已经忘记了针对这个视频的怀疑和指责是哪一天出现的，但是我永远也忘不掉它们出现的阵仗。

就在《科尼2012》席卷互联网的第三天，一个19岁的大学生在知名博客汤博乐发布了一篇名为《未被遗忘的小孩》的文章，写道："我从未怀疑过《科尼2012》的善意，也从未怀疑约瑟夫·科尼是一个邪恶的人，但是即便如此，我依然反对'科尼2012'行动。"文章质疑了"科尼行动"的目标、所采取的宣传战术，以及涉及的资金问题。就在同一天，另一个未成年少女发布了一个视频播客，宣称科尼已经死了（事实上并没有），这个少女的父母来自乌干达。这篇文章和这个播客均吸引了数百万的点击量。随后，许多社会运动家和专业人士等开始通过博客和主流媒体质疑"科尼行动"。他们抨击罗素等人对局势的认识过于简单化、行动传达的信息有误、操纵了网民情感，此外，还有筹款项目"白色救世主"的资金使用问题。几年后，我在某处面对一群社会活动家做演讲，其中以《科尼2012》为例，说明视频如何在互联网进行有效传播。我就稍微提了那么一下，现场便炸开了锅，观众开始就该视频展开激烈争辩，演讲会瞬间变成了辩论会。

因为《科尼2012》，罗素成为“科尼行动”的代言人，同时也沦为了批评、指责的靶子。2012年3月15日，对这一切毫无心理准备的罗素精神崩溃了。他跑到圣迭戈市的大街上一边裸奔一边愤怒地咆哮。一名围观群众拍下了罗素的丑态，发给了美国八卦新闻网站TMZ，TMZ把视频挂到了网上。很不幸，裸奔视频变成了另一个病毒视频。“当时，我觉得我的裸奔视频玷污、毁掉了整个‘科尼行动’，支持者开始迷茫。”罗素说，“我是说，任何一个组织的领导者，精神崩溃地‘裸奔’在TMZ的主页上，观众都只会说‘不好意思，你失去了我对你的信任’。”

还好罗素后来想开了。“当时这个事情的确让我很尴尬，不仅给我本人，也给我的家人造成了精神伤害。但之后，许多人跑来安慰我，‘感谢你为科尼行动承受了这么多谴责，请别太把它当回事，我的姐妹、朋友也曾有过类似遭遇’。”罗素继续对我说，“我知道这件事无法从我的历史中抹掉，但是人生还很长，它不会成为我的标签。”

如今，罗素经营着一家名为“魔法扫帚发动机”（Broom-stick Engine）的创意机构，专为慈善机构和社会运动服务。当我们聊天的时候，他告诉我他正在为慈善机构“慈善：水”制作一部影片。与此同时，他打算在未来几年展开另一个伟大的计划：利用增强现实技术，让游戏体验者投身于有史以来最大的“人道主义运动”。

《科尼2012》究竟是一次成功，还是一次失败呢？这是一个连罗素都无法回答的难题。视频发布之后的4年，科尼仍然逍遥法外，L.R.A.势力虽然大大削弱，但依然在危害人间。“我相信所有观众都从视频当中看到了人性之美，看到了重建中非地区正义的美好愿景。”罗素说。不过，他也承认“被遗忘的小孩”公益组织并未能将科尼绳之以法，当初的愿望因此破灭。他承认“科尼行动”招来了许多责难，许多观众因此感到困惑。他也承认裸奔视频给那时的自己和家人带来的精神打击。“但是如果要我在Yelp上给‘科尼行动’打分，满分五颗星的情况下我会打四颗星。”罗素微笑着说，“‘科尼行动’是值得的，是了不起的。”

不可否认的是，《科尼2012》众多目标中的一个已经实现了，那就是让科尼臭名昭著。《科尼2012》将视频所蕴含的抽象人道主义精神和人类对自身价值的追求连接在一起，还让我们对视频产生了新的认识——一个在对的时间出现的对的视频可以服务于人道主义理念、服务于全人类。

如今，当我们分析为什么一个视频如此受欢迎时，总是聚焦于观众从该视频中获得的情感体验。这个视频有趣吗？这个视频有信息含量吗？这个视频体现了某种艺术价值吗？采用这些标准衡量娱乐产品并不是完全没道理，但是它们很难抓住一个视频之所以流行的根本原因。当你欣赏某个观看次数、分享次数、评论次数最多的视频时，以上标准可能一个都没满足。

在YouTube工作的前6个月以来我发现，自己对于引发观众情感共鸣的决定性因素和实际情况略有偏差。种种因素当中，最重要的其实是观众看完视频后的反应。这还得感谢13岁的瑞贝卡·布莱克，正是她的单曲《星期五》在互联网疯传的这一事实，让我察觉到观众对视频的反应，比视频内容更加重要。在制作视频时，创作者首先要考虑的便是如何鼓励观众之间进行互动，其他因素都得往后靠。说到底，与其说是瑞贝卡成就了《星期五》，还不如说是广大网民成就了它。《科尼2012》同理。

网民——一群由独立个体组成的整体——判断媒体的价值的标准已经发生改变。如今，视频制作技术已经很发达了，一个视频的价值不再取决于它的技术含量，而是它能对我们的生活产生什么样的影响，让观众之间产生什么程度的互动。

最强大的社交媒体驱动力

2015年一个周日的深夜，喜剧家马特·利特尔（Matt Little）刚刚结束了位于纽约东村的UCB剧院的工作，匆匆前往地铁站准备赶末班车回到他位于布鲁克林的家中。在车站的时候，利特尔看见了一件神奇的事。他不敢相信自己的眼睛，转头对朋友帕特说："天啊，快来看！""哦，耶！"帕特也叫道。[2]利特尔迅速掏出手机开始拍摄，他知道，与其费力地给朋友描述这件凌晨3点发生在第一大道地铁站的奇事，还不如直接给他们看视频来得痛快。

那是一只老鼠，正吃力地拖着一整块比萨下楼梯。

发布上网的第一周，利特尔拍下的14秒视频便如洪水般席卷了整个互联网。头两天，它的观看次数就超过了400万。鉴于不少网友还为小老鼠设计了漫画形象然后发布到网上，要准确衡量究竟有多少人见过小老鼠的形象，比登天还难。一时间，推特、博客、夜间秀，到处都是“比萨鼠”，每个人都在谈论它。那年10月，快到万圣节的时候，美国人纷纷去谷歌搜索装扮成“比萨鼠”的万圣节服装，“比萨鼠”一词迅速上升为谷歌第二大搜索热词（第一大热词是“矮子”①）。

说实话，这个视频要创意没创意，没什么好学习的，更没什么戏剧效果，为什么还这么火？

说真的，我懂。“比萨鼠”红遍大街小巷之际，我已经在纽约生活了快10年，这只老鼠真的非常“纽约”。这是一只最能代表纽约的动物（在夹缝中求生的老鼠）邂逅了最能代表纽约的食物（最便宜、最简单的比萨）。对于许多人来说，“比萨鼠”就是纽约市普通老百姓的象征。在一次采访中，利特尔甚至“大言不惭”地暗示“比萨鼠”将取代“自由女神像”在人们心中的地位。几周后，《每日新闻》就此采访了住在纽约皇后区的市民威廉·肖勒，他说：“我越是思考这件事（老鼠吃力地拖着比萨），越是同情这只拖着比萨下楼梯的小老鼠。”肖勒还把老鼠文在了自己的右腿肚上。我刚来纽约时没有工作，我完全能体会小老鼠的辛酸，能想象它在夹缝中求生的苦楚，所以我很同情它。我分享了“比萨鼠”的视频，它给了我一个表达自我的机会。

“‘比萨鼠’是‘纽约的心脏’。”BuzzFeed国际部副主席司各特·兰姆笑着对我说，“正在跳动着的、肮脏的心脏”。早在2007年，兰姆就加入了BuzzFeed，成为其门户网站的第一位主编，在此之前，他当了

① “矮子”（el chapo）是华金·古斯曼·洛埃拉（Joaquín Guzmán Loera）的外号，此人是墨西哥最大的毒枭，也是世界头号通缉犯。——译者注

几年记者[①]。刚刚加入BuzzFeed的那几年，兰姆和团队的主要职责是寻找互联网上的大事，那时团队只有寥寥数人。“(人少到)基本上一个房间就站满了。”兰姆说，“现在是不可能的了。”

尽管在当时，网民自我表达的诉求对流行文化的驱动作用还不那么明显，但是像兰姆这样很早就开始研究流行视频的人，发现了不少有趣的现象。对于兰姆来说，最惊喜的一刻莫过于发现用户在使用BuzzFeed上面的图片、文章和视频表达自我、与他人互动。这一洞察不仅影响着兰姆今后的工作，还影响了BuzzFeed的众多项目，这其中就包括之前提到的泽·弗兰克的多媒体实验。“在那之前，我将注意力放在了用户的观看次数上面。制作一个产品，投放到网络上，然后期待用户来阅读、来观看，人数越多越好。”兰姆说，“但是，当我们开始研究为什么用户会分享某一产品时，才猛然发现，之前的关注点错了。我们不仅期待用户前来观看产品，更期待与他们产生互动。”

所有的一切都指向一个词语——个性。“我觉得个性才是社交媒体最强大的驱动力。”兰姆解释道，“视频的伟大之处就在于它提供给了人们一个机会，去表达自己的个性，去了解别人的个性”。

2015年，我的同事兼好友宝妮发给我一个BuzzFeed视频链接，标题是《意大利的奶奶第一次尝试“橄榄花园”[②]》(*Italian Grandmas Try Olive Garden For The First Time*)。宝妮很清楚我肯定会点开并观看这

---

① 兰姆在BuzzFeed的创举之一便是开发了饱受诟病的“清单体”(listic，即把丰富庞杂的内容提炼为某种清晰、简化、轻量的排序形式，例如“关于健身你不得不知道的10件事”)，该体裁曾经一段时间在互联网无孔不入。还有一件事情我得坦白：2013年，兰姆离开了BuzzFeed，来帮助我制作、发布《YouTube一族》。

② “橄榄花园”(Olive Garden)是一家意大利餐厅。——译者注

个视频，因为我生活在一个意大利裔美国家庭。我家族里有几位年长的女士，固执的她们对食物的品位极高，“橄榄花园”总是引发家族内部争论不休（我得声明，我属于“难吃死了”阵营）。我刚看完视频，便迫不及待地给亲戚发邮件，附上视频链接。邮件主题是：请不要错过这个视频。鉴于这家餐厅在许多意大利裔美国家庭（全美有超过1700万名意大利裔居民）的影响力，它很快传开了。BuzzFeed给不下100个视频取名为“__第一次尝试__”，比如“美国人第一次尝试传统英国零食”“韩国人第一次尝试‘南方烤肉餐厅’”“中国人第一次尝试‘幸运饼干’”。这些视频的总点击量超过了12亿次。

BuzzFeed是最早一批将目光聚焦在观众个性的在线娱乐平台，他们采取的视频编辑策略紧紧围绕这一概念，其采用的制作方法在很多流行视频中都能找到身影。

2011年，作家格雷顿·谢泼德（Graydon Sheppard）和凯尔·汉弗莱（Kyle Humphrey）在推特开了一个联合账户——@屎妹说（@ShitGirlsSay）。追根溯源，这个账户的灵感来源于两人间的一个玩笑。一天，其中一个人故意用温柔的娘娘腔对另一个说：“你能把毯子递给我吗？”于是，两人灵感一现，注册了“屎妹说”。随着时间的推移，关注用户越来越多。那年12月，谢泼德和汉弗莱一时兴起，准备把他们的笑话制作成视频，他们还请了几个名人出镜，比如美国演员兼歌手朱丽叶特·刘易斯（Juliette Lewis）。经过一番思想斗争之后，谢泼德戴上了假发、穿上了高跟鞋，对着镜头说起了娘娘腔。

“噢，我睡了一个香香觉！”

“听邮件在唱歌！”

“跟屁虫！”

“恶心！”

这个视频很受欢迎，于是谢泼德和汉弗莱又制作了三个续集。“屎妹说”系列视频引发了2012年互联网上的第一个潮流。一时间，每一个网民，不论职业、不论种族、不论社会地位，都开始制作模仿视频。在第一个月，就出现了500多个模仿视频，这个数字还在不断爬升。其中比较火的视频包括：《屎妹对同性恋说》（“我就喜欢内心住着小女孩的你”，“你说我穿哪件衣服呀”），《屎白男对印度男说》（“教我如何用印度英语说‘你好’”，“哟，你咋不戴个头巾”），《屎白女对黑女说》（“好羡慕你们可以随意摆弄自己的头发”，“我不是搞歧视，但是……”），《屎白女对阿拉伯女说》（“你会跳肚皮舞吗”，“有没有人说你长得像贾思敏·汤普森”），《没有屎人说》（“我想念发传真的日子了”，“我希望他请我去帮他搬家”），对了还有一个《屎人谈“屎人说”视频》（“这是真的”，“啊，我真会这么说”，“这句得再短点儿”）。

尽管“屎人说”系列中必定有一些能够引起所有人共鸣的视频，但是如果网友没有一次又一次地转发、分享，以此彰显自己的个性（不管其他人是否能抓到笑点），“屎人说”系列便无法成为一股席卷整个互联网的娱乐潮流。

当我采访兰姆的时候，他正致力于将BuzzFeed扩展到日本、巴西、德国等世界其他地区。他告诉我，他在研究国外互联网文化的过程中，越发肯定正是网民对表达自我个性的诉求在驱动他们分享网络文化。“通过分享，网民发现了媒体的价值。”兰姆说，“某些娱乐产品会以你意想不到的方式冲破文化界线。”比如，YouTube上有两个印度喜剧频道——“AIB”（All Indian Bakchod）和“身为印度人”（Being-Indian），它们发布了很多视频去审视（或讽刺）流行于印度当地的文化、传统和语言，这两个频道在全世界都很火。类似的案例还有很多。

个性对媒体的驱动作用其实很早就存在了。当年仅15岁的我在佛罗里达州晒太阳的时候，会穿上一件黑色潘多拉T恤，并不是因为穿着它很舒适，也不是因为它很有设计感，而是当时的我内心住着一个摇滚少年，我想通过T恤表达自己的“摇滚个性”。在视频时代，社交媒体平台总是会不遗余力地鼓励用户表达自己的个性、传递自己的价值观，以此为基础进行社交互动，因此那些能够实现这一目标的娱乐产品会越来越有价值。

我们通过视频表达个性的欲望越来越大，以至于我们通常会“绑架”一些视频，强迫它们为自己的价值观服务。事实上，有时候能最大限度满足我们表达个性诉求的视频，其实并没有这么一个初衷，纯属巧合而已。在一些情况下，在互联网公开表达自己的厌恶比公开表达自己的喜好更能说明我们是什么样的人、更能传达我们的个性。

2006年初，美国银行（Bank of America，缩写BA）收购了MBNA信用卡公司。当年8月，高层决定在MBNA的总部、特拉华州威明顿市召开一次信用卡管理层的联合会议。当时供职于曼哈顿美国银行信用卡部的两名管理人员吉姆·德布瓦和伊森·钱德勒接到了一个任务——为这次会议创作并现场表演一首歌曲。会议当天，吉姆和伊森穿着正式的白色衬衫，戴着亮色的领结——这是银行职员的典型着装。吉姆坐着，手捧一把原声吉他，伊森对着话筒站在几英尺之外，表演开始。原来他们改编了U2乐队的歌曲《一》(*One*)，重新取名为《同一家银行》(*One Bank*)。歌词满是对高层并购决议的谄媚：“是不是更好了？ / …… / 我们是不是变成一样了？ / 两家伟大的公司合二为一 / …… / 现在，MBNA就是BA / 我们是一家银行 / 我们用同一张卡 / 我们将享誉世界

/我们同舟共济/喜大普奔/朝着美好明天携手前行/噢—噢—噢。”11月，他们表演的视频不知被谁悄悄放到了网上，于是逐渐流传开来。穿着正装的伊森努力模仿U2主场波诺的滑稽模样，更让观众不忍直视。就在同月，来自摇滚乐队Modest Mouse（谦虚的老鼠）以及The Smiths（史密斯乐队）的吉他手约翰尼·玛尔在一次演唱会上重现了《同一家银行》，歌词则由喜剧大师大卫·克罗斯来演绎。台下的观众沸腾了，有的还跟着大卫一起唱了起来。U2的唱片公司——环球音乐集团（Universal Music Group）给美国银行发去了警告信。在这个5分钟的视频里，吉姆和伊森完美展现了美国银行业与其文化的精髓——装腔作势。

当《同一家银行》出现在互联网的时候，我刚从大学毕业5个月，当时脸谱网和推特还没有流行起来，这个视频主要通过博客、论坛和电子邮件进行传播。当看到视频的时候，初出茅庐的我心里暗暗发誓，绝对不能让自己的职业生涯变成他们那样，所以我分享了它。

那时候，我会时不时地分享一个视频。当时网络视频文化才处于起步阶段，视频的传播速度远没有今天这样快，分享有趣视频能展现我是一个紧跟互联网潮流和流行趋势的人，换句话说，能体现我的“个性”。“在当时，数字媒体还是一个新鲜事物，每当网民发现某个对自己具有特殊意义的视频时，便会感觉自己对其拥有一定程度的主权。”兰姆告诉我说。

20世纪初，YouTube尚未成立之前，一些网络论坛出现了一个恶搞潮流，它起源于日本世嘉株式会社（Sega）出品的一款视频游戏——《零翼战机》（*Zero Wing*）。游戏开始之前有一个爆炸场景，其中一个角色用蹩脚英语问道：“什么发生？”（这一行字以字幕的方式出现在屏幕底部）“有人陷阱我们炸弹。”队友回答道。“你们好吗，绅士们！！”游戏的头号反派出现了，他的标点符号明显用错了。“所有你们的基地是属于我们。你们在灭亡的路上。”

2001年，《连线》在一篇文章里评论道：“这些蹩脚的英语出现在了数千封邮件中，一位网络艺术家以此为灵感制作了一部Flash动画，它在网民当中疯传。”[3]那一年，《零翼战机》引发了一次恶搞浪潮，名为“你们所有的基地”（All Your Base，又名AYBAB2U），一时间出现了很多恶搞作品，其中就包括一个很火的音乐视频，它主要通过电子邮件和留言板在互联网传播。网络技术领域的记者争相报道，唯恐比其他同行慢一拍。一些厂家抓住机会推出了恶搞T恤和马克杯。在很长的一段时间里，这一恶搞现象让痴迷于网络文化的人彼此之间产生了心电感应，它也是首批进入主流世界视野的网络笑话之一。不过，主流世界对它的关注反倒让它失去了魅力，从此以后只留在游戏玩家和痴迷于早期互联网文化的人的记忆里。从那以后，类似的恶搞浪潮不断出现，它们都有一个共同点——很隐晦、很复杂，难以融入主流世界（再比如，《魔兽世界》火车王的梗、男中音歌唱家爱德华·希尔先生的梗）。

如今的互联网存在无数圈子和团体，与此同时互联网几乎无时无刻不在鼓励这些圈子和团体之间进行互动，因此一个不那么容易被所有人都读懂的流行趋势反而会更有价值。因为这样的流行趋势才能平衡我们既想表达个体个性，也想和他人产生共鸣的矛盾需求，这两种需求既存在于虚拟世界，也存在于现实世界。

2010年，当我们推出YouTube趋势地图时，我们设计了三款印有不同口号的T恤，其中有一句模仿了《零翼战机》的梗——“所有你的视频是属于我们”，到目前为止，这款T恤最不讨喜，即便如此，我也不后悔。

查理咬了我的手指

2007年5月，英国白金汉郡的一位IT咨询师霍华德·戴维斯–卡尔（Howard Davies–Carr）拍了一个视频，主角是他的两个可爱的儿子，为了将视频分享给两兄弟远在美国的教父，霍华德将它传到了YouTube。在第一个月，有300人次观看了视频，随后，偶然发现视频的网友越来越多，到了9月，平均每天就有数百人次点开视频，渐渐地，这个数字变成了数千人次。截至那年圣诞节，视频已经累积了100多万次的浏览，这让霍华德喜出望外。这还只是开始。到目前为止，观看次数已经远远超过了几百万。没准儿，你也看过。

“哎哟，查理！哎哟！查……理！真的好痛！查理咬了我。”

这个视频名叫《查理咬了我的手指》(*Charlie Bit My Finger*)，两位主角分别是哥哥哈里和弟弟查理，他们成了当时的网络小红人。通过这个视频，霍华德从YouTube赚了些钱，他还开始卖印着两兄弟照片的T恤和其他一些周边产品（霍华德只是想试一下水，估摸着应该没人愿意掏钱，结果大大出乎他的意料，这款T恤火到网上出现了很多盗版）。和其他流行视频相比，《查理咬了我的手指》观看次数的增长走势没有那么陡。2007年，它的观看次数是7000万，在之后的很长一段时间内，每年的观看次数基本都与之持平。连续好几年，它的观看次数在YouTube非音乐类视频中都排名第一。这个视频是很可爱，估计没人会反对，但它仅仅是凭可爱走红的吗？

它的走红背后有不少合理的解释。原因之一便是天时、地利。当时网络视频文化远没有今天这么发达，网络环境也没有如今这么分裂、这么喧嚣，因此它不用面对太多来自其他视频的竞争压力。近几年的数据显示,《查理咬了我的手指》在沙特阿拉伯和墨西哥的受欢迎度基本接近于英国。在我看来，这个视频之所以成功，还因为它抓住了一个极小但又极易引起共鸣的生活瞬间。所有父母和非独生子女，都很容易爱上哈里和查理[①]。这个视频让数百万人回想起了愉快的童年生活，让他们产生了似曾相识的感觉。

第三个原因得归功于这个视频的“易得性”，这个词在媒体历史里是一个比较新的概念，意味着无论何时，也无论何地，只要想观看、分享某一个视频，我们都能立刻实现。如今，这个视频已经发布快10年了，按理说可能会对这个视频产生兴趣的人差不多都看过了，然而数据却显示，几乎每个月仍有100多万人次观看它。当我们想开怀一笑的时候，查理和哈里总能瞬间把我们逗乐，不仅如此，通过分享它，我们还可以将快乐传递给他人。这样的分享每天都在网络世界上演，兰姆把它描述为一种“情感礼物”，它能传递幽默，增加互动。

视频还能够帮助我们表达一些难以表达清楚的复杂情感。不信的话，你可以研究研究人们向朋友、家人、社交账户好友分享某个视频时所用的那些字眼。“我们研究了不少人们转发视频时的评语，比如‘天啊，这个视频完美解释了我自己，我都没这个能力’。”兰姆告诉我，“人们通过分享视频，去分享‘自己’。”

2006年，住在墨西哥蒙特雷市的11岁男孩埃德加和他的表兄费尔南多想去郊外走走。途中，他们遇到了一条小溪，上面驾着两根木头作

① 当我还在学走路的时候，每次父母开车带我们从Publix超市回家时，我现已长大成人的妹妹总是喜欢从汽车后排伸出手偷袭我，屡教不改。于是28年后的今天，我把她写进了这条脚注里，大仇得报！

为小桥。费尔南多先踩着木头走到了对岸，当轮到矮胖的埃德加时，费尔南多开始挪动其中一根木头，半诚心地想让埃德加掉进小溪里。“Ya wey!”（喂，住手！）埃德加大喊，随后是各种西班牙语脏话。费尔南多最终还是诡计得逞，埃德加失去平衡掉进了浅浅的溪水里。浑身湿透的埃德加继续咒骂费尔南多，旁边的叔叔劳尔用手机拍下了整个经过。《掉进水里的埃德加》（“*Edgar's Fall*”）成为YouTube早期的病毒视频。它在英语世界的名气或许没有拉美世界那么大，但它相当于就是拉美版《查理咬了我的手指》（鉴于《掉进水里的埃德加》早发布两年，也可以说《查理咬了我的手指》就是英国版《掉进水里的埃德加》）。这个视频的观看次数已经超过5000万次，恶搞版本更是不计其数。还有人建立了一个网站，支持埃德加竞选墨西哥总统。

《掉进水里的埃德加》如此流行，不仅仅是靠它的喜剧属性，更多是因为我们每个人都在埃德加身上发现了自己的影子。在我们的生命中，可能都有过想大喊“喂，住手”的经历，可能是对父母，可能是对同事，可能是对星期六早晨7点就捣鼓摩托车发动机的自私鬼。在这个时长42秒的视频里，埃德加向我们揭示了面对自私鬼时，愤怒的我们是多么无助。每当这样的场景在生活中上演时，我们总能点开《掉进水里的埃德加》，听着他的咒骂，发泄自己的情感。

兰姆告诉我一个视频能否快速传播主要取决于它是否够简单、是否够具体，所以那些只传达一个信息的短视频或者GIF动画的传播效率往往都很高。“对用户来说，它们就好像一张白纸。”兰姆说，“而那些好莱坞大片风格的视频则完全不是。”这些视频体现出的草根、真实，和它们的白纸属性一起，使得观众通过分享它们去表达自己遭遇类似经历时的情感体验。

“我觉得我们应该逃课去迪士尼玩，你觉得呢？”凯蒂·克莱姆问她8岁的女儿莉莉，她正坐着汽车后排。“你说真的吗？！”莉莉瞪大双眼，不敢相信。当听到父母告诉自己真的可以去迪士尼后，欣喜若狂的莉莉流下了激动的泪水。莉莉的喜悦实在太有感染力了，基本上每个看到视频的人都会笑。其实两年前，也就是莉莉才6岁的时候，她的妈妈拍摄过一个类似的视频——《莉莉的迪士尼惊喜2011版》（*Lily's Disneyland Surprise!*），当时观看次数达上百万。这个新的版本，还能像上次那样受欢迎吗？

在《莉莉的迪士尼惊喜（第二弹）》（*Lily's Disneyland Surprise...AGAIN!*）里面，因为欣喜若狂而抽泣的莉莉旁边坐着她两岁的小妹妹克洛伊。克洛伊斜眼瞪着莉莉，眼里全是不解。尽管克洛伊还没学会走路，但是她的表情精准抓住了“什么鬼”这几个字的精髓。当我们看见自己的朋友或者家人突然情感爆发到歇斯底里时，我们也会在心里默默来一句“什么鬼”。“莉莉是个感情充沛的小姑娘，内心感受全写在了脸上。”克莱姆告诉ABC新闻（ABC News），“但克洛伊则像一个阴暗小孩，总是一副‘呵，无所谓’的表情，我也不知道说什么好。”[5]

“斜眼的克洛伊”成为2013年我最喜欢的模因之一。网友将视频中克洛伊的表情截取下来，发给自己的朋友和家人，附上各种文字说明，比如“当你班上的怪咖找你说话时，你就是这副表情”，“#受够了你的废话”，“你可以不要做……吗”。反正，克洛伊表情包的适用场合多到数不清。网友还把克洛伊的静态或动态表情P到了名人头上，比如泰勒·斯威夫特和拉娜·德雷（Lana Del Rey）。克洛伊还上了一个头条，被选为“汤博乐的守护之神”（Patron Saint of Tumblr）。杂志《17岁》（*Seventeen*）将克洛伊的表情列为“十大最应该载入史册的斜眼名人”。

克洛伊的表情其实就是一张完美的空白帆布，我们可以在这张帆布上交流自己对时事、流行文化、日常生活情景的反应。在我看来，它完美解释了为什么我们喜欢分享视频。无可否认，生活中总有一些时刻，我们都是克洛伊。

它是真的，而且真的很酷

20世纪80年代，英国唱片制作人兼曲作家皮特·沃特曼、麦克·史塔克以及马特·艾特肯连续捧红了两支乐队——Dead or Alive（死或生）和Bananarama（香蕉女郎）。一天晚上，沃特曼在看一支灵魂爵士乐队表演时，发现了一个超棒的男中音，这位年轻歌手来自英国兰开夏郡。沃特曼不但聘请他到录音室做助手，还允许他使用设备给自己录歌。[6]当唱片公司A&R部门①的管理人员听到这位年轻人的歌后，完全不敢相信从磁带传来的声音竟然来自一个长相如此稚嫩、温柔的小男生，于是要求他现场演唱。[7]1986年，沃特曼在和这个年轻人聊天时谈到了自己的女朋友，年轻人问他“反正你是不打算放弃她，对吧”。[8]没

① 负责发掘、训练艺人。——译者注

想到，这么一句无意之中的评论却成为一首热门单曲的缪斯，这首单曲就是《永不放弃你》(*Never Gonna Give You Up*)，而这位21岁的年轻人就是里克·阿斯特雷（Rick Astley），凭借这首单曲，里克成为一位国际巨星。《永不放弃你》荣登世界各大音乐榜，还成为英国当年最畅销的单曲。之后，里克又出了几首热门歌曲，然后在1993年退出了乐坛，但是他的职业生涯可并未因此结束。

21世纪初，图片论坛4chan逐渐发展起来，作为一个有影响力的网络社区，它创造、传播了不少互联网流行文化，那一时期许多互联网最广为人知的艺术形式，比如，欢乐喵星人（Lolcats），都归功于4chan的匿名用户群。在当时，论坛里流行起了一种恶作剧链接，标题极其诱人，但点开链接后只会看到Duckroll——一只鸭子坐在轮子上的图片。2007年，4chan论坛的一位用户声称自己有视频游戏《侠盗猎车手4》(*Grand Theft Auto 4*)的预告片，由于这个游戏万众期待，很多用户打开了链接，结果却是里克·阿斯特雷的MV《永不放弃你》。于是RickRoll取代了DuckRoll，成为网络最火的模因，互联网历史由此改写。

在接下来的几个月，RickRoll恶作剧开始在各大网站流行起来。根据流量数据判断，2007年12月，社交网站Reddit上首次出现了《永不放弃你》的YouTube链接。2008年3月，一位用户发帖称“里克·阿斯特雷要求YouTube删掉自己的音乐视频”，于是就在当月，Reddit上RickRoll的恶作剧链接突飞猛涨到2.2万。好一个黑色幽默！那年，Reddit论坛一共出现了100多个帖子（以及接近1000条评论），放出恶作剧链接将用户引诱到YouTube观看《永不放弃你》。4月1日愚人节的时候，YouTube把主页上的所有视频链接偷偷换成了《永不放弃你》，成百万的用户哭笑不得。感谢RickRoll掀起的互联网恶作剧浪潮，他成为各种粉丝投票大赛里的有力竞争者。美国职业棒球大联盟球队——“纽约大都会”（New York Mets）——的球迷将《永不放弃你》选为2008年赛季主题曲。那年秋天，阿斯特雷以100多万的选票夺得了MTV欧洲音乐奖（MTV Europe）的最佳表现奖（Best Act Ever）。[9]2010年初，俄勒冈州一个由杰斐逊·史密斯带头的州议员两党联合小组花了一年多的时间，将《永不放弃你》的歌词揉进了次年在州政府举行的演讲中，创作原则是“不能改变主题，不能超时，必须和演讲相关”。最终出来的视频很有趣，很多人怀疑其真实性，不过史密斯向雅虎新闻（Yahoo News）保证：“它是真的，而且真的很酷……向伟大的民主致敬。”

2008年，阿斯特雷接受了《洛杉矶时报》的采访，首次谈到《永不放弃你》这一模因：“就好像某个人突然发现了某个好玩的东西，然后就一传十、十传百……不过，这也是互联网的魅力所在。”当年，阿斯特雷还出现在了梅西百货一年一度的感恩节大游行上，扮演一个被注入了生命的RickRoll。2007年，当事情才开始发酵的时候，阿斯特雷其实是一头雾水，完全想不通为什么一些朋友会发来电子邮件，还附上自己歌曲的链接。后来，他才逐渐接受（他并没有趁机捞上一笔）。50岁的时候，阿斯特雷在很多地方开起了演唱会，还发布了一张新专辑，成为当年英国最畅销的唱片，这距离第一首单曲已经有30年了。

互联网上的流行很多都是过眼云烟，但是RickRoll现象则不一样，它的寿命很长。Reddit论坛上的RickRoll链接[①]还在增长。2015年，接近2000个帖子、2万条评论，含有此链接。每年愚人节的时候，《永不放弃你》都会引来一个收视高峰。

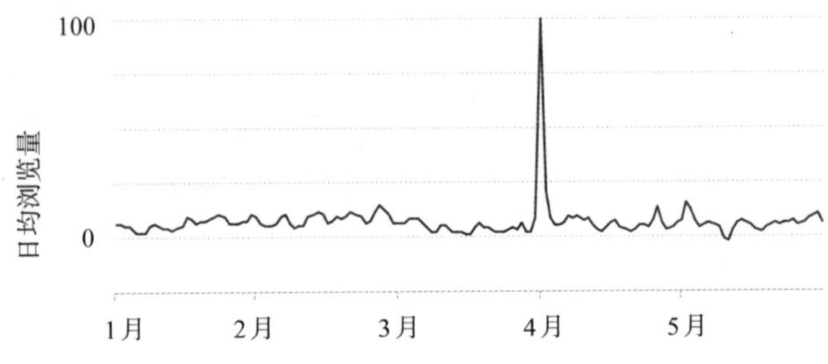

2015—2016年，《永不放弃你》相关视频的日均浏览量

RickRoll有可能是YouTube历史上迄今为止最重要的模因，一方面是因为它的长寿，另一方面则是因为它体现了我们和娱乐媒体的关系发生了怎样的变化。它有力地证明了互动对网络视频的重要性。《永不放弃你》表达了一位男子对其心上人的忠诚，这首歌曲的初衷只是想成为20世纪80年代的热门歌曲之一。如今，它却成为一大波无聊网民的精神寄托。几十年过去了，作为网民的我们赋予了这首歌全新的意义。感谢成千上万（也许上百万）的网民，RickRoll引起了一股互联网潮流，《永不放弃你》以及演唱者阿斯特雷在文化中的作用和地位都发生了

① Reddit历史上点击量最高的RickRoll帖子标题："YouTube官方已经修改了里克·阿斯特雷的《永不放弃你》的视频链接"（2015年，17.5万次）；"注定悲伤的一天——因为版权问题，《永不放弃你》的原始视频已经从YouTube下架"（2014年，20万次；"唐·马特里克（Don Mattrick）承认第一代Xbox是一个失败，为未能满足用户的期望而道歉"（2013年，20万次）。

改变。

你可能会说，《永不放弃你》能成为模因只是一个偶然。其实，阿斯特雷自己也承认这一点。2016年，他告诉《公告牌》："我一直纳闷儿，但女儿开导我说'记住，这和你无关'。我觉得她说得对，现在这首歌已经不属于我了，我管不着。我试着接受现实，劝自己一切都只是偶然而已，完全可能是其他人的歌。"[10]我同意，完全有可能是其他歌曲中枪，比如Wham!乐队（威猛乐队）的《离开之前请叫醒我》（*Wake Me Up Before You GO-GO*），或者传奇R&B歌手德巴奇（DeBarge）的《夜之韵》（*Rhythm of the Night*），或者乐队Starship（星际飞船）的《我们建立了这座城市》（*We Built This City*），又或者菲尔·科林斯（Phil Collins）的金曲《索诉迪欧》（*Sussudio*）。

其实哪一首歌成为模因根本不重要，重要的是这首歌扮演的全新角色：让你和另一个陌生人之间产生互动，给你一个恶搞他人的机会。这才是我们大爱《永不放弃你》的原因，或多或少也是我们大爱其他许多互联网潮流和模因的原因。它们存在的意义就是为了网民的互动。

我太确定究竟从哪个具体时刻起，我不再执着于为什么我要分享某个视频、这个视频对我的意义是什么，很可能是在2002年我收到日本视频《噢，太好了》（*Yatta!*）的链接之后，以及2009年我在推特看到饶舌歌曲《必胜客和塔可贝尔》（*Combination Pizza Hut and Taco Bell*）之前。估计大多数人的情况和我一样。通过分享视频进行互动成为网民下意识的行为，我们基本不会思考自己分享视频究竟有何意义，是表达自我个性？还是传递复杂情感？还是建立社会联系？还是加入互联网新潮流？互联网上很多流行视频和趋势都能满足以上需求之一，即便我们没有认识到。诸如YouTube之类的社交平台兴起之前，人们之间就喜欢分享，这种习惯可不是什么后天培养而成的，可以说是与生俱来的。

掉进溪水里的男孩、拖比萨的老鼠、斜眼瞪姐姐的两岁小女孩，三个视频之所以走红其实并不是因为它们具有什么独特创意，而是因为它们为观众开放了一片沟通交流的新天地。如此前所说，这些视频和模因是一块白色的帆布，观众可以以自己的经历为画笔在上面书写，正是这一属性推动着这些视频不断传播。看似微不足道的内容在人们的互动过程之中不断获取价值。

兰姆觉得，我们和这些网络视频的互动方式使得我们和视频之间建立了一种复杂的关系（或者感觉对网络视频拥有一定主权），而我们和其他娱乐方式，比如电影、电视节目等，不管多喜欢，都无法建立这种关系。兰姆说的是事实。这些视频如一张白纸，我们可以使用它们表达自己的价值观和情感，而电影和电视却无法做到。YouTube带给用户的互动体验将它和其他媒体区分开来。

和其他新型媒体一样，YouTube也孕育了自己的红人。他们能够抓住我们这个世界的特质，懂得如何鼓励人们互动，知道如何让一个视频更成功，并在此基础之上，创造互联网潮流，创造文化。我们不仅会与视频之间建立一种特殊关系，和其作者也是如此，这种关系可比我们和电影、电视名人之间的情感深厚得多 。

第十二章

网红的诞生

2012年，第二届网络视频交流大会（Video Conference，简写VidCon，又被称为美国的网红节）在加利福尼亚洛杉矶的凯悦酒店举行，共计2500人前来参加。当时，我负责主持YouTube单元，向观众介绍YouTube的几位管理层和嘉宾，包括“神秘吉他男”乔·佩纳、明星播主谢依·卡尔·巴特勒（Shay Carl Butler）、视频红人查尔斯·特里皮（Charles Trippy），以及CTFxC频道的艾利·斯比特（Alli Speed）。

大会开幕前的那个晚上，我们碰头彩排，那个场面真是尴尬，就好像是一部拙劣的、没准备好的中学舞台剧，只不过主角不是一群学生，而是我们——几个愚蠢的YouTube主播、我、时任CEO萨拉尔·卡曼加（Salar Kamangar）、两位产品经理和一位高级主管。这位主管有严重的舞台恐惧症，当着太多人说话——甚至就在几个人面前也浑身不自在，看着他可怜兮兮的样子，我都替他紧张。当时，我在YouTube工作还不满一年，我和其他同事都还没有完全理解这个平台的创作群体。在我们有限的认知中，虽然像谢依·巴特勒这样的网红给YouTube带来了越来越多的流量，但是在现实生活中，大多数人不太把他们当回事儿。

毕竟众人才刚刚开始接纳流行视频，那些粉丝群体以外的人，甚至一些观察力敏锐的传统媒体人士都仅仅是把迅速走红的视频创作者当作难以理解、朝红夕衰的异类罢了。

在凯悦酒店的那一晚，使我逐渐认识到我对网红的认识是多么狭隘。磕磕绊绊的彩排终于结束，我们打开出口处的大门，一大群兴奋的少年出现在我们面前。原来他们得到小道消息，自己喜欢的网红正在这个会议厅，于是他们守候在门口，想一睹偶像的风采，再要个签名。就在这一刻，那几个网红瞬间变成名副其实的明星，而我们这几个YouTube的员工变成了他们的随从。当时我才27岁，却感觉自己成了被流行抛弃的老家伙，内心有些不安。

那一周，不同年龄层（尽管大多数是未成年）的人相聚在凯悦酒店，他们争相给网红拍照、拍视频。尽管这些网络明星和出现在《人物》（*People*）杂志封面的名人很不一样——前者身边既没有保镖，也没有专业的公关团队——但是他们依然能让粉丝疯狂。我原本以为，这种名人效应只有专业运动员和歌手才有。我自己就酷爱病毒视频，所以我看见《双彩虹》的视频作者瓦斯克斯熊和《巧克力雨》（*Chocolate Rain*）的作者泰·钟戴（Tay Zonday），也免不了一阵激动。

随着时间的流逝，YouTube的创作群体不断壮大，VidCon的规模也在不断扩大，举办地点不得不从凯悦酒店转移到更大的安纳海姆会议中心。2015年，我参加完一个行业聚会后准备离开，我左右两边分别是本尼·法恩和拉菲·法恩，身边还有不少YouTube红人。我们一起走在狭窄的专用通道上，通道两边挤满了里三层、外三层的中学生，都想从人缝中一窥偶像真容。我着实被这阵仗吓到了！

2016年，我负责主持VidCon的一个分会，与会的视频创作者都常年活跃在YouTube，当时我对主持这类活动已经驾轻就熟。那年的VidCon，一共有2.5万人参加，会场自然容不下这么多人。于是，未能入场的观众只有守候在会议厅外，他们的数量远远超过2011年守在外面的观众。

那年，参加会议的YouTube红人——其中一些2011年的时候也在——身旁已经有了保镖。最火的那几位被明令禁止出现在观众面前，更别提互动了，否则很容易发生踩踏等危险事故。尽管当时，我自认为已经很了解这些网红以及他们对文化的影响，但是现场看到他们具有如此高的人气，头脑还是会爆炸。

更何况这几年，我见证了视频行业的发展壮大，而作为局内人的我都尚且如此，就更别提那些从未研究过网络视频的局外人了。在好奇心的驱使下，我很想知道他们的感受，我必须采访几位代表——一些粉丝的父亲。

如果爸爸们之间也有一场竞赛，那么带你的女儿去参加VidCon肯定能为你夺得一枚十字勋章，因为你得连续三天将自己淹没在声浪、自拍杆和五颜六色的头发之间。寻找一位父亲作为采访对象，比我想象中容易，因为他们也迫切地想和另一位成年人聊聊自己的感受。

“看看那些观众。”50岁的父亲塔希尔对我说，“这可不是数字可以概括的，我总算明白了VidCon有多火。”①

“完全没想到VidCon如此受欢迎。”43岁的埃里克对我说，“我女儿肯定会哭，而我则完全无法体会她的激动心情。”埃里克和另一位父

① YouTube工程部的一位同事说，当他看见VidCon的观众时，就好像看见一组组行走的浏览数字。这个比喻很幽默，它一方面反映了事实，另一方面反映了一名理工男从自己的专业角度怎样看待这些狂热的未成年粉丝。

亲、来自墨西哥城的胡安·卡洛斯（Juan Carlos）都带着自己的女儿来到大会。两位少女此行的目的都是一睹21岁的女演员麦格·迪安杰利斯（Meg DeAngelis）的风采。麦格正处于事业上升期，她的视频领域很广，从短篇喜剧到时尚再到美妆技巧。两位父亲都没有什么怨言，只不过周围传来的歇斯底里确实让他们有些困惑。

“回想过去，当我们还是小孩儿的时候，我们的偶像通常是电视里的人。”胡安说，“到了下一代——我不是说千年以后的下一代，而是我们的孩子这一代——就完全换了一批人。我想不通，也不想去评判什么，只要我的女儿开心就好。”[①]

对一些父亲来说，一年一度的VidCon成为最流行的家庭度假目的地。“我女儿说‘这是最好的假期，没有之一’。”47岁的威尔告诉我，“我也觉得这个假期不错，比去夏威夷便宜多了，孩子们去夏威夷还会觉得无聊。”

对另一些父亲来说，VidCon是了解孩子怪异喜好的绝佳机会。或许，孩子们的父亲代表着主流世界，对网红来说，被这些父亲接受也预示着被主流世界接受。

“它（VidCon）让我大开眼界。”来自菲尼克斯的54岁的父亲杰夫说。这是他第一次参加VidCon。他们早上7点就到了，然后便和女儿一起排队等着见活动创始人汉克·格林和约翰·格林。“20世纪70年代的时候，只有摇滚演唱会才能让粉丝如此疯狂，气氛如此火爆，歌迷能激动到撕扯自己的衣服、抓自己的头发。现在的流行趋势更加多样化，网

---

① 谈话进行到一半被打断了，因为一群尖叫的年轻人簇拥着一位我不认识的网红从身边经过。“我都不知道他究竟是谁！”一个背着扎染背包的14岁女孩兴奋地对她的朋友喊道。

络视频出现了，孩子们迫切希望自己被社会接纳。”许多采访对象注意到自己的孩子每天所使用的网络技术是他们小时候从未接触过的，这种技术在未成年人和网红之间建立了一种新的关系。如今孩子们可以通过各种移动设备进行即时交流，这一方面意味着隐私将会越来越少，不少家长为此担忧，另一方面也意味着孩子们可以更加靠近网红，同时和同好之间彼此交流，从而获得一种归属感。

“我以前常常带我儿子去看棒球，而现在我得带女儿去见沙恩·道森（Shane Dawson）、组合丹和菲尔（Dan and Phil）。”52岁的父亲丹告诉我，“我觉得家长就应该这样做，虽然很折腾人，但是你可以好好利用这个机会和孩子相处，这正是我此行的目标。”我遇见丹的时候，他正等候在见面会大厅外，他15岁的女儿进去见英国搞笑组合杰克和迪恩（Jack and Dean）了，他们也不过20岁出头。当天早些时候，他还陪女儿去了几场签名会，“翻唱组合奇莫雷利（Cimorelli）、索耶·哈特曼（Sawyer Hartman）、格里斯·海尔比格（Grace Helbig）”，他流利地报出了几个名字。丹知道时代不同了，小时候他只能看到三个电视台，而现在孩子们的娱乐方式变了。虽然一些网红对关注度的欲望和污秽的语言确实让丹很反感，但是他也找到了一些真正欣赏的人，比如喜剧家兼主持人格里斯·海尔比格。但是当丹和女儿见到格里斯本人的时候，他表现得很冷静，他说“要是当时我告诉格里斯我也是她的粉丝，而且已经52岁的话，这得多诡异”。想必他的女儿也很感谢他当时的克制。

如今，人人都把网红视为真正的名人，尤其是那些参加VidCon的孩子，连他们的父亲也已经渐渐接受了这一事实。

其实，从YouTube等媒体平台涌现出的人才当中，只有很小一部分出现在VidCon。像混音视频制作人、液压机操作人员、耳语者这类人，他们不太可能会举行签名会。而流行歌星、有影响力的权威人士等，他们很少出席粉丝见面活动。但是，格里斯·海尔比格、丹和菲尔等网红在互联网上所取得的名望往往会影响到知名的音乐家、喜剧家、演员、记者、运动员等，不管他们是否活跃在YouTube。

在过去，明星只能通过屈指可数的广播媒体频道打响名声。一方面，鉴于这些频道家喻户晓，一旦你成为名人，就意味着你的名字无人不晓。另一方面，因为知名的媒介十分有限，成名之路也将艰难很多，但是一旦你成功站在了聚光灯之下，后来的发展道路将会顺畅很多。而现在，各大社交平台的出现给我们提供了更多的选择，我们不必再像过去一样拘泥于几个频道。对于孩子辈喜欢的视频和明星，父母辈如果不去刻意了解，估计永远都没有机会接触到。

视频创作者是21世纪的产物，但是如果细看前互联网时代的历史，还是能够发现一些类比。十分有趣的一点是，和我年轻时候的名人相比，现代视频创作者其实更加接近美国建国时代的一位名人——本杰明·富兰克林（Ben Franklin）。富兰克林是美国的开国元勋，还是一位伟大的发明家，他永远活在美国人心中，然而他的功绩是从一名记者开始的。当富兰克林还是小孩儿的时候，在一家印刷店做学徒。后来，他假扮成一名中年寡妇，以笔名“沉默善举”（Silence Dogood）在殖民时期第一家独立报纸上开专栏发小品文，还没成年的他便小有名气了。到了22岁，他自己办了一份报纸——《宾夕法尼亚公报》（*Pennsylvania Gazette*），并在上面发表自己的一些文章和评论，他的公众形象进一步提升。因为是自己的报纸，富兰克林想说什么就说什么，销售渠道也由自己管理。通过和读者分享有关生活和时事的观点与看法，富兰克林成名了。这种走红方式是不是有点似曾相识呢？

我并不是说网红也可以取得像开国元勋那样的历史地位，我想表达的是，通过频繁、自由的自我表达去获得文化影响力这一现象，其实在互联网诞生之前就已经存在了。再来看看其他例子：职业拳击手穆罕默德·阿里三次获得世界重量级拳王称号，成为媒体关注的焦点；奥普拉·温弗瑞通过自己的脱口秀成为众人心目中的偶像。

那么，视频创作者和以上大人物又有什么不同之处呢？首先，视频时代的人才不需要创办自己的报纸，不需要主持自己的电视节目，不需要成为专业的运动员，便能接近观众。他们采用新的、不同于以往的平台和技能去获得名气。因此，他们和受众之间的关系也发生了变化。作为粉丝的我们，扮演的角色更加主动、更加积极。感谢新的网络视频技术和社交平台的存在，我们才能以新的方式和视频互动，和彼此互动。

视频时代孕育了全新一代的名人，他们和上一代的明星大相径庭。

孕育视频达人的摇篮——犹他州

我最喜欢的YouTube早期的成名故事发生在乌拉圭的首都蒙得维的亚[①]。这里并不是什么电影之乡，只不过在2009年，31岁的电影制作人菲德·阿尔瓦雷兹以这个城市为背景，拍了一个外星机器人入侵地球的短片——《恐慌来袭》(*Ataque de Pánico*)。这个视频的预算只有300美元，阿尔瓦雷兹只能用自己的电脑处理特效。当时，他对自己的职业生涯并未抱太大希望。万万没想到，视频发布几天之后，他便收到了美国许多大型电影制片厂和经纪公司的来信。感谢叱咤乐坛的卡尼·韦斯特，他在自己当时还比较出名的博客里放了这个视频，于是《恐慌来袭》在好莱坞出名了。阿尔瓦雷兹飞去洛杉矶，和世界排名第一的经纪公司——创新艺人经纪公司签了约，还和导演山姆·雷米的电影公司签了一份合同。4年之后，他的第一部长篇电影——《鬼玩人》(*Evil Dead*)(该系列电影第四部)——上映了。他既是编剧又是导演，这一

① 或许翻译成“视频山”更合适(蒙得维的亚的原文是Montevideo，Mont在英语中意为“山”，video意为“视频”。——译者注)。这个词的词源的确引发了不少争议，但是没有学者会站出来说它的意思就是“视频山”，这只是我的一家之言，自娱自乐而已。

次，预算为1700万美元。

2005年之后，娱乐行业求贤若渴，纷纷将目光投向互联网，这给远离好莱坞和纽约的网络人才提供了一个千载难逢的机遇。其实，将机会交给互联网的人才，不失为一个明智之举，因为这些人已经通过激烈的竞争证明了自己的实力。在这一过程中，YouTube成为最大的人才库。以往，歌手、作家、演员、喜剧家在几次三番头破血流之后，才能等到重大转机，而现在互联网培育的人才只需坐等机会来敲门。

于是，机会首先叩响了网络音乐圈的大门，也许你也记得。世界最红的流行歌手之一——贾斯汀·比伯便是从YouTube的一个选秀视频被发掘的，同样幸运的还有格雷森·钱斯（Greyson Chance）、组合“5秒盛夏”（5 Seconds of Summer）、肖恩·门德斯（Shawn Mendes）、阿莱西娅·卡拉（Alessia Cara）……通过社交平台而非传统媒体走红的年轻艺术家的名单还在不断增长。一些原本通过电视第一次在大众面前亮相的新面孔，也可以利用互联网的互动性扩大自己的粉丝基础。在以前，一些重要时刻只能通过电视向观众直播，而现在，这些直播视频可以被拆分成数个片段然后上传到互联网，数百万不怎么看电视的年轻人可以观看、分享。在这种情况下，一个人在短短几天时间之内便可能变成巨星，例如，2009年从《英国达人秀》（*Britain's Got Talent*）走出的苏珊·波伊尔（Susan Boyle），人称苏珊大妈。在视频时代，让谁火很大程度是观众说了算。

很多情况下，互联网挖掘出来的人才经常会在主流世界碰壁，因为后者对流行的解读相对固定和保守。举个例子，腹语大师杰夫·邓纳姆（Jeff Dunham）成名之前已经在喜剧界活跃多年，而且也有了一些名声，但是正因为他的专长是比较冷门的腹语术，美国喜剧中心频道并不想在他身上投资太多。但是，当杰夫的视频《骷髅恐怖分子阿赫曼》(*Achmed the Dead Terrorist*)在互联网引起轰动后，他立刻跻身到一流喜剧家的行列，同时还是北美地区收入最高的单口相声艺术表演家(也就是在这时，腹语作为一种艺术开始被大家了解)。遭遇同样经历的还有林赛·斯特林(Lindsey Stirling)，她以“嘻哈小提琴手”的身份打入了《美国达人秀》(*America's Got Talent*)的四分之一决赛，然而评委认为她将舞蹈、电子和小提琴融合在一起的音乐风格没有市场，否定了她举办个人演出的梦想。还好林赛没有放弃，她制作了几张音乐专辑发到网上，它们一共获得了15亿的观看次数，林赛成名了。她代表了一批具有反叛精神的独立艺术家，他们给主流世界所谓的“流行”注入了新鲜的血液。林赛在一次采访中说：“曾经无数次，我努力推广自己的音乐，但我总是被阻挡在主流音乐界的大门之外，没人看到我的潜力……自从我把一个视频放到YouTube之后，我的专辑销售量不断增加，人们向我提出的问题也越来越多，于是我终于意识到我已经找到了自己的天地，我不再需要等待主流音乐界的肯定了，我相信自己，我的粉丝相信我，这就够了。”[1]

对那些才能不被主流世界看好或者不愿意跟主流娱乐圈打交道的人来说，YouTube为他们另辟了一条蹊径。在这里，只要你有才，就能出头，根本不用去纽约、洛杉矶、伦敦、东京、香港等娱乐制造中心。

YouTube人才会聚集在一个你绝对想不到的地方——美国犹他州(Utah)。当YouTube和犹他州相碰撞，犹他州便有了另一个别名UTube。这里诞生了很多流行频道，其中的一些视频我之前还提到过，比如《它会被搅碎吗？》，以及林赛·斯特林的同名频道。我之所以注意到UTube，是因为关注了几个从杨百翰大学电影专业毕业的人。在这之前，要是你告诉我杨百翰大学电影专业在网络视频界的影响力可以和南加利福尼亚大学的电影专业并驾齐驱，我会问你是不是在某个偏远小岛吃了毒蘑菇，脑子出了问题。但是如今，我的思维发生了转变。杨百翰大学的所在地普罗沃市居住着许多视频达人，比如德温·格雷厄姆（Devin Graham）。德温用手持稳定器拍摄了一系列冒险视频集锦，包括飞索、水上飞行、巨型秋千以及水道滑水。他的作品《色彩节》（*Festival of Colors*）拍摄了印度胡里节（Holi，又名色彩节）上人们互相喷撒五颜六色的粉末的场景，这个视频的画面连续几年都出现在YouTube的宣传片里面。如今，美国专业稳定器生产商格莱得康（Glidecam）还以他的名字给产品命名——德温·格瑞艾姆签名系列稳定器（Glidecam Devin Graham Signature Series）。德温告诉《广告周刊》："人人都说要成功就得去洛杉矶，情况并非如此。"在犹他州的首府盐湖城，还有一个地方叫"硅坡"①，在这里甚至诞生了更多成功的YouTube频道。[2]

德温在制作视频的时候，第一会确保它没有语言障碍，第二会确保它适合全家老小一起观看。在这个时代，娱乐产品进入互联网之前都不会经过审核或加工，所以质量参差不齐，然而许多犹他州的频道都很健康、很有正能量，它们在全美都很受欢迎，因此吸引了很多赞助商。育碧（Ubisoft）、迪士尼、梅赛德斯–奔驰（Mercedes-Benz）、激浪（Mountain Dew），以及其他大名鼎鼎的广告商都赞助过德温。虽然很多公司都不太敢找恶搞频道合作，但是犹他州的恶搞频道，如斯图尔特·埃奇（Stuart Edge）的同名频道，却成功拿下本田（Honda）、土耳

① "硅坡"（Silicon Slopes）这一名字是在模仿美国的硅谷（Silicon Valley）。——译者注

其航空公司（Turkish Airlines）之类的大型企业的合同。在一些人的观念里，要想收视率高就得不断挑战底线，但是犹他州走出来的视频达人证明了事实刚好相反。因为他们中的许多人都在摩门教[①]的教义熏陶中长大，所以他们制作的视频其内容都积极向上。有一次我采访了一位流行播主，他是一名摩门教徒，我问他为什么犹他州诞生了这么多成功的视频作者，他告诉我，摩门教徒都很勤奋，他们具备了优秀企业家应该具备的品质。

在YouTube平台，勤奋有时候比运气、机遇、颜值更可靠，它才是决定你是否能引起用户注意、是否能走红的关键。对一些人来说，YouTube为他们提供了走向成功的机遇，而对另一些人来说，YouTube本身就是一个机遇，它就是你的舞台，站在台下的是多到数不清的观众，通过和他们互动你会获得创作的勇气。

虽然每一位视频创作者都有机会吸引观众，但并不是每一位都能留住观众。对于互联网的新贵来说，如果想建立牢固的粉丝基础，不仅要以全新的角度审视自己和观众的关系，还得采用一套全新的技巧让观众参与其中。

成名的代价

“我们现在正在塔拉哈西市，我还不太确定怎么做播客。”查尔斯·特里皮（Charles Trippy）坐在汽车的副驾驶座上对着镜头说，“但是我相信我会不断进步，接下来的每一天，我都会拍下一个日常小

① 摩门教（Mormon），即耶稣基督后期圣徒教会，总部在犹他州盐湖城，该教不属于基督教，教义也有别于基督教。摩门教徒被称为后期圣徒（Latter-Day Saint，缩写LDS）。——译者注

事……至少坚持一年。”特里皮将这个视频命名为《第一天》（*Day 1*），然后上传到了系列视频《互联网杀死了电视》（*Internet Killed TV*）。那天是2009年5月1日。

2013年8月12日，特里皮上传了视频《第1565天》（*Day 1565*），打破了吉尼斯最长日播视频系列纪录①。特里皮还在一个摇滚乐队里做贝斯手，在他每天上传的长达10分钟左右的视频里，特里皮向观众充分展现了自己的生活。第934天，特里皮和女友艾利·斯比特（Alli Speed）结婚了（推特上到处都是他们的婚礼）。第1029天，特里皮晕倒了，然后出现在爱达荷州博伊西市的一间急诊室。第1030天，他告诉观众自己被诊断出脑瘤。第1041天，特里皮的妻子陪着他进了手术室。第1601天，特里皮脑瘤复发，在医生的批准下，他上传了右额叶少突神经胶质瘤的切除手术。第1803天，特里皮告诉观众自己打算和妻子离婚，观众对此感到震惊的同时产生了很大的意见分歧。但是在绝大多数视频里，特里皮都在讲很平凡的事：做家务、跑腿、遛狗。《互联网杀死了电视》就像真人版的《楚门的世界》，特里皮也把自己的系列视频形容为展现自己生活的真人秀。对许多狂躁不安的观众来说，视频达人的作品要比传统娱乐更有吸引力，特里皮就是一个最好的例子。“迪士尼频道过于幼稚，CW电视台又充斥了过多的性话题，而这些播主刚好充当了一个过渡的桥梁，让观众得以一窥成人生活的有趣和无聊。”流行文化作家卡洛琳·西德评论道，“如果说电视真人秀是把疯子变成名人，那YouTube则是把普通人变成名人。”[3]

特里皮的视频系列满足了现代人对互动性、真实性娱乐产品的需

① 实际上，还有很多人像特里皮一样坚持不懈，简直无法想象。

求，这种需求也许从未改变过。“从人类本质上讲，我们需要彼此，我们需要交流，我们需要建立社会联系，我们还渴望被他人理解，这也正是播客的意义所在。”在YouTube成名已久的谢依·巴特勒在一场VidCon交流会上对我说，“网络视频很少有加工、很少送审，它们是最真实的娱乐产品。”

在好莱坞的黄金时期，像赫达·霍普卢、埃拉·帕森斯之类的八卦专栏作家，不少都处于娱乐业的食物链顶端。[4]他们手握7500万的读者，可以成就一个明星，也可以毁掉一个明星。他们控制的可不只是哪个明星的性丑闻，还有粉丝了解自己偶像的仅有的几个途径之一。在那时，有关明显幕后故事或真实生活的文章，在维系粉丝对自己偶像的热情方面起着至关重要的作用，也为电影票房和电视节目的收视率做了不小的贡献。

然而，社交媒体的出现改变了游戏规则，八卦专栏作家的地位大不如前。YouTube上许多明星在主频道之外，都会特地为粉丝再开一个频道。他们的主频道往往和个人生活无关，而第二频道的视频则会播出很多个人生活以及幕后故事，许多创作者认为这种策略能最大限度地满足粉丝的要求——360度无死角了解偶像。举个例子，林赛·斯特林的第二频道叫“林赛时间”（LindseyTime），主要用来分享林赛在旅行和拍摄途中的信息和有趣的片段。就连《温柔耳语》的创作者玛丽亚都开了第二频道，取名“时髦女郎玛丽亚”（Sassy Masha Vlogs）。在这个频道，她说话的时候不再用耳语般的音量，而是音量全开。

那些不从YouTube上找乐子的人，可能会暗自心想：“我怎么没发现乐趣，谁不会拍视频？”确实，视频谁都会拍，拿起相机就可以记录生活了。每天平均有4万个播客视频上传到YouTube①。如果你想全部观看——这是不可能的，观看一天的视频量就需要半年时间——我猜那感觉就像把生活中的喜怒哀乐转换成一管高浓度的注射液，然后注入自己的身体。但是，一旦成功，你将获得传统媒体无法呈现的丰富的人生体验。“对于有色人种来说，你可以将自己的真实故事上传到YouTube。”喜剧家、演员、作家弗兰切斯卡·拉姆齐在一次参访中说，“如果你所经历的故事是别人未曾经历过的，拿起相机记录它。”[5]要是回到技术欠发达的20世纪，你不可能听到这样的豪言壮语。

但是在我看来，许多人都低估了隐藏在视频背后的创作者的付出和牺牲。那么，成名的代价究竟是什么？对于新手来说，他必须持续不断地和观众进行交流互动。这对于未成年粉丝来说尤其重要，他们希望视频创作者至少每周（如果不是每天）上传视频、回复评论、分享个人情感，以此维系彼此之间的关系。这一点，不是每个创作者都能坚持下去。研究互联网人际交往的学者发现，哪怕是成名已久的网红，都很难在自我分享和自我保护之间找到一个平衡点。[6]

我见过不少网红，他们都因为过多地暴露了自己的生活，而承受心理折磨。YouTube上有一对很受欢迎的明星夫妻——杰西·威兰斯（Jesse Wellens）和让娜·史密斯（Jeana Smith），他们创办了频道“恶作剧大作战”（PrankVsPrank），又名“情侣大作战”（BFvsGF）。2016年的时候，这对情侣已经在一起10年了，其中有6年都在连续不断地往他们的播客上传视频。然而就在这一年，他们决定分手，并且关闭两人的播客。倘若要追究导致他们分手的元凶，那便是毫无保留、毫无节制地

① 根据2017年的统计，这是一个相当保守的数据，因为很多视频无法被准确判断是否属于播客范畴，因此未被计入总数。

将私生活分享给互联网。威兰斯觉得让粉丝失望了，出于责任感，他录了一个视频向粉丝解释道：“最开始的时候，我觉得做视频挺有趣，它很酷，我也热爱它，事实上，我现在仍然热爱着它。只不过，它渐渐地变成了一份工作，制作视频不再是因为兴致使然，而是频道所需，这给我们的关系带来了很大的负担。”[7]

生活透明化，这几乎已经变成YouTube观众对其网络偶像的硬性要求。从传统媒体走出来的明星，不太需要应对这种负担，当然少数几个人除外——泰勒·斯威夫特、阿黛尔、痞子阿姆，他们的艺术确实在影响他们的生活。

2015年，超火的瑞典籍游戏主播菲利克斯·谢尔贝格在视频《让我们来谈谈钱》（*Let's Talk About Money*）中对粉丝说：“我做视频5年了，我一直都在刻意回避‘钱’这一话题。”就在几天前，瑞典一家报纸报道说谢尔贝格在过去一年就赚了740万美元，这一标题随后被许多网站引用，社交媒体也争相传送。[8]“我不会假装自己不在乎钱，钱对每个人来说都很重要。”谢尔贝格说。

谢尔贝格才开始做视频的时候还是一个大学生，靠贷款交学费，所以那时候的他没有钱买一台属于自己的、可以录制游戏视频的电脑。后来他辍学了，在热狗摊做兼职，并且开始打理自己的频道“一起玩游戏”（Let's Play）。当时，他的频道“钱”途渺茫。那时，在为数不多的网络红人中，没有一个做游戏解说。没想到5年后，当初“钱”途暗淡的谢尔贝格却向自己的粉丝（“兄弟部队”）解释起来自己如何通过解说游戏而日进斗金：“如果我不刻意提起，很多人根本就没注意到我的频道有90亿的浏览量，这个数字意义重大。”谢尔贝格平静地说，“我的视频里通常有广告，我通过它们赚钱。每当有人听到我年入多少的时候，他们总是吓一跳。还有些人非常愤怒，他们觉得这很不公平，因为我只是成天坐在那里对着屏幕嚷嚷。这倒是事实！”谢尔贝格疯狂大笑道。

如果你曾经听过某位YouTube明星，那多半都是谢尔贝格[①]。他有5000万名订阅用户，是规模最大的YouTube频道播主。2016年，他的订阅用户数量比第二名贾斯汀·比伯、第三名蕾哈娜加起来的还多。全世界只有26个国家的人口数能够超过谢尔贝格的订阅用户数。

我从不关心我最喜欢的乐队、演员或者电视明星赚了多少钱（事实上，我猜大多数人都会认定——经常错误地认定——我们从电台听到的每一位歌手或者电视上看到的每一个人，钱包都是鼓鼓的）。今天，谢尔贝格之类的名人和粉丝之间的关系发生了变化：既不像和好莱坞巨星那么疏远，也不像朋友般亲密。谢尔贝格之所以向观众交代自己的收入，也是因为这种关系的驱使，即便他内心不愿意，也不得不这么做，所以他的粉丝才这么爱他。

虽然谢尔贝格是最出名的高收入播主，但是其他一些YouTube明星的收入也引起了不同的回响——或支持，或怀疑，或失望，或脱粉。大多数人的反应只是吃惊。观众有一种错觉，觉得这些播主能做的自己也能做，他们看不见成功频道背后的技巧，所以当看见这些播主的报酬竟然如此丰厚时，不愿相信的我们只能摇摇头。[9]

对那些头号粉丝来说，他们的情感走向将会更复杂。偶像的收入会打破所谓的“第五墙”。它其实是指一种信念，粉丝会觉得这些网络

---

① 要么是因为谢尔贝格庞大的观众数量，要么是因为他所引起的种种争议，他在进行游戏解说时，经常使用不恰当的语言。闹的最大的一次是2017年，他在视频当中讲了一个反犹太笑话，上了《华尔街日报》。

明星和自己一样，都是普通人，收入也很普通，他们之间的关系就好比现实生活中的朋友关系。虽然一部分粉丝会为自己偶像的高收入感到高兴，但还有一部分粉丝会产生抵触情绪，因为他们认为偶像的成功自己也有功劳，但是却没捞到一分钱的好处。

想正向引导粉丝的反应相当困难，很多人都没有这个天赋，甚至最有经验的视频达人和运营团队都无法做到，只能眼巴巴地看着观众产生反感，甚至直接取关。要想真正理解在YouTube这样的网络空间中名气意味着什么，就得从多个角度认识网络流行文化。

未成年粉丝的力量

2008年，一场没有硝烟的战争拉开了序幕，参战一方是病毒视频《舞蹈进化史》，另一方是加拿大歌手、作曲家艾薇儿·拉维尼（Avril Lavigne）的音乐视频《女朋友》（*Girlfriend*），作战目标是成为第一个浏览次数突破一亿的视频。一亿啊，一个难以想象的天文数字。虽然《舞蹈进化史》不一定能成为永久的经典，但是至少到目前为止，它仍然活跃在人们的记忆中。相比之下，绝大部分观众都难以想起《女朋友》的视频画面。于是，众人纷纷猜想胜利必将属于《舞蹈进化史》，毕竟大多数人都看过，然而，获胜方却是艾薇儿的《女朋友》。这一战给互联网上了宝贵的一课——千万不要忽视未成年粉丝的力量。[10]艾薇儿的粉丝发动了一场声势浩大的灌水行动，势必为偶像摘得桂冠。有一位粉丝设计了一个可以自动刷新投票的灌水网站。一位骨灰级粉丝在留言板上写道：“永远不要关闭此页面，不管你在上网、准备考试，还是在睡觉。你还可以用多个浏览器同时打开此页面，这样票数会更多。”

在一次讨论“Beliebers”①是如调戏推特的流行趋势算法时，肯雅塔·起司说了一句经典评论：“当你的对手是14岁到16岁的少女时，这意味着你要对付的是世界上最先进的并行处理计算机系统。”

有效调动、利用粉丝群的力量，成为网红的必修课，成为他们名气的必要条件，这一点将他们和传统的名人完全划分开来。要在视频时代成名，你不需要让自己的作品达到无人不知的境界，广度上的缺陷将由粉丝对你的感情深度来填补。虽然如今明星的数量远远超过上一个时代，我们不认识的多了去了，但是我们和自己偶像的亲密度却增加了，和他们的联系也加深了。

2006年，《连线》时任主编克里斯·安德森将这一现象描述为名人的“贬值”。“既然明星的数量越来越多，他们的身价就贬值了。”安德森说，“我们正在迈入‘微②红’和‘微星’时代，你的偶像未必是我的偶像，我的偶像你也未必听过。”与此同时，作家雷克斯·苏尔盖斯在《纽约杂志》中用到了“微名”一词：“‘微名’为名人效应的一种，在这一效应中，主体和‘粉丝’通过作品进行直接互动。‘微名’这一概念超越了作品本身并且一直延伸到一个社会群体，该群体通过发表评论、发布作品观后感视频、发送邮件，以及制作网页等，与‘微名’主体进行互动。”[11]

回到2006年，虽然粉丝也会通过YouTube和偶像进行这样的互动，但是它还未成为主流，“微名”效应还未形成规模。之后，随着社交媒体平台的不断发展，“微名”效应日渐突出。我加入YouTube之后，首先注意到的现象之一便是：用户通过评论和分享获得一种归属感，这是

① Belieber＝Believe（相信）+Bieber（比伯），即那些相信比伯的人，其实就是比伯粉丝的昵称。——译者注

② 微，指微观，和宏观相对。——译者注

他们在YouTube获得的最重要的体验，视频的内容倒是其次。这意味着什么？作为视频时代的艺术家，你必须掌握一项必备技能——如何制造有意义的互动点，去实现自己和粉丝、粉丝和粉丝之间的互动。

下面两幅柱状图对比显示了三个YouTube频道的视频观看次数和评论数（这两项是判断互动程度的基本指标）。第一个频道的创始人是游戏播主马克·菲施巴赫（Mark Fischbach），又名基萌（Markiplier）；另外两个频道是YouTube最受欢迎的主流明星频道——“今夜秀”和“艾伦TV”（Ellen TV）。

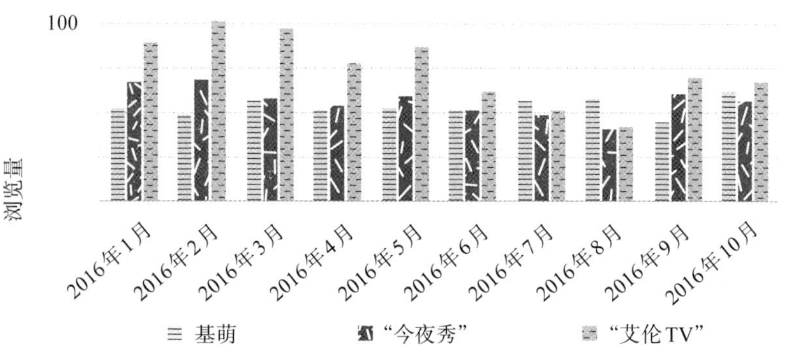

每月平均浏览量对比

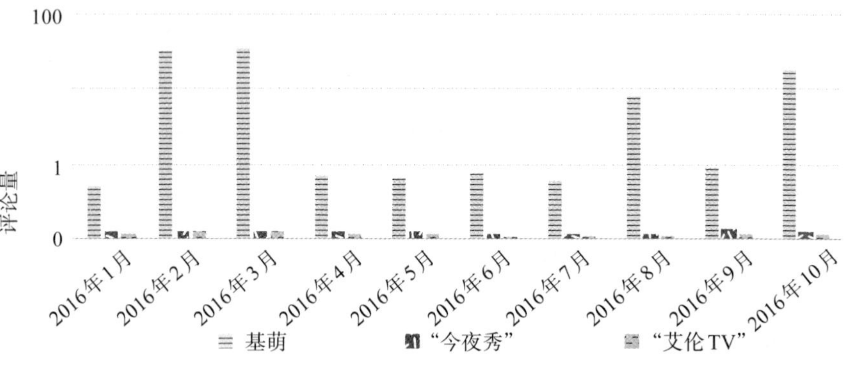

每月平均评论量对比

如这两幅图所示，视频内容引发的观众与观众之间、观众与创作者之间的互动，比视频的内容本身更重要。这一点改变了视频创作者与粉丝之间的交流方式，同时也使得存在于两者之间的动力扑朔迷离。

当泽·弗兰克刚开始制作视频的时候就认识到，直接和观众交流情感可以迅速增长视频浏览量和订阅用户数。“情感沟通的力量很强大，为何不公开吐露自己的内心感受，比如悲伤呢？出于各种各样的原因，真实情感的分享具有难以置信的吸引力。”弗兰克说。最好的视频创作总是从情感层面上和观众深入交流。现实世界的情感交流一直都存在，但是在网络视频界，创作者——那个将我们的信仰、我们在乎的事、我们的爱从他嘴里说出的人——凭借一己之力所带动起来的情感交流，将拥有更加强大的力量。“当创作者出现在屏幕上，道出人间悲欢时，观众所产生的情感共鸣会更强烈。”[12]

并不是所有的创作者都准备好迎接这种强烈的情感联系，创作者和粉丝之间的相互作用力也还在研究之中。现实和我们想象中的现实存在差距，这种差距可能将局面往一个令人担忧的方向引导。2016年7月，英国网红玛丽娜·乔伊斯（Marina Joyce）的狂热粉丝在社交平台上发起了一场救援活动—— #拯救玛丽娜·乔伊斯。几天前，乔伊斯的粉丝发现她不太对劲，视频里的她心不在焉、目光呆滞，而且比往常更加消瘦。有些粉丝将视频进行分解，发现她胳膊上有淤青，某个背景画面中出现了一把手枪，她的床头柜上摆放了几个神秘的储物盒子。还有一些人声称自己从乔伊斯的约会装扮视频音轨上，听到她在低语“救救我”。不少人推断乔伊斯被绑架了。《卫报》报道称：“数千个未成年人坦言他们无法入睡，一想到乔伊斯被绑架或者被恐怖分子劫持，就会发抖。还有60多人发推特，说这件事导致他们产生了焦虑、恐慌症发作。这些都是癔症的表现。”警察半夜接到粉丝报警后，于凌晨3点赶到乔伊斯的住所，但是发现她安然无恙（就算乔伊斯真有什么事儿，估计也只是没有做好心理准备去应对粉丝的狂热，这一点可以在之后的视频和信息中看出）。

如果网红没有能力把握好自己和粉丝的关系，事情就很容易脱轨。在网络空间，偶像和粉丝之间的关系和现实生活中人们的关系一样，难以预测、敏感脆弱。乔伊斯的故事很好地反映了现代明星面临的困扰。其实对很多明星的粉丝群体来说，他们和偶像之间建立了亲密的联系，他们的自我已经和偶像交织在一起了。

名人和粉丝之间的“类社会关系”——一种不对等的虚假亲密关系，粉丝对名人投入大量的情感，但是名人对他却一无所知——在奉行平等主义的互联网上被放大了、被扩展了，甚至发生了变异，崇拜者和崇拜对象之间的距离感似乎消失了。这种类社会关系在播客领域尤其明显。播主将自己的私生活放入视频，观众看完后体会到一种真实又亲密的关系。当粉丝看到网络明星阅读、回复自己的评论，感受到偶像对自己的重视，当偶像、亲人和朋友的发帖同时出现在我们的社交媒体页面上时，存在于偶像和粉丝之间的虚假亲密关系似乎没有那么虚假了。

很多粉丝缺乏判断力、极易受到影响，但不是每一个网红都有责任感，都愿意且能够正确引导粉丝的价值观，保护脆弱的他们，于是一些人沦为受害者。2014年，英国和美国的视频创作社区中，有几个创作者受到了指控，具体罪状包括不恰当对话、诱惑粉丝拍裸照、情感操纵以及性侵。在几个案件中，受害者还有未成年人。大部分受到指控的犯罪嫌疑人（基本都没有受到刑事调查）在被曝光后，都被粉丝抛弃，商业合作也被中断。随之，视频时代名人和粉丝之间的关系开始受到质疑。在英国最大的网络视频聚会“城市之夏”（Summer in the City）上，会议组织者说：“你的崇拜对象只是一个人而已，很不幸在有些情况下，还是一个出发点并不那么善意的人。鉴于网络世界的发展，再怎么强调这一点都不为过。”

这句话以及爆出来的丑闻提醒着我们，YouTube网络社区和我们身边实实在在存在的社区一样，不管是在虚拟世界，还是在真实生活中，大部分的社会关系是积极的、正面的，但总有一些关系是危险的，我们必须引起警惕。

每当YouTube的创作者被问到（通常是被突袭）自己和粉丝的关系时，几乎每一位都会特别强调自己和粉丝的关系不同于传统意义上的名人与粉丝之间的关系。美妆大师米歇尔·潘曾经这样说道：“视频创作者更像朋友、兄弟或姐妹，而不是那些被奉为偶像的名人。”

2013年，YouTube红人菲利普·德佛朗哥（Philip DeFranco）在其新闻和流行文化脱口秀中提到，自己的父亲很可能需要进行肾移植手术。他的一位粉丝是退役老兵，居住在爱达荷州，捐献了自己的肾。“我之所以做视频，是因为我想和观众说说话，想和他们互动，想拥有自己的社区。”2016年，德佛朗哥在VidCon现场对我说，“我父亲能够做移植手术，全靠那位关注我多年的观众。这太奇妙了！产生于虚拟世界的关系也可以变成现实生活中一件美好的事。”

德佛朗哥的“国民”——数百万的频道观众——只是YouTube众多粉丝社团之一。其他出名的粉丝社团包括谢尔贝格的“兄弟部队”，贝瑟尼·莫塔（Bethany Mota）的“莫塔唯她 ”（Motavators）。虽然娱乐圈向来不乏大规模的粉丝社团——摇滚乐队Grateful Dead（感恩而死）的粉丝团“丧尸族”（Deadheads），电影《星际迷航》的粉丝团“星际家族”（Trekkies）等，但是互联网的强大号召力使网络上的粉丝社团变成了流行文化中最强大的势力之一。举个例子，汉克·格林和约翰·格林的粉丝团“书呆子战斗士”（Nerdfighters），帮助两兄弟的“美化世界基金会”（Foundation to Decrease World Suck）筹到了数百万美元。没错，他们真有一个基金会，办得还不错。许多视频达人还成为畅销书作者，伦敦有一家书店开了一个专区，专卖网络明星的作品。2014年，佐伊·赛格（Zoe Sugg，YouTube生活与美容视频播主）出了一本小说，成为有史以来销售最快的新书。

与其说粉丝群是某个明星的粉丝的集合，还不如说他们就是一个社会运动团体。在社交媒体时代，粉丝发动的社会运动将自己喜爱的明星推向了人生巅峰。从这个角度讲，如果还把粉丝看成简单的“追随者”，着实有点儿讽刺。

像我这样出生在YouTube时代以前的人，总是很难将这些网络明星归类，其实原因之一便是这些明星也说不清楚自己属于哪一类。对于他们的艺术和身份，我们还没有一个准确的词语能将其全面概括。曾经有一段时间，游戏主播乔丹·马伦（斯巴克勒兹船长）每次遇到海关和边检人员盘问时，都会遇到麻烦。不管他如何解释自己的职业，都会造成误会，后来干脆化繁为简。“我曾对边检说‘我在互联网从事娱乐行业’，但从他们的表情看得出来，他们肯定误以为我在从事色情行业。于是，我换了种解释——‘我是做YouTube视频的’。从那以后，我再也没有被扣留过。”

我们如何在互联网上发现自己喜欢的视频创作者，又如何与他们互动，这两点已经颠覆了“名人”和“人才”的传统定义。“名人”原本是指居住在不同地方、不同年龄的人都知道的知名人物。但是，我在YouTube工作的漫长岁月里，我遇到太多非传统意义上的名人——不是每个人都认识，只在特定人群中有名。虽然在现实生活中的聚会上，我们仍然会津津有味地八卦金·卡戴珊和哈里王子等传统意义上的名人，毕竟大家都熟悉，但是通过网络平台，我们却可以发现那些真正志趣相投的人。

虽然电影公司的管理层以及唱片公司的星探在现代娱乐业中仍然扮演着重要角色，但是粉丝可以用更快的速度成就一个明星。互联网的新型人才之所以可以站在聚光灯之下，是因为他们能够和观众之间展开高频率、高强度的真实互动，这是21世纪明星的必备技能。这些网络明星给我们的感觉更像是朋友，而不是高高在上的流行巨星，他们用到的许多交流工具（YouTube、推特、脸谱网等），我们和朋友之间也会用到。我们见证了网络达人的走红，我们感到自己也做出了贡献，我们不再是旁观者，而是重要的合作者。

鉴于唱片公司、电影公司、电视台和出版商的影响以及经济实力，它们在评估、挖掘、培养新人方面，地位依然举足轻重。但是，它们不再是决定谁红谁不红的唯一声音。长得好看、正确的时间出现在正确的地点、人脉广，这三个成名条件早已不像以前那么重要，因为你可以选择另外一条路——通过和互联网观众展开有效互动让自己成名。

在视频时代，粉丝不是我们的唯一身份，我们还是社区成员。观众也不再是我们的唯一身份，我们都变成了参与者，只是参与程度有所不同而已。

结　语

2007年1月，肯·斯奈德正骑着自行车沿威尼斯海滩骑行。突然，他发现了一件有意思的事，于是立即拿出崭新的数码相机，将这一场景拍下来与大家分享。

那是一只在玩滑板的……斗牛犬。

只见这只狗狗穿梭在一群玩滑板的年轻人之间，小爪子拍打着人行道地面，一条粉色的长舌头耷拉在空中，留给路人一抹匆匆而过、棕白相间的影子。此情此景，路人无不侧目，斯奈德以此拍摄的视频《玩滑板的狗狗》（*Skateboarding Dog*）在YouTube上也是一炮而红，吸引了数以百万计的浏览量和众多粉丝。这个视频的片段甚至还出现在了当年的苹果iPhone广告中。对许多人来说，这个视频为他们普及了病毒视频的概念：古怪而有趣。

原来，这只名叫蒂尔曼（Tillman）的狗狗来头不小，它在吉尼斯世界纪录榜上有名——“玩滑板速度最快的狗”。事实上，蒂尔曼和它的主人兼最好的朋友罗恩·戴维斯一起做过的疯狂事不只玩滑板这一件，罗恩还带着蒂尔曼玩过冲浪和滑雪。渐渐地，蒂尔曼成为一个富有传奇性的名字，在众多宠物病毒视频爱好者中广为人知。然而，在YouTube总部，蒂尔曼这一名称却另有深意，它无形中成为网络传媒业最臭名昭著的称号。这究竟是怎么回事呢？

2011—2013年，狗狗蒂尔曼的形象被无数人引用到他们演讲的幻灯片中，作为网络视频粗糙草根的象征。这一刻板印象一再出现在娱乐大众、行业合作伙伴和广告商面前，以至于“滑板狗”一词（以及有过之而无不及的“滑板猫”）变成了一种时髦话，用来嘲讽网络原创娱乐。于是，在新闻采访、推销活动和花里胡哨的会议当中，YouTube的高管们不厌其烦地以“滑板狗”来作为反例，说明YouTube早已脱离了业余和草根的形象。“在YouTube上”，管理者们一遍遍地宣称，“不只有会玩滑板的狗。”那时YouTube营销团队的目标之一，似乎就是说服公众这是不争的事实。

老实说，这种状况使我感到不安。我承认，“滑板狗”视频不能跟莎士比亚等人的名著相提并论。我也理解许多人，包括很多媒体专业人士，很容易轻易否定YouTube上面那些源自日常生活的创意（尽管它们有时十分独特且不输专业人士）。但是，最令我感到困扰的是，如此有趣、机灵的一只狗狗居然成为娱乐业某种意义上束缚创意的象征，这让我十分恼火，因为“滑板狗”几乎囊括了所有我喜欢的YouTube元素。这个视频的创意古里古怪、随性之至，却又令人意想不到，你绝对很难在电视、广播或电影上看到类似的东西。事实上，“滑板狗”视频的走红恰恰凸显了YouTube的与众不同，那就是在YouTube上，观众与网络平台的互动以一种看不见却精妙而复杂的方式推动和定义着大众流行，而这种互动正是传统媒体平台缺失的。每当我们心情不好，或者想给朋友送一份“走心”的礼物的时候，我们就会选择“滑板狗”这样的视频，和朋友们分享它、观赏它。每一次温故，我们都能从中发现新意，也许是开心，也许是惊讶。在YouTube，“滑板狗”这样的视频正代表了日常生活中那些充满魔力的瞬间：它能让每个人欢欣愉悦。因此，对我来说，玩滑板的蒂尔曼远非创意的枷锁，却恰恰代表了YouTube这一新兴媒体的民主本质：只要创意够好，狗狗也能成名。

过去几年，YouTube和网络娱乐终于跨越了“滑板狗”的所谓恶名。人们开始意识到，互联网上的专业和创意才华正在蓬勃发展。蒂尔曼在滑板上愉快滑行的画面不再出现在人们演讲的幻灯片上。事实上，在YouTube的每日热门视频排行榜中，已经很难见到任何关于宠物的病毒视频。

2015年底，我得知蒂尔曼已经去世的消息。“10年来，我们共同度过了许多难忘的瞬间，滑冰、冲浪、一起出游……”罗恩·戴维斯为他心爱的斗牛犬写道，“语言无法尽述我对你的思念，小蒂，感谢你带来的所有美好时光。”

我很难过。失去心爱的宠物已经够令人伤感了，蒂尔曼的离去还暗示着一个旧时代的终结：它那滑稽的滑板动作难道不是互联网最原始的表达、毫不做作的创意？“滑板狗”视频曾经引发了令人振奋的收视奇迹，蒂尔曼的死亡却突然结束了这一切，而我已然开始默默怀念那个逝去的时代。随着网络娱乐业务的增长和专业视频行业的蓬勃发展，有时我们会觉得，类似“滑板狗”这样的网络奇迹不太可能发生了。果真如此的话，是不是意味着我所钟爱的这个视频时代当中，曾经凸显YouTube与众不同的独特性，也随之消失了？那种特点是不是被金钱和广告，以及传统媒体集团扼杀了？我开始怀疑，网络视频也许并非创意的民主革命。

但事实是，世上所有的商人都无法改变YouTube的独特之处。就在我写这些文字的时候，在YouTube上，人们上传、观看和分享着无数视频，其中很多视频对于媒体和广告专业人士来说毫无商业价值。只要我们仍然把持着创意的权力，我们就有机会将自己的视频变成流行、变得重要。也许就在明天，某个人偶然冒出了一个点子，也许是一个十足荒谬的想法——但它却有可能被拍成一个视频，从而触动数百万人的生活。我们，让一切皆有可能。

因此，欢迎大家来到人类历史上最风云变幻、迷雾一团的时代。在这个时代，草根人士的作品和专业媒体集团拥有平等的力量——我们正处于这种权力角色转换的初级阶段。这种剧变将对我们的生活产生重要影响，我们应该思考这到底意味着什么。

本书专注于网络视频和YouTube，因为这是我最了解的领域。但是，不要忘了，网络对人类生活的影响极其深远、极其广泛，YouTube只是那方方面面影响力的其中一例。YouTube和众多线上平台，为我们的生活提供了极其丰富的媒体产品，太多太多，以至于一眼望去混乱不堪。但是，如果我们把这些在线平台看作一个整体，就会发现网络这种新媒体宏观上的文化影响力，这种集体影响力足以超越任何一个病毒视频、文化流行现象或者知名创作者。

通过本书你可以了解到许多YouTube流行现象背后的故事。你也许会发现，这些故事大同小异，尤其是在YouTube发展初期。这是因为，那个时候大获成功的视频基本上都是创作者无心插柳却偶然成就的意外之喜。比如，有人录制了一段视频，本来打算与自己的亲戚朋友分享，没想到却经由YouTube一夕爆红。甚至一些如今当红的乐队也不例外，比如，OK Go乐队制作的一个音乐视频，起初只是想吸引法国知名音乐制作人米歇尔·冈瑞的注意，哪知道居然红遍全球。小小的视频蕴涵着惊人的潜力，足以改变许多人的生活，这无意中透露出一个新趋势：世界已经变了，媒体发布权不再只是紧紧攥在少数人和媒体巨头手中。在不到10年的时间里，乐队们就从曾经的低声下气变成如今的扬眉吐气：以往得求爷爷、告奶奶才能在TRL争取到一个出镜机会，如今在自家后院拍出来的MV也能通过网络传到全球用户，一炮走红。随着越来越多的人了解到媒体的运作方式和用户的线上行为模式，人们开始有目的地制造网络文化流行，从前那种某个草根创作者不经意制造出来的病毒视频已经很少见了。然而，从YouTube上许多最受欢迎的视频当中，仍然能发现创作者那随性之至的工匠精神。无论是他们试验性地使用新的创意技术，还是其作品内容的前卫大胆，你都能感觉到，这个过程绝不是程式化地制造产品，而是真正的创意。

有时，我们也许会觉得像YouTube这样的在线平台已经越发充满商业气息、越来越功利。但是，网络视频从传统媒体当中脱颖而出的核心特质没变，那就是互联网是一个由受众创造和成就流行的世界，这也是YouTube如此吸引人的原因。YouTube上有无数富含创意的作品，有无数互动交流的渠道，可以这么说，在YouTube，只有你想不到的体验，没有找不到的体验。许多优秀的视频和频道之所以成功，就是因为满足了观众的需求，而且这种满足感和互动体验还特别真实。我的工作让我有机会全面地观察线上工具如何进行促销，比如，一些著名的房地产商便会使用网络手段推销楼盘[①]，但我并不认为任何工具或者公司能凭一己之力就让某些产品在YouTube变得流行。不是我说，即便拥有几千名订阅用户的YouTube创作者也无法做到这一点。这是因为，YouTube最终呈现出来的形态和样貌，是由数以百万计的用户和他们使用该平台的方式共同决定的。不管YouTube营销部门的同事如何努力探索，试图帮助人们了解YouTube这一品牌的内涵和其代表的意义，他们能够解释的终究有限。事实上，不仅是YouTube，在视频时代，任何基于受众自发的表达欲望构建起来的网络平台，其解释权从根本上都归于用户自身。

俗话说，科技以人为本。我们努力提高技术、更新工具，目的是让科技更好地服务于我们自身的实际需求和愿望，而不是相反。在这个基调之下，就算这种调整和更新时常偏离设计者的初衷也在所不惜。YouTube就是一个明证，创始人查德·赫利、陈士骏和贾韦德·卡里姆一开始以为人们会使用这个新的视频托管网站上传个人资料，以便约会。谁知道后来会有诸如ASMR视频、使用Auto-Tune恶搞总统辩论的视频等，引爆一场又一场的网络流行。视频时代的人们展现出无与伦比的激情，将原本小众的爱好、分散各地的粉丝群体、私密的兴趣等，统统聚集在一个线上平台，愣是把小众爱好变成了大众热门频道、高产的创意社区和蓬勃发展的新艺术体裁。

当然，受众的需求因人而异。有人想通过YouTube寻找某种怪癖的

---

① 有段时间，我负责管理YouTube主页上的Spotlight（焦点）程序，它和业已废弃使用的Ticker一样，以链接的方式贯穿于YouTube的每个页面，监管流量，以免服务器崩盘。这一工作责任重大，一度让我在办公室颇受欢迎，但其实我经常感到沮丧，因为我即便看得见，也管不了那么多，用户该怎么用YouTube还怎么用，他们才不会管结果的好与坏。从这个意义上说，YouTube是最能代表受众意见的媒体平台，因为它真正反映了用户自身、他们的喜好和行为习惯等。

同好，比如电梯“痴”汉；有人则想知道自己能否跑得比屁快，以便让鼻子逃过一劫——感谢格雷戈里和米切尔在YouTube的一个科学频道提供了答案。不过，也不是所有爱好都这么另类，YouTube上面大部分的观众还是挺“正常”的。举个例子，观众现在对于内容的渴望，对视频、音乐、文字等的要求比以往任何时候都要高。在此基础之上，对于提供内容的媒体的要求也相应提高了。如果说以前我们还会为了打发时间忍耐电视里的无聊内容，现在可是多看一眼都难了。影视娱乐在现代人生活中发挥的作用越来越重要，似乎已经拥有不可或缺的地位，怪诞的却是，YouTube上的许多流行视频看上去无聊空洞至极。不信你去看看已经积攒了上亿浏览量的《彩虹猫》视频，我打赌你看完之后不会有茅塞顿开的感觉，反而会怀疑自己点开的是什么鬼东西。但是，不要忘了，网络视频的价值不一定体现在其内容之上，而在于这一新的传播方式为人们提供的新的互动方式。好吧，可这一直以来都是一种新媒体应该具备的核心竞争力。话是没错，然而事实上，直到网络视频出现这种核心竞争力才变为现实。因为直到视频时代，作为受众的我们才真正掌握了媒体互动的主动权，受众的参与才得以成为推动流行文化的一个突出力量。

人们通过在YouTube的互动，不仅创造力提升了，互相之间的沟通层次也在加深，朝着更个性化的方向发展。这一切又反过来回答了“我们是谁”“我们关心什么”等重要议题。从某种意义上说，YouTube上的流行，即某种事物传播的方式和广度，取决于其人际价值，而非商业价值，不得不说这是一个相当戏剧化的变革。

网络媒体不再受传统大众媒体那种僵化机制的束缚，但与此同时，传统媒体的“守门人”作用，即赋予受众的一些保障也不复存在。通常来说，传统大众媒体发布的信息比较可靠，发布时间和频率较有规律，并且内容通常温和而中立，不会对任何群体或个人造成冒犯。还记得听收音机的日子吗？在20世纪，广播信息可是通过价格不菲的设备和系统才传到听众耳朵当中的，广播公司要靠大量的广告收入来维持设备的运转。这就是为什么，富有争议的表达方式和非常规的创意不是被无情否定，就是遭遇冷嘲热讽。因为在这种经济模式下，任何可能威胁其运转的创新都不可能被采纳。因此，一方面，厂商和广播公司不愿铤而走险；另一方面，购买产品的消费者实际上也给了媒体无形的压力。因为消费者往往会觉得厂商和广播公司应该对其制作和发布的内容负责，否则就会觉得该品牌不具有公信力。总之，在传统大众媒体时代，出于各种各样的原因，受众接收到的信息可以说经过了层层过滤，虚假不实的消息很难成为漏网之鱼。

网络媒体则不一样了。这就涉及在撰写本书的过程中，我发现的一些网络平台长期存在的问题，它们对于眼下我们通过网络创建的文化来说，可能有深远的影响。比如，“假新闻”和网络骚扰等引发的热议，这正是视频时代带给我们的新挑战。我们利用网络表达自我，彼此之间沟通更顺畅，与时事的联系也更紧密，这的确是一种民主赋权，但我觉得，民主往往意味着无序的无政府状态。

2015年左右，一大批网红正在崛起，他们个性十足且有强大的号召力，但遗憾的是，这些网红往往很少考虑他人的感受，除了他们自己的粉丝。2017年初，瑞典籍网红菲利克斯·谢尔贝格被《华尔街日报》点名批评，称其经常在他的游戏直播视频中传播反犹太主义笑话。这一事件致使菲利克斯的主要商业伙伴，包括由YouTube创建、后被迪士尼收购的Maker Studios减少了和他的合作。菲利克斯对于《华尔街日报》

的报道产生的骚动和影响感到既惊讶又难过，但他还是站出来道歉，承认自己的玩笑开得太过火了。事实上，在一个更成熟、更有组织纪律性的媒体组织中，这种幽默根本不太可能被投入市场。菲利克斯自觉犀利的幽默感，对于一些人来说可能极其冒犯，这种危险的言论永远不会通过传统媒体的内容审查。“我喜欢挑战（言论自由的）边界，我以前肯定也犯过同样的错误。但作为一个喜剧演员，我还是一个新人。”[1]菲利克斯在一个被观看了数千万次的视频采访中这样解释道，“对我而言，这（挑战边界）是一个不断成长和学习的过程。”然而，这位时年27岁的网红在全球青少年中的知名度实在太高，你很难把他定义为一个新人，而这个错误也远非一个新手错误那么简单。短短几年间，菲利克斯便从一个尚在大学的游戏玩家变成家喻户晓的网红，这正是得益于网络媒体更加自由、更加不设限制的风格。可惜成也萧何、败也萧何。即便拥有数百万的订阅用户，菲利克斯的频道并没有雇用除他以外的员工，因此他得对自己的作品负全责——无论是蜚声国际，还是臭名远播。事实上，观众的数量越多，创作者肩上负有的社会责任就越大。就拿菲利克斯的例子来说吧，他那糟糕的笑话可以轻而易举地通过YouTube传播到数百万的青少年观众当中，人们当然有理由对他的冲动和鲁莽感到不安。

从某种意义上说，我们都是新人。无论是作为创作者，还是观众，我们其实都是第一次试着了解在线平台和网络视频究竟是如何运作的。

事实上，人们的线上行为对周遭世界的影响力在很大程度上被低估了。随着视频时代成长起来的一代人，大多数都暴露在传统大众媒体庇护下的“无公害信息区域”之外，谁能保证在纷繁嘈杂的蛊惑之下，人们内心的那个恶魔不会悄悄跑出来捣乱呢？网络社区是记录不公正事件、集结社区成员凝聚力的家园，同时也可能成为自私攻击和蓄意骚扰的场所。那个使得我们更亲密无间、沟通更加个性化的网络平台，同时也可能是表达消极情绪的场所。尽管人们对于有组织网络霸凌的担忧由来已久，但在2015—2016年，网络社交媒体平台上发生的一系列有组织的相关事件却让人感慨人性的阴暗。名人、活动家和许多普通人，或多或少都受到了来自厌女症人士的威胁与攻击。几乎每一个主流社区媒体平台都暴露了类似的问题，包括脸谱网和推特。

另一个例子是2016年的美国总统大选。如果说2008年的大选称得上社交媒体时代以来的首次选举，2016年的大选就是凸显社交媒体影响力之元年。这次大选是网络媒体的政治影响力超越传统大众媒体之后，美国举行的首次总统选举①。网络影响力空前巨大的同时，我们也看到网络上涌现出了大量新的可疑的声音，它们未经传统媒体的编辑、筛选流程，更缺乏批判和实证精神，却具有令人难以置信的煽动力。于是，我们来到了“有理在于声高”的时代，好像只要你发布的信息足够惊世骇俗，人们根本就罔顾事件本身的复杂性去求证。与此同时，那些我们曾经非常信任的信息来源渠道也失去了公信度。

最麻烦的是，我们所有人都是第一次面临如此“混局”，我们手中并没有如何解决它的指南。换句话说，我们的声音被赋予了前所未有的影响力，但是很明显，我们还没有准备好如何合理地运用它。

研究互联网文化现象的专家肯雅塔·起司对我表示，人们必须“重新思考公众责任”。在一个人人都能轻松传播信息、组织社区的网络空间，每个人都应该思考这一新环境下新的道德义务。对我来说，人们对

---

① 这一点有数据支持。在YouTube上，跟2016年选举相关的视频收视率是2008年的8倍。

网络暴民和“假新闻”等进行热议这一事实本身，就是这些义务被忽略后带来的严重后果之一。“我们中的一些人比其他人更清楚这一点（忽视义务将带来严重的后果）。”起司说。

这倒是真的，许多人都低估了自己的声音影响公众意见和他人观点的能力。当我们说到个人表达的影响，通常会把注意力集中在积极的方面。比如，我们会更多地思考自己欣赏或者创造的视频如何将我们与一个更广阔的虚拟社区相连，或者我们的互动如何成为新娱乐的缪斯与源泉。“你完全可以创建一个令人赞叹的网络社区，专注有益公众的事。”起司说道，“但是，正如有的网络社区旨在散播爱心的种子，有的却在埋下仇恨的祸根。当我们思考未来的时候，太容易把重点放在技术创新，以及这些创新对我们产生的积极意义上。”虚拟现实、自动化和智能机器为娱乐技术带来的进步无疑将对文化产生重大影响，但是过去10年间种种变革当中最重要、最具深远影响力的，是信息技术革命：信息发布的渠道和方式发生了剧变。这一剧变将对人类未来几十年的生活产生巨大影响，我们不能因为这种观点听上去有些老生常谈，就忽略它可能导致的严重后果。

多年来，成千上万的员工为YouTube的代码和商业战略做出了贡献，然而是我们每一天使用YouTube的每一位用户，将这一在线平台变为文化的孵化场：这种新的网络媒介正在拉近我们与全球事件的距离，改变我们获取知识的方式，颠覆我们对音乐、明星的传统定义。我们每个人的线上行为和习惯，即使是那些最微不足道的，也在一点一滴地对这个世界产生影响。换句话说，我们每个人都在推动和塑造将对我们的未来产生影响的力量。下一个世纪，视频时代将会把我们带到哪里？这不是由YouTube的代码决定的，而是由我们如何选择和使用它们来决定的。

视频时代是一个人人都具有新道德责任的时代，我并没有天真地认为，如此重任分配到如此多的个体手中，前途将一片光明，但我基本上是乐观的。因为我相信，由个体表达创造出来的文化，终究要比由商业利益驱动、追求投资回报产出的文化更美好。过去10年来，我们跟随互联网发展所经历的一切，如此神秘莫测，又杂乱无章，但那又怎么样呢？网络上那些令人大跌眼镜的社区和人才、创造性的新艺术形式，比以往任何一种传统媒体都更能反映我们的社会真实。我们通过创造、观看和分享视频来更加深入地了解彼此，哪怕是那些看上去微不足道的主题，比如假唱视频、人们对病毒视频反应的视频，甚至骑着滑板的狗……视频时代为人们带来了更多的机会，建立起一种真实、诚信的联系——这对我们每个人来说都相当重要。

所以，请允许我对“滑板狗”蒂尔曼说一句，感谢你带来的所有美好时光。我还要感谢YouTube上所有敢于挑战和创新的人。未来将会更美好！

致　谢

多年来，我一直致力于研究视频和网络文化，然而无论我学习了多少、学到了什么，都离不开许多仁人志士的帮助，还有那些迷人的、古怪的、充满激情的创作者和他们以令人震惊的创造力在互联网上创作的一切。我无法在此一一感谢所有人，对此，我深表歉意。

本书得以出版，我要特别感谢我那孜孜不倦的编辑里阿·贝瑞斯福德，还有布鲁姆斯伯里出版社的团队成员。他们从一开始就给予我十足的信任，给予本书的未来十分的憧憬，尤其是辛迪·洛、南茜·米勒、克里斯蒂娜·吉尔伯特、乔治·吉布森、劳拉·基夫、尼可·贾维斯、莎拉·麦克丹尼尔和玛丽·库曼莎拉，谢谢你们帮忙为本书做宣传。此外，我还要感谢帕蒂·莱奇福德和卡佳·梅兹波斯卡娅为本书做的精美设计。吉娜·达顿和劳拉·菲利普斯，你们把我的作品做得可真漂亮。能够和各位共事，本人衷心感到荣幸之至。

感谢斯蒂芬妮·希格斯，你让枯燥的写作过程变得井井有条却又不失活力（即使你是最后一个知道《江南Style》的人）。感谢我的研究人员基兰·塞缪尔和上川贞子，你们为一些有史以来最任性的主题挖掘出了许多有价值的材料和研究资料。还有弗里欧文学管理学院的杰夫·克莱恩，感谢你的鼓励还有热情和诚实的忠告。你的先见之明，即这样一本关于视频的书是有意义的，对我来说十分重要。

感谢我的同事和老朋友们，史蒂夫、奥利维亚、克里斯托、比利、汗毛儿、本·R.、本尼、拉夫、伊万、迈克尔、安德鲁·G.、大卫·C.肯雅塔、库提、卡斯和斯各特，谢谢你们愿意接受我的采访。我还要感谢YouTube上那些才华横溢的创作者：乔丹（频道“斯巴克勒兹船长”）、格雷戈里和米切尔（频道“科学来了”）、泽、安德鲁（频道“电梯之旅”）、玛丽亚（频道“温柔耳语”）、诺伊、杰夫、詹尼和萨拉（走出地球乐队）、达米安（OK Go乐队）、克雷格、萨姆·P.、萨姆·G.、尼克（频道“Pogo”）、本·B.（频道“我的领带”）、马特（频道“汽车与水”）、杰森·R.、VidCon的频道创始人（外号“瓦斯克斯熊”）保罗、克里斯·T.、瑞贝卡、莎拉·R.，感谢你们在过去几年与我分享你们的故事和专业知识。

非常感谢吉娜、马特·T.、艾比和克里斯·D.，以及马里、罗斯、欧内斯特、卡莉、邦尼、杰夫、凯文·M、马特·D.、马克、邦斯、泰勒、雷米亚、曼尼、斯蒂芬·S.、伊丽莎白·L.、兰斯、艾米丽、玛格丽特·G.、梅格C.，以及其他许多老同事，你们为本书贡献了令人难以置信的宝贵智慧、建议和帮助。对于安娜、丹尼尔和路西达多年来给予我的正能量、信任和支持，我将永远感激不尽。感谢苏珊、撒拉尔和洛林，你们是天天陪伴在我身边的领导者，具有成就令人叹为观止事物的力量。感谢史蒂夫，因为你始终如一。

感谢肯·斯奈德提供的狗狗蒂尔曼的照片，还有凯蒂·陈提供的搞笑的克洛伊的照片。感谢我的朋友凯文·A #2、阿尼亚、瑞德、汤姆，你们和我的许多朋友一道，用十二万分的耐心忍受我每次缺席聚会和偶尔的即兴牢骚。感谢纽约长岛市的咖啡馆“康谬尼蒂”（Communitea），那里几乎是我的第二个办公室。

语言无法尽述我对家人的感谢：谢谢你，父亲，在你的支持下我才敢于走上这条不寻常的生活道路；谢谢你，母亲，你总是认为我做的每件事都是最好的，即便事实并非如此；感谢我的妹妹，她是那种对周围一切都看得很清楚的人①。我的表妹特丽在我远离家乡时给了我家的温暖。还有我的祖父乔·阿洛卡，本书是献给他的。我祖父目睹了商业广播的诞生、电视的发明、互联网的爆红以及虚拟现实的崛起，他至今仍然健在、等待下一个奇迹的诞生。谢谢你，祖父，你总是鼓励我像你一样，不被时势或者周围环境动摇，只在乎身边真正爱的人。

最后，感谢所有让YouTube成为YouTube的人。你们有的通过视频，勇敢地向世人袒露自己的脆弱；你们有的尽力表达最真实的自我，即使在一个虚华的时代；更有甚者，在险恶、令人望而生畏或者险峻的情形之下，仍然冒着生命和牺牲自己利益的危险，也要通过发布视频向世人揭露所见所闻。我在此郑重感谢你们，你们所做的一切对于我们意义重大，你们所做的一切改变了我们的一切。

① 爱你，克莉丝汀！你是我人生中最棒的首个视频合作者。

注 释

前 言

1. "Price List: Broadcast Camera Equipment for Television," Radio Corporation of America, Jan. 1959.
2. Bernard Rosenberg and David Manning White, Mass Culture: The Popular Arts in America (Glencoe, IL: Free Press, 1957), 519.

第一章　从YouTube的第一个视频说起

1. Scott Kirsner, "Why Did YouTube Win? An Interview with Co-founder Chad Hurley from 2005," Boston Globe , Feb. 16, 2015. http://www.betaboston.com/news/2015/02/16/why-did-youtube-win-an-interview-with-co-founder-chad-hurley-from-2005 .
2. Acmuiuc, "r | p 2006: YouTube: From Concept to Hypergrowth—Jawed Karim," YouTube video posted Apr. 22, 2013. https://youtu.be/XAJEXUNmP5M.
3. "Indistinguishable from magic" : Arthur C. Clarke, Profi les of the

Future(London: Orion, 2013).

4. T-Pain, Twitter post, Jul. 29, 2012, 2:43 p.m. https://twitter.com/TPAIN/status/229693595437912064 .

5. Katy Perry, Twitter post, Aug. 21, 2012, 2:19 a.m. https://twitter.com/katyperry/status/237841455782182912 .

6. Sukjong Hong, "Beyond the Horse Dance: Viral vid 'Gangnam Style' Critiques Korea' s Extreme Inequality," Open City , Aug. 24, 2012. http://open ci tymag.com/beyond-the-horse-dance-viral -vid -gangnam -style-critiques -koreas-extreme-inequality/ .9781632866745_Videocracy_2ndPass.indb 309781632866745_309 8/14/17 6:46 PM

7. Jaeyeon Woo, "Psy Reveals All About 'Gangnam Style,' " Wall Street Journal , Aug. 9, 2012. http://blogs.wsj.com/korearea ltime/2012/08/09/psy-reveals-all-about-%E2%80%98gangnam-style%E2%80%99/ .

8. Alphabet Investor Relations, "Google Q3 2012 Earnings Call," YouTube video posted Oct. 18, 2012. https://www.youtube.com/watch?v = gEifqZU7ntY .

第二章 恶搞视频：开辟娱乐新时代

1. Jm42892, "Lonelygirl15 Creators Nightline Interview," YouTube video posted Nov. 17, 2006. https://www.youtube.com/watch?v = rnjZz DeepE8 .

2. Fine Brothers Entertainment, "YOUTUBERS REACT TO LONELYGIRL15," YouTube video posted Dec. 27, 2015. https://www.youtube.com/watch?v = qhjLjaCt1DM .

3. Elena Cresci, "Lonelygirl15: How One Mysterious Vlogger Changed the Internet," Guardian , Jun. 16, 2016. https://www.theguardian.com/technology/2016/jun/16/lonelygirl15-bree-video-blog-youtube .

4. Harrison Jacobs, “Here’ s Why PewDiePie and Other ‘Let’s Play’ YouTube Stars Are So Popular,” Business Insider , May 31, 2015.http://www.businessinsider.com/why-lets-play-videos-are-so-popular-2015-5 .
5. Ze Frank, “My Web Playroom,” TED video posted Oct.2010. https://www.ted.com/talks/ze_frank_s_web_playroom/transcript?language = en .
6. Sahil Patel, “85 percent of Facebook video is watched without sound,” Digiday , May 17, 2016. http://digiday.com/platforms/silent-world-facebook-video/ .
7. Rick Kissell, “Jimmy Fallon’ s ‘Tonight Show’ Audience Biggest Since Johnny Carson Exit,” Variety , Feb. 27, 2014. http://variety.com/2014/tv/ratings/upon-further-review-jimmy -fallons-fi rst -week-drew -the -largest-tonight-show-audience-since-johnny-carsons-exit-1201122644/ .
8. Edinburgh International Television Festival, “The Late Late Show: Conquering America with Corden and Carpool Karaoke,” YouTube video posted Aug. 26, 2016. https://www.youtube.com/watch?v = 66VEMLRCsyg .

第三章 混音：表达自我的新语言

1. Elizabeth Fish, “Profi les in Geekdom: Chris Torres, Creator of Nyan Cat,” PC World , Feb. 4, 2012. http://www.pcworld.com/article/249299/profi les_in_geekdom_chris_torres_creator_of_nyan_cat.html .
2. Lawrence Lessig, Remix (New York: Penguin Press,2008), 83.
3. Matt Mason, The Pirate’ s Dilemma: How Youth Culture Is Reinventing Capitalism (New York: Free Press, 2009), 71.
4. Scott Thill, “Kutiman’ s ThruYou Mashup Turns YouTube into Funk Machine,” Wired , Mar. 25, 2009. https://www.wired.com/2009/03/kutimans-pionee/ .

5. U.S. Department of the Treasury, Treasury Targets Additional Ukrainian Separatists and Russian Individuals and Entities ,Dec. 19, 2014. https://www.treasury.gov/press-center/press-releases/Pages/jl9729.aspx .

6. Agence France-Presse, “Russia Tries to Curb Crimean Prosecutor’s Internet Fame,” Inquirer.net, Apr. 2, 2014. https://tech nology.inquirer.net/35177/russia-tries-to-curb-crimean -prosecutors -internet -fame .

7. Tom Ballard, “Part 1: Baracksdubs’ Fadi Saleh Started at UT in Pre-Med,” Teknovation.biz, Apr. 12, 2016. http://www.tekno vation.biz/2016/04/12/part-1-baracksdubs-fadi-saleh-started-ut-pre-med/ .

8. Michelle Jaworski, “Barack’s Dubs: How a Biochemistry Student Makes President Obama Sing,” Daily Dot , Jul. 16, 2012. http://www .dailydot.com/upstream/baracks-dubs-fadi-saleh-interview/.

9. Andres Tardio, “Meet the Man Behind the ‘Sesame Street’ Rap Mash-Ups,” MTV News , Jun. 8, 2015. http://www.mtv.com/news/2180975/sesame-street-mash-ups-animal-robot/ .

10. Liv Siddall, “The Art Student BehindShia’s DO IT!!!,” Dazed , Jun. 9, 2015. http://www.dazeddigital.com/artsandculture/article/24996/1/the-art-student-behind-shia-s-do-it .

11. Hannah Ellis-Petersen, “Shia LaBeouf Collaborates with London Art Students on Graduation Project,” Guardian , May 27, 2015.https://www.theguardian.com/film/2015/may/27/shia-labeouf-collaborates -london-art-students .

12. Timothy D. Taylor, Strange Sounds:Music, Technology and Culture (New York: Routledge, 2001), 45.

13. Jonathan Patrick, “A Guide to Pierre Schaeffer, the Godfather of Sampling,” FACT , Feb. 23, 2016. http://www.factmag.com/2016/02/23/pierre-schaeffer-

guide/ .

14. Andy Baio, "Fanboy Supercuts, Obsessive Video Montages," Waxy , Apr. 11, 2008. http://waxy.org/2008/04/fanboy_supercuts_ obsessive_video_montages/ .

15. Patrick Kevin Day, " 'Sorkinisms' Reveals Aaron Sorkin' s Penchant for Recycled Dialogue," Los Angeles Times , Jun. 26, 2012. http://articles .latimes.com/2012/jun/26/entertainment/la-et-st-sorkinisms-aaron-sorkin-20120626 .

16. Roger Moore, " 'Downfall' Presents Human but Still-Grim Look at Hitler," Orlando Sentinel , Apr. 5, 2005. http://articles.orland o sentinel.com/2005-04-05/news/0504040307_1_hitler-downfall-eva-braun .

17. Emma Rosenblum, "The Director of Downfall Speaks Out on All Those Angry YouTube Hitlers," Vulture , Jan. 15, 2010.http://www.vulture.com/2010/01/the_director_of_downfall_on_al.html .

18. "Libya Starts to Reconnect to Internet," BBC News, Aug. 22, 2011. http://www.bbc.com/news/technology-14622279 .

19. "Muammar Gaddafi : Bizarre Quotes from the 'MadDog of the Middle East,' " Sydney Morning Herald , Oct. 21, 2011. http://www .smh.com.au/world/muammar-gaddafi -bizarre-quotes-from-the-mad-dog-of-the -middle-east-20111021-1mbcb.html .

20. Lawrence Lessig, Remix (New York: Penguin Press, 2008), 83.

第四章 网络歌曲如何引领流行文化

1. John Philip Sousa, "The Menace of Mechanical Music," Appleton' s Magazine 8 (1906).

2. "Turkmenistan Bans Recorded Music," BBC News , Aug. 23, 2005. http://

news.bbc.co.uk/2/hi/asia-pacifi c/4177622.stm .

3.Tim Kenneally, " 'Lip Sync Battle' Premiere Delivers Ratings Records for Spike," Wrap , Apr. 3, 2015. http://www.thewrap.com / lip-sync-battle-premiere-delivers-ratings-record-for-spike/ .

4. Leigh Blickley, "John Krasinski on the Wild Car Ride That Inspired 'Lip Sync Battle,' " Huffi ngton Post, Aug. 22, 2016. http://www.huffingtonpost.com/entry/john-krasinski-on-the-wild-car-ride-that-inspired -lip-sync-battle_us_57b4cbf9e4b095b2f5424282 .9781632866745_Videocracy_2ndPass.indb 319781632866745_312 8/14/17 6:46 PM

5. Emily Steel, "On Spike TV, Celebrities Clash Where Everyone Can Watch Their Lips Move," New York Times , Mar. 31, 2015. http://www.nytimes.com/2015/04/01/business/media/lip-sync-battle-to-make-its-debut-on-spike-tv.html?_r = 0 .

6. Gillian Telling, "Lip Sync Battle: Inside TV' s Newest Viral Sensation," Entertainment Weekly , Apr. 16, 2015. http://www.ew.com/article/2015/04/16/lip-sync-battle-producer-what-makes-show-so-popular .

7. Nathan McAlone, "Madonna Cofounded aStartup That Manufactures Viral Dance Trends—and 'Whip/Nae Nae' Was Its First Monster Hit," Business Insider , Jan. 28, 2016. http://www.businessinsider.com /mad o nna-cofounded-a-company-that-creates-viral-dance-videos-and-whipnae-nae-was-its-fi rst-monster-hit-2016-1 .

8. Corban Goble, "Baauer," Pitchfork , Aug. 16, 2013.http://pitchfork.com/features/update/9187-baauer/ .

9. Swiper Bootz, "The Haus Sans Dada, Sans Laurieann, Heavy on the Nicola . . . #OhNico Ian, Michael, Asiel#Werethedancers," Art Nouveau Magazine , Jan. 17, 2012. http://www.an-mag.com/the -haus/ .

10. Sirius XM, "Lady Gaga: 'The Haus of Gaga Is a Real Thing' " // SiriusXM // Oprah Radio," YouTube video posted Jun. 13, 2011. https://www.youtube.com/watch?v = YQvT4QnFpWo .

11. Katy Perry, Twitter post, Jul. 24, 2014, 10:07 a.m.,https://twitter.com/katyperry/statuses/492310013894221824 .

12. Jocelyn Vena, "Beyonce 'Nailed It' in 'Girls' Video, Choreographer Says," MTV News , May 19, 2011. http://www.mtv.com/news/ 1664223/beyonce-run-the-world-girls/ .

13. Jocelyn Vena, "Justin Bieber Relives First Time He Heard 'Call Me Maybe,' " MTV News , Sept. 14, 2012. http://www.mtv.com/news/1693836/justin-bieber-carly-rae-jepsen-call-me-maybe/ .

14. "Hot 100 Songs: Year End Chart," Billboard , 2012. http://www.billboard.com/charts/year-end/2012/hot-100-songs .

15. Shannon Carlin, "Carly Rae Jepsen on How You Get Tom Hanks to Star in Your Music Video," Radio.com, Mar. 6, 2015. http://radio.com/2015/03/06/carly-rae-jepsen-i-really-like-you-video-tom-hanks-interview/ .9781632866745_Videocracy_2ndPass.indb 319781632866745_313 8/14/17 6:46 PM

16. "Everyone Listens to Music, But How We Listen Is Changing," Nielsen , Jan. 22, 2015. http://www.nielsen.com/us/en /insights/ news/2015/everyone-listens-to-music-but-how-we-listen-is-changing.html .

第五章　广告的最高境界是娱乐大众

1. Noreen O' Leary and Todd Wasserman, "Old Spice Campaign Smells like a Sales Success, Too," Adweek , Jul. 25, 2010. http://www.adweek.com/news/advertising-branding/old-spice-campaign-smells-sales-success-too-107588 .

2. Media Dynamics Inc., Adults Spend Almost 10 Hours per Day with the Media, But Note Only 150 Ads , Sept. 22, 2014. http://www.mediadynamicsinc.com/uploads/fi les/PR092214-Note-only-150-Ads-2mk.pdf .

3. "Google Consumer Surveys, Canada," Think with Google , Jan. 2016. https://www.thinkwithgoogle.com/data-gallery/detail/canada-super-bowl-viewership-for-ads/ .

4. Will Heilpern, "The 10 Most Shared Super Bowl Ads of All Time," Business Insider , Jan. 12, 2016. http://www.businessinsider.com/10-most-shared-super-bowl-ads-ever-2016-1 .

5. Josh Sanburn, "The Ad That Changed Super Bowl Commercials Forever," Time , May 25, 2016. http://time.com/3685708/super-bowl-ads-vw-the-force/.

6. "The Big Game Becomes a Month-Long, Multi-Screen Event on YouTube," Think with Google , Jan. 2015. https://www.thinkwithgoogle.com/articles/youtube-insights-stats-data-trends-vol9.html .

7. Ann-Christine Diaz, "Geico' s 'Unskippable' from the Martin Agency Is Ad Age' s 2016 Campaign of the Year," Ad Age , Jan. 25, 2016. http://adage.com/article/special-report-agency-alist-2016/geico-s-unskippable-ad-age-s-2016 -campaign-year/302300/ .

8. London International Awards, "John Mescall McCann Melbourne Talks About 'Dumb Ways to Die' the 2013 Grand LIA," YouTube video posted Nov. 8, 2013. https://www.youtube.com/watch?v = RrGWwSJL0yI .

9. "YouTube Data," Think with Google ,2014. https://www.thinkwithgoogle.com/data-gallery/detail/top-10-youtube-ads -length-2014/ .9781632866745_Videocracy_2ndPass.indb 319781632866745_314 8/14/17 6:46 PM

10. Alicia Jessop, "The Secret Behind Red Bull' s Rise asan Action

Sports Leader," Forbes , Dec. 7, 2012. http://www.forbes.com/sites/aliciajessop/2012/12/07/the-secret-behind-red-bulls -action-sports -success/#20b4 6b3d4ede .

第六章 10亿目击者正在改变历史

1. Fredrick Kunkle, "Fairfax Native Says Allen' s Words Stung," Washington Post , Aug. 25, 2006. http://www.washingtonpost.com/wp-dyn/content/article/2006/08/24/AR2006082401639.html .
2. "Battleground States Poll," Dow Jones & Company, Inc., Wall Street Journal , Oct. 31, 2006. http://online.wsj.com/public/resources/documents/info-flash05a.html?project = elections06-ft&h = 495&w = 778&hasAd = 1 .
3. "2008 Republican Insiders Poll," National Journal ,May 13, 2006. http://syndication.nationaljournal.com/images/513insiderspoll.pdf .
4. Jim Rutenberg and Jeff Zeleny, "Democrats Outrun bya 2-Year G.O.P. Comeback Plan," New York Times , Nov. 3, 2010. http://www.nytimes.com/2010/11/04/us/politics/04campaign.html .
5. Michael Scherer, "Salon Person of the Year: S.R.Sidarth," Salon , Dec. 16, 2006. http://www.salon.com/2006/12/16/sidarth/ .
6. Frank Rich, "2006: The Year of the 'Macaca,' " New York Times , Nov. 12, 2006. http://www.nytimes.com/2006/11/12/opinion/ 12rich.html?_r = 0 .
7. Ben Cosgrove, "Kennedy' s Assassination:How LIFE Brought the Zapruder Film to Light," Time , Nov. 6, 2014. http://time.com/3491195/jfks-assassination-how-life-brought-the-zapruder-fi lm-to-light/ .
8. Assassination Archives and Research Center, Warren Commission Hearings , vol 7, 576 . http://www.aarclibrary.org /publib/jfk/wc/wcvols/wh7/html/WC_Vol7_0292b.htm .

9. Associated Press, “Records Reveal Details About Past of Man Shot by Cop,” CBS News, Apr. 11, 2015. http://www.cbsnews.com/news/south-carolina-details-walter-scott-michael-slager/ .

10. Christina Elmore and David MacDougall, “N. Charleston Offi cer Fatally Shoots Man,” Post and Courier , Apr. 3, 2015. http://www.postandcourier.com/archives/n-charleston-offi cer-fatally-shoots-man/article_483 b2c62-f65e-5c33-b92b-314062866c9a.html .

11. Melanie Eversley, “Man Who Shot S.C. Cell Phone Video Speaks Out,” USA Today , Apr. 9, 2015. http://www.usatoday.com/story/news/ 2015/04/08/walter-scott-feidin-santana-cell-phone-video/25497593/ .

12. Valerie Bauerlein, “How Feidin Santana Caught South Carolina Shooting on Video,” Wall Street Journal , Apr. 9, 2015. http://www.wsj.com/articles/south-carolina-shooting-fl ed-after-taking-cellphone-video-1428595282 .

13. James Queally and David Zucchino, “Man Who Recorded Walter Scott Shooting Says His Life Has Changed Forever,” Los Angeles Times , Apr. 9, 2015.http://www.latimes.com/nation/nationnow/la-na-nn-videographer-south-carolina-20150408-story.html .

14. Jeremy Borden, “House Approves Body Cam Bill,” Post and Courier , May 12, 2015. http://www.postandcourier.com/politics/ house-approves-body-cam-bill/article_79c725ab-8045-5722-bf34-dc8f a00968af.html .

15. Democracy Now!, “Two Years After Eric Garner’ s Death,Ramsey Orta, Who Filmed Police, Is Only One Heading to Jail,” YouTube video posted Jul. 13, 2016. https://www.youtube.com/watch?v = QbM0uO8zy2E .

16. Stephen Bijan, “Social Media Helps Black Lives Matter Fight the Power,” WIRED , Nov. 2015. https://www.wired.com/2015/10/how-black-lives-matter-uses-social-media-to-fi ght-the-power/ .

17.Geoff Brumfi el, "Russian Meteor Largest in a Century," Nature International Weekly Journal of Science , Feb. 15, 2013. http://www.nature.com/news/russian-meteor-largest-in-a-century-1.12438 .

第七章 知识的盛宴

1. Joseph Carroll, " 'Business Casual' Most Common Work Attire," Gallup , Oct. 4, 2007. http://www.gallup.com/poll/101707/business-casual-most-common-work-attire.aspx .
2. Newton N. Minow, "Television and the Public Interest," (speech, Washington, D.C., May 9, 1961), American Rhetoric . http://www.americanrhetoric.com/speeches/newtonminow.htm .
3. Clarissa Ward, "Sneaking into Syria," CBS News, Dec. 5,2011. http://www.cbsnews.com/news/sneaking-into-syria/ .
4. Matt Bonesteel, "YouTube-Taught Javelin Thrower Julius Yego Wins Gold at World Championship," Washington Post , Aug. 26, 2015. https://www.washingtonpost.com/news/early-lead/wp/2015/08/26/youtube-taught-javelin-thrower-julius-yego-wins-gold-at-world-championships/?utm_term = .eccfecdc373a .9781632866745_Videocracy_2ndPass.indb 319781632866745_317 8/14/17 6:46 PM
5. Nick Purewal, " 'I learned the Irish National Anthem from Youtube clips' — CJ Stander excited to be part of Six Nations squad," Independent.ie, Jan. 1, 2016. http://www.independent.ie/sport/rugby/international-rugby/i-learned-the-irish-national-anthem-from-youtube-clips-cj-stander-excited-to-be-part-of-six-nations-squad-34407742.html .
6. Bruce I. Reiner, "Strategies for Radiology Reporting and Communication," Journal of Digital Imaging 26, no. 5 (Sep. 2013): PMC.

7. Riad S. Aisami, “Learning Styles and Visual Literacy for Learning and Performance,” Procedia—Social and Behavioral Sciences 176 (2015):542, ScienceDirect .

8. Joel D. Galbraith, “Active Viewing: An Oxymoron in Video-Based Instruction?,” Sep. 14, 2004.

第八章 小众频道的逆袭

1. Dina Bass, “Microsoft to Buy Minecraft Maker Mojang for $2.5 Billion,” Bloomberg Technology , Sep. 15, 2014. https://www.bloom berg.com/news/articles/2014-09-15/microsoft-to-buy-minecraft-maker-mojang-for-2-5-billion .

2. Steven Messner, “Over Four Years Went into Building This Gorgeous Minecraft Kingdom,” PC Gamer , Oct. 6, 2016.http://www.pcgamer.com/minecraft-kingdom/ .

3. “Changing Channels: Americans View Just 17 Channels Despite Record Number to Choose From,” Nielsen , May 6, 2014. http://www.nielsen.com/us/en/insights/news/2014/changing-channels-americans-view-just-17-channels-despite-record-number-to-choose-from.html .

4. Tim Molloy, “Discovery to Spend Another $50M on OWN,” Wrap , Feb. 11, 2011. http://www.thewrap.com/discovery-spend-another -50m-own-24656/ .

5. Elise Hu, “Koreans Have an Insatiable Appetite for Watching Strangers Binge Eat,” Salt, NPR , Mar. 24, 2015. http://www.npr .org/sections/thesalt/2015/03/24/392430233/koreans-have-an-insatiable -appetite -for-watching-strangers-binge-eat .

6. Carol Kino, “It’ s Not Candid Camera,It’ s Random Culture,” New York Times , Feb. 4, 2011. http://www.nytimes.com / 2011/02/06/arts/

design/06random.html?_r = 0 .9781632866745_Videocracy_2ndPass.indb 319781632866745_318 8/14/17 6:46 PM

7. Phil Kollar, "The Past, Present and Future of League of Legends Studio Riot Games," Polygon , Sep. 13, 2016. http://www.polygon.com/2016/9/13/12891656/the-past-present-and-future -of-league -of-legends -studio-riot -games .
8. Mike Snider, "Nielsen: People Spending More Time Playing Video Games," USA Today , May 27, 2014. http://www.usatoday.com/story/tech/gaming/2014/05/27/nielsen-tablet-mobile-video-games/9618025/ .
9. Dan Savage "How It Happened: The Genesis of a YouTube Movement," Stranger , Apr. 13, 2011. http://www.thestranger.com/seattle/how-it-happened /Content?oid = 7654378 .
10. Jonathan Wells, "Tyler Oakley: How the Internet Revolutionized LGBT Life," Telegraph , Nov. 12, 2015. http://www.telegraph.co.uk/men/thinking-man/tyler-oakley-how-the-internet-revolutionised-lgbt-life/ .

第九章　触及最隐秘的欲望

1. Nitin Ahuja, "'It Feels Good to Be Measured': Clinical Role-Play, Walker Percy, and the Tingles," Perspectives in Biology and Medicine 56, no. 3 (Summer 2013): 442–51.
2. Emma L. Barratt and Nick J. Davis, "Autonomous Sensory Meridian Response (ASMR): A Flow-Like Mental State," PeerJ , Mar. 26, 2015.https://peerj.com/articles/851/ .
3. George Gent, "WPIX's Night Before Christmas: Nothing Stirring But a Yule Log," New York Times , Dec. 9, 1966.
4. Haakon Wærstad, "How Do We Measure ViewingFigures," NRK , Jun. 21,

2011. https://www.nrk.no/telemark/slik-maler-vi-seertallene-1.7682457 .

5. Mark Lewis, "Norway' s 'Slow TV' Movement: So Wrong,It' s Right," Time , Jul. 8, 2013. http://world.time.com/2013/07/08/norways-slow-tv-movement-so-wrong-its-right/ .

6. Mireille Silcoff, "A Mother' s Journey Through the Unnerving Universe of 'Unboxing' Videos," New York Times Magazine ,Aug. 15, 2014. https://www.nytimes.com/2014/08/17/magazine/a-mothers-journey-through-the-unnerving-universe-of-unboxing-videos.html?_r = 0 .

7. Nicole Chettle, " 'Unboxing' Internet Craze a Threat to Kids: Psychologists," New Daily , Jul. 26, 2015. http://thenewdaily.com.au/life/tech/ 2015/07/26/unboxing-internet-craze-threat-kids-say-psychologists/ .9781632866745_Videocracy_2ndPass.indb 319781632866745_319 8/14/17 6:46 PM

8. Rosa Prince, "Toddlers Mesmerised by Surreal World of Unboxing Videos," Telegraph , Sept. 22, 2014. http://www.telegraph.co.uk/news/world news/northamerica/usa/11112511/Toddlers-mesmerised-by-surreal-world-of-un boxing-videos.html .

9. Jackie Marsh, " 'Unboxing' Videos: Co-Construction ofthe Child as Cyberfl â neur," Academia.edu (2015): 10. http://www.academia.edu/20711532/Unboxing_videos_ co-construction_of_the_child_as_cyberfl%C3%A2neur .

10. Alfred Maskeroni, "Meet the Mysterious YouTube Food Surgeon Who Hypnotically Concocts Freaky Candy Hybrids," Adweek , Mar. 9, 2016. http://www.adweek.com/adfreak/meet-mysterious -youtube-food-surgeon -who -hyp notically-concocts-freaky-candy-hybrids-170045 .

11. Julie Beck, "The Existential Satisfaction of Things Fitting Perfectly into Other Things," Atlantic , Aug. 14, 2015. http://www.the atlantic.com/health/archive/2015/08/the-existential-satisfaction -of-things -fitting-perfectly-into-

other-things/401213 .

12. Peatoire, "This Is Me Hydrating a Compressed Sponge," Reddit , 2014. https://www.reddit.com/r/oddlysatisfying/comments/2k2waq/this_is_ me_ hydrating_a_compressed_sponge/ .

13. Lecia Bushak, "Removing Earwax from an Ear Has Never Looked So Gross, Yet Satisfying," Medical Daily , Jun. 19, 2015. http://www.medicaldaily. com/pulse/removing-earwax-ear -has-never -looked -so -gross-yet-satisfying-339114 .

14. Diana Bruk, "Watch Someone Pull Out a Monstrous Chunk of Ear Wax and Try Not to Hurl," Cosmopolitan , Jun. 17, 2015.http://www.cosmopolitan. com/sex-love/news/a42162/watch-someone-pull-out -a-monstrous-chunk-of-ear-wax/ .

15. Siri Carpenter, "Everyday Fantasia: The World of Synesthesia," American Psychological Association 32, no. 3 (Mar. 2001). http://www.apa.org/ monitor/mar01/synesthesia.aspx .

16. Wikipedia, https://en.wikipedia.org/wiki/Leiden frost_effect .

17. Martha Ostergar, " 'What' s Inside?' :Kaysville Family Hits 100K Subscribers on YouTube," KSL.com, Aug. 18, 2015. http://www.ksl. com/?sid = 36023553&nid = 148 .9781632866745_Videocracy_2ndPass. indb 329781632866745_320 8/14/17 6:46 PM

18. Adam Freelander, "Watching This Popular YouTuber Crush Household Objects with 100 Tons of Pressure Is Pure Catharsis," Quartz , Apr. 8, 2016. http://qz.com/657279/watching-a-fi nnish-man-crush-household-objects-with-100-tons-of-pressure-is-pure-catharsis/ .

19. Tori DeAngelis, "The Two Faces of Oxytocin," American Psychological Association 39, no. 2 (Feb. 2008). http://www.apa.org/monitor/feb08/

oxytocin.aspx .

20. Jeffrey M. Zacks, Flicker: Your Brain on Movies (Oxford: Oxford University Press, 2015).

21. Thomas A. Willis, "Downward Comparison Principles in Social Psychology," Psychological Bulletin 90, no. 2 (Sept. 1981):245–71. http://psycnet.apa.org/index.cfm?fa = buy.optionToBuy&id = 1981-30307-001 .

22. Clint Rainey, "10 Former Viral Sensations on Life After Internet Fame," Select All, New York magazine, Dec. 2, 2015. http://nymag.com/selectall/2015/12/10-viral-sensations-on-life-after-internet-fame.html? mid = twitter_nymag# .

23. Silvia Knobloch-Westerwick et al., "Tragedy Viewers Count Their Blessings: Feeling Low on Fiction Leads to FeelingHigh on Life," Sage Journals 40, no. 6 (2012): 761. http://journals.sagepub.com/doi/pdf/10.1177/0093650212437758 .

第十章 病毒视频是怎样炼成的

1. Lisa Belkin, "An Internet Star' s Mom Responds," Motherlode, New York Times , Mar. 25, 2011. http://parenting.blogs.nytimes.com/2011/03/25/an-internet-stars-mom-responds .

2. Jessica Hundley, "Patrice Wilson of Ark Music: 'Friday' Is on His mind," Pop & Hiss, L.A. Times Music Blog , Mar. 29, 2011. http://latimesblogs.latimes.com/music_blog/2011/03/patrice-wilson-of-ark-music-friday-is-on-his-mind.html .

3. John Semley, "Patrice Wilson—Songwriter, Producer," Believer 12, no. 2 (Feb. 2014). http://www.believermag.com/issues/201402/? read= interview_wilson .

4. Britt Peterson, "There Were Listicles That Went Viral Long Before There Was an Internet," Smithsonian Magazine , Jul. 2015.http://www .smithsonianmag.com/innovation/listicles-went -viral -long-before -inter net-180955742/ .9781632866745_Videocracy_2ndPass.indb 329781632866745_321 8/14/17 6:46 PM

5. Evie Nagy, "Ylvis Q&A: What 'The Fox' (Viral Stars)Say About Their Surprise Hit," Billboard , Sep. 7, 2013. http://www.billboard.com/articles/news/5687218/who-is-ylvis-the-fox-creators-on-going-viral-and-whats-next .

6. Nancy Frates, "Meet the Mom Who Started the Ice Bucket Challenge," TED video. https://www.ted.com/talks/nancy_frates_why_my_family_started_the_als_ice_bucket_challenge_the_rest_is_history/transcript?language = en .

7. ALS Association, ALS Ice Bucket Challenge Donations Led to Signifi cant Gene Discovery , Jul. 25, 2016.http://www.alsa.org/news/media/press-releases/signifi cant-gene-discovery-072516.html .

8. Nico Bunzeck and Emrah Duzel, "Absolute Coding of Stimulus Novelty in the Human Substantia Nigra/VTA," Neuron 51, no. 3 (Aug. 2006):369–79.

9. University College London, "Novelty Aids Learning," UCL News, Aug. 2, 2006. http://www.ucl.ac.uk/news/news-articles/news-releases-archive/newlearning .

10. Tania Luna and LeeAnn Renniger, Surprise: Embrace the Unpredictable and Engineer the Unexpected (New York: Tarcher Perigee, 2015).

11. Fathomas, "I Am Jason Steele, Creator of Charlie the Unicorn, Llama with Hats, and Other Internet Videos. Ask Me Anything!," Reddit ,Mar. 2016, https://www.reddit.com/r/IAmA/comments/49prlm/i_am_jason_steele_creator_of_charlie_the_unicorn/d0trvpm/ .

12. Jonah Berger, Contagious: Why Things Catch On (New York: Simon &

Schuster, 2013), 156.

13 “Bouquets and Brickbats: Ken Shucks Corn, and We All Care,” Tribune, Oct. 20, 2011. http://www.sanluisobispo.com/opinion/editorials/article 39186 507.html .

14. Reggie Ugwu, “The Unbreakable Rebecca Black,” BuzzFeed, Aug. 7, 2015. https://www.buzzfeed.com/reggieugwu/the -un breakable-rebecca-black .

第十一章 制造互动才能创造潮流

1. Malaka Gharib, “Bono Comments on Invisible Children’ s Kony 2012 Campaign,” One , Mar. 12, 2012. https://www.one.org/us/2012/03/12 /bono -comments-on-invisible-childrens-kony-2012-campaign/ .9781632866745_ Videocracy_2ndPass.indb 329781632866745_322 8/14/17 6:46 PM

2. Jukin Media, “Behind The Video—Matt Little and ‘Pizza Rat,’ ” YouTube video posted Jun. 9, 2016. https://www.youtube.com/watch?v= NpLzuTkgHQ8 .

3. Jeffrey Benner, “When Gamer Humor Attacks,” Wired , Feb. 23, 2001. https://www.wired.com/2001/02/when-gamer-humor-attacks/ .

4. Matthew Moore, “Finger-Biting Brothers Become YouTube Hit,” Telegraph , Dec. 5, 2008. http://www.telegraph.co.uk/news/uknews/ 3564392/Finger-biting-brothers-become-YouTube-hit.html .

5. Eliza Murphy, “Little Sister’ s Unamused Reaction to Disneyland Surprise Steals the Spotlight,” ABC News, Sep. 25, 2013. http://abcnews.go.com/ blogs/lifestyle/2013/09/little-sisters-unamused-reaction-to -disneyland-sur prise-steals-the-spotlight/ .

6. Richard Buskin, “Rick Astley ‘Never Gonna Give You Up,’ ” Sound on Sound , Feb. 2009. http://www.soundonsound.com/people/rick-astley-never-

gonna-give-you .

7. Fred Bronson, The Billboard Book of Number One Hits (New York: Billboard Books, 2003), 693.
8. Tom Bromley, Wired for Sound: Now That' s What I Call an Eighties Music Childhood (London: Simon & Schuster, 2012).
9. Matthew Moore, "Rickrolling: Rick Astley named Best Act Ever at the MTV Europe Music Awards," Telegraph , Nov. 7, 2008. http://www.telegraph.co.uk/news/celebritynews/3395589/Rickrolling-Rick-Astley-named-Best-Act-Ever-at-the-MTV-Europe-Music-Awards.html .
10. Gary Graff, "Rick Astley on Returning to the Spotlight with His No. 1 Album '50' and the 'Weird' Phenomenon of Rickrolling," Billboard , Aug. 1, 2016. http://www.billboard.com/articles/news/7454407/rick -astley-talks-new-album-50-rickrolling-being-back-in-spotlight-touring-america .

第十二章　网红的诞生

1. Tom Butler, "Interview with Lindsey Stirling," London Calling , Oct. 23, 2014. http://londoncalling.com/features/interview-with-lindsey-stirling .
2. T. L. Stanley, "Why Utah Is Poised to Be America' s NextTech and Creative Hub: College Grads, Beehive Work Ethic Put Silicon Slopes on the Map," Adweek, Jul. 10, 2016. http://www.adweek.com/news/advertising-branding/why-utah-poised-be-americas-next-tech-and-creative-hub-172444 .9781632866745_Videocracy_2ndPass.indb 329781632866745_323 8/14/17 6:46 PM
3. Caroline Siede, "YouTube Stars Create Communities, Not Fans," A.V. Club , Jun. 26, 2014. http://www.avclub.com/article/youtube-stars-create-communities-not-fans-205939 .

4. Katie Calautti, "Hedda, Louella, and Now Tilda: The Hollywood Rivalry That Inspired Hail Caesar! ," Vanity Fair , Feb. 2,2016. http://www.vanityfair.com/hollywood/2016/02/tilda-swinton-hail -caesar-hedda-hopper-louella-parsons .
5. Lindsay Deutsch, "Unfi ltered YouTube 'Changing Diversity' for Minorities," USA Today , Dec. 20, 2014. http://www.usatoday.com/story/tech / 2014/12/19/youtube-diversity-millennials/18961677/ .
6. John Hartley, Jean Burgess, and Axel Bruns, A Companion to New Media Dynamics (Boston: Wiley-Blackwell, 2013), 361.
7. BFvsGF, "A New Chapter," YouTube , May 18,2016. https://www.youtube.com/watch?v = l0KazRqIJ9U .
8. Peter Thunborg, "Youtube-j ä ttens stora vinst:63 miljoner," Expressen , Jul. 3, 2015. http://www.expressen.se/nyheter/youtube-jattens-stora-vinst-63-miljoner/ .
9. Lindsay Robertson, "We Must Stop Avril Lavigne from Owning YouTube," Stereogum , Jun. 23, 2008. http://www.stereogum.com/1779993/we_must_stop_avril_lavigne_fro/vg-loc/videogum/ .
10. John Leland, "Where All the Beautiful People Are Ho-Hum," New York Times , Sept. 24, 2006. http://www.nytimes.com/2006/09/24/weekinreview/24leland.html?_r = 0 .
11. Rex Sorgatz, "The Microfame Game," New York magazine, Jun. 17, 2008. http://nymag.com/news/media/47958/ .
12. Anita Singh, "Zoella Breaks Record forFirst-Week Book Sales," Telegraph , Dec. 2, 2014. http://www.telegraph.co.uk/news/celebritynews/11268540/Zoella-breaks-record-for-fi rst-week-book-sales.html .

结 语

1 PewDiePie, “My Response,” YouTube, Feb. 16, 2017.https:// www.youtube.com/watch?v = lwk1DogcPmU .9781632866745_Videocracy_2ndPass.indb 329781632866745_324 8/14/17 6:46 PM